ロシア最強リーダーが企むアメリカ崩壊シナリオとは？

プーチン 最後の聖戦

北野幸伯

集英社
インターナショナル

ロシア最強リーダーが企むアメリカ崩壊シナリオとは?

プーチン
最後の聖戦

北野幸伯

プーチン
最後の聖戦
目 次

はじめに　10

第1章　神への道

プーチンはいかにしてロシアの絶対権力者になったのか?　19

第3章 休戦

はじめに

「あの男が帰ってきた！」

いままで世界を牛耳《ぎゅうじ》ってきたアメリカの支配者たちは、恐れおののいています。

一九九〇年代、彼らは「この世の春」を謳歌《おうか》していました。

一九九一年一二月、ソ連崩壊。一番の宿敵は、一五の国に分裂してしまいました。

経済のライバル日本。

一九八〇年代、世界最強だった日本経済。ところが、一九九〇年代初めにバブル崩壊。「暗黒の二〇年」に突入していきます。

欧州。

欧州では、ソ連崩壊後、豊かな西欧が貧しい旧共産圏の東欧を救済するはめになり、苦しい状況。

中国は、まだ弱小国家で問題にならない。

ただ一国、アメリカだけは、「ＩＴ革命」による空前の好景気にわいていたのです。

かつてバブル時代の日本人がそうであったように、アメリカ国民も、「この繁栄は永久に続く！」と確信していたのでした。

しかし……。

ソ連崩壊から二〇年。

ＩＴバブル崩壊から一〇年。

世界は、なんと変わってしまったことか……。

二〇〇七年のサブプライム問題、二〇〇八年のリーマン・ショック、それに続く「一〇〇年に一度の大不況」。もはや世界の誰もが、ソ連崩壊後始まった**「アメリカ一極時代」が終わったこと**を知っています。

問題は、「終わったのか？　終わってないのか？」ではありません。

「なぜ終わったのか？」です。

普通の人たちは、こう答えるでしょう。

「そりゃあんた、アメリカが自滅したんだよ。だって、『一〇〇年に一度の大不況』の理由はアメリカの『住宅バブル崩壊』『サブプライム問題』『リーマン・ショック』などだといわれてるじゃないか？」

確かにそのとおりです。

しかし、裏の歴史を知る人たちは、こういうでしょう。

「それもそうだけど、**アメリカは没落させられたんだよ**」

「………誰に？？？」

「あの男にやられたんだ！」

「………あの男？？？」

「プーチンさ！」

いま、あなたの脳裏にどんな言葉が浮かんだか、あててみましょう。

「これは『トンデモ系』の本？」「変な『陰謀論系』？」

どうですか。ピタリとあたりましたか？

しかし、もう少しお待ちください。

ここで本書を読むのをやめたら、あなたは**「世界の真実」を知りそこねます。**

確かに、「プーチンが一人でアメリカを没落させた」というのは大げさかもしれません。

では、こんなふうに考えてみましょう。

あなたは、「アメリカ独立」と聞いて、誰を思い浮かべますか？

そう、初代大統領の、ジョージ・ワシントンでしょう？

ほかには？

「アメリカ通」の人なら何人も名前をあげると思いますが、一般の人はワシントンくらいしか思い浮かばないでしょう。

では、「ロシア革命」と聞いて、誰を思い浮かべますか？

レーニンでは？

でもほかには？

ロシア通なら、いろいろあげるでしょうが、普通はレーニンで終わりです。

「中国共産革命」と聞いて思い出すのは？

毛沢東《もうたくとう》。

では、私たちの祖国で起こった「明治維新」はどうでしょうか？

これは、いろいろ出てきそうです。

坂本龍馬《さかもとりょうま》、中岡慎太郎《なかおかしんたろう》、西郷隆盛《さいごうたかもり》、大久保利通《おおくぼとしみち》、高杉晋作《たかすぎしんさく》、木戸孝允《きどたかよし》等々。

それでも、「中心的人物」といえば、一〇人くらいしか思い浮かばないでしょう。

私がいいたいのはこういうことです。

「プーチンが一人でアメリカを没落させたとはいわないが、彼は中心的な役割をはたしたのだ」と。

（誤解のないように強調しておきますが、私は、プーチンが「偉い」とか「英雄」だとかいうつもりは全然ありません。私は、親米でも親ロでもなく、日本を愛する一国民です。ただ、「プーチンがアメリカ没落に大きな役割をはたした」という「事実」のみを正確に伝えたいだけです）

アメリカが没落したことは、みんな知っています。

しかし、その理由について、「住宅バブルがはじけて、サブプライム問題が起こって、リーマン・ショックなどが起こって」というのは、要するに**「アメリカ政府がバカだった」**といっているのですよね？

その一方で、日本の政治家の多くは、いまだに「アメリカはすごい！　アメリカを見習え！　見習え！」と主張しています。

「アメリカ政府が愚かで自滅した」というなら、そんな国からいったいなにを学べというのでしょうか？

「いやいや、実をいうとアメリカは優秀なのだ」

私もそう思います。だから、「アメリカが愚かで自滅した」ことを信じません。

そういう側面も確かにあったでしょうが、別の理由もあったのです。

アメリカは「ある勢力」から攻撃を受けて、「没落させられた」。

「ある勢力」とは、一般的な言葉ではありませんが、「**多極主義陣営**」とよばれる国々です。

この、いわゆる「多極主義運動」は、もともとドイツ、フランスから始まりました。

詳細は本文で書きますが、西欧の国々は、東の脅威・ソ連が消滅したのを機に、「**アメリカから覇権《はけん》を取り戻そう**」と考えたのです。

二〇〇二年から二〇〇三年初めにかけて、アメリカは「イラク戦争」を画策し、ドイツ、フランスは、戦争に反対しました。

イラクに石油利権をもつ中国、そしてプーチン率いるロシアも反対。

国連安保理(国際連合安全保障理事会)で拒否権をもつ常任理事国のうち、アメリカとイギリスはイラク戦争に「賛成」。フランス、中国、ロシアは「反対」となりました。

結局、アメリカは国連安保理を無視してイラク戦争を開始。

アメリカを江戸幕府にたとえるならば、独仏を中心とする「倒幕《とうばく》運動」はこれで沈静化したかに見えました。

しかし、戦いは第二章に移っていきます。

アフガニスタン、イラクを攻撃し、イケイケのブッシュ・アメリカ。

同国は、次に「ロシアの石油利権を支配しよう」と考えたのです。

具体的には、当時ロシアの石油最大手だったユコスを買収する。

ところが、プーチンはロシアの最高検察庁にユコス社長、ホドルコフスキー逮捕を命じ、「アメリカにロシアの石油利権は渡さない」という強い決意を見せたのです。

激怒したアメリカは、ロシアの影響圏にある旧ソ連諸国で次々と革命を起こし、「親米反ロ」の傀儡《かいらい》政権を樹立していきます。

プーチンは、この動きに激怒。

仮想敵№2、中国と同盟することで、本格的に**「アメリカ幕府打倒」**に動き始めます。

米ロの対立はますます激化し、二〇〇八年夏には、アメリカの傀儡国グルジアとロシアの戦争にまで広がっていました。

しかし、戦いはここまで。

二〇〇八年九月にリーマン・ショックが起こり、世界は大不況に突入していきます。

アメリカに、ロシアと戦っている余裕はなくなりました。

ロシアでは二期つとめたプーチンが大統領職を去り、「アメリカ大好き！」「ツイッター、ブログ大好き！」のメドベージェフが後を継ぎます（グルジア戦争が起こったとき、すでにメドベージェフが大統領だった）。

アメリカでは、好戦的なブッシュが去り、「平和」を叫ぶオバマが大統領になりました。

アメリカとロシアにつかの間の平和が訪れます。

両国は新たな関係を、「米ロ関係『再起動』」とよび、和解を世界にアピールしました。

ここまでザックリ流れを見てきましたが、まだあなたは「プーチンって、ただの独裁者じゃないの〜、信じられな〜い」などと考えているかもしれません。

私も「信じてください」とはいいません。

信じなくても、読み進めていくうちに、否定できなくなってくることでしょう。

なぜなら、**私には証拠が山のようにある**からです。


本文の内容について触れておきましょう。

第1章では、無名の男プーチンが、いかにしてロシアの絶対権力者になっていったかを書きます。

第2章では、「米ロ新冷戦」の真実について、詳細に書いていきます。ここであなたは、驚くべき歴史の真実を知ることになるでしょう。

第3章では、米ロが和解した理由について。ここであなたは、「アメリカの悲惨な現状」を知ることになります。

第4章では、大統領に返り咲いたプーチンが、ロシアと世界をどこに導いていきたいのかに触れます。

また、本文のなかで、しばしば「日本とロシアの違い」「ロシア支配層の考え方」などについて触れます。

なぜかというと、平和に慣れた日本人と、戦国時代に生きるロシア人では、あまりにも思考法、発想法がちがうからです。

さらに、「平和ボケ」した日本の政治家と、戦国時代に生きるロシアのリーダーでは全然考え方がちがいます。

私は、二〇年以上モスクワに住み、この目で「ソ連崩壊」とその後の「地獄」、そして「復活」

を見てきました。

ですから、あなたに、ロシアで起こったこと、そしてプーチンが引き起こしたことの詳細を伝えることができるでしょう。

この本を読み終えたとき、**あなたの世界観は一変**しているはずです。

第1章

神への道

プーチンはいかにして
ロシアの絶対権力者になったのか?

スパイを夢見た少年

これから私たちは、プーチンがしでかしたことについて学んでいくわけですが、やはり最初に、彼の生い立ちを知っておく必要があるでしょう。

フルネームは、ウラジーミル・ウラジーミロヴィッチ・プーチン。

プーチンは一九五二年一〇月七日、レニングラード(現サンクトペテルブルク)で生まれました。

お父さんは、ウラジーミル。お母さんは、マリア。

父ウラジーミルは、第二次世界大戦時、KGB《カーゲーベー》(ソ連国家保安委員会)の前身であるNKVD《エヌケーヴエーデー》(内務人民委員部)で働いていました。戦後は、機械技師として鉄道車両を生産する工場に勤務しています。

母マリアは、清掃員や食料品店の店員など、いくつも仕事を替えていたそうです。

プーチン家は、裕福でない、ごくごく普通の家庭だったようです。

ちなみに父のウラジーミルは、プーチンが首相になった一九九九年に、母のマリアは一九九八年に亡くなっています。二人とも、プーチンが絶対権力者になるのを見届けられなかったのです。

両親も、まさか「自分たちの息子がロシアの神になる」とは考えていなかったでしょう。

プーチンは、エリート校ではなく、近所の普通の学校に通っていました。

記憶力がよく頭はいいものの、いたずらばかりしていたそうです。

しかし、小学六年生ごろから柔道を習うようになり、次第にまじめになっていきました。

さてプーチン少年は、あるときから夢を描くようになります。

少年のピュアな夢、それは……。

「スパイになること！」

「そんな変な夢もつな！」と突っ込みたくなりますが、なんでもスパイが活躍する小説や映画を見て、「なりたい！」と思ったのだとか。いろいろなロシア人に聞いてみると、ソ連時代は「課報員《スパイ》」にあこがれる子供が多かったそうです。なぜかというと、テレビドラマや映画で、課報員は「スーパーヒーロー」として描かれていた。

イギリスの「００７」と同じです。

まあ、それだけなら、ジャッキー・チェンの映画を見て、「僕も拳法の達人になりたい！」と考える、ごく普通の少年のレベル。

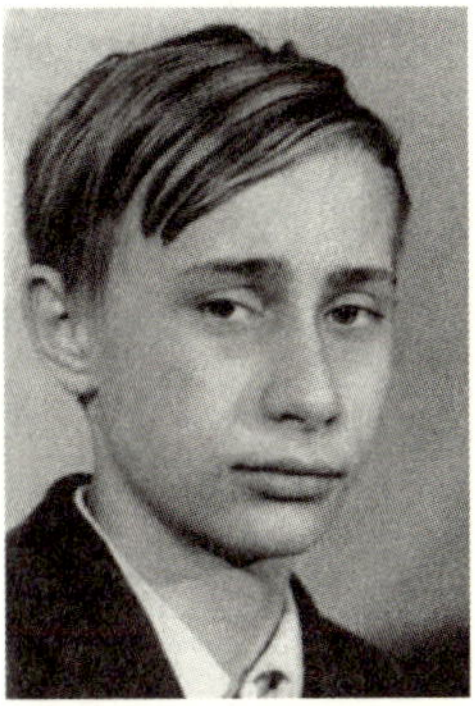

少年時代のプーチン

ところが、プーチンのちがうところは、その夢をず～っと抱き続けていたこと。

一四歳のとき、彼はＫＧＢの支部に行き、職員に質問します。

「ＫＧＢのおじちゃん！　僕、課報員になりたいんだけど、どうすればＫＧＢに入れるか教えてくれる？」

すると、ＫＧＢ職員は、「大学は法学部がいい」『言動的、思想的問題を起こさない』『スポーツで実績のあるやつは、

ＫＧＢに入りやすい」ことなどを教えてくれました。

言動的問題とは、たとえば「ソ連政府を批判する」こと。思想的問題とは、たとえば「宗教にはまる」とか「資本主義思想にはまる」など。

で、プーチン少年はこのアドバイスを聞いて、どうしたと思います？

なんと、ＫＧＢのおじさんのアドバイスどおり、名門レニングラード大学の〝法学部〟に合格。柔道に打ち込み、きわめてまじめな学生になっていったのです。

「これもすべてＫＧＢに入ってスパイになるため」

なんだか冗談のようですが、ほんとうの話。

一九七五年、大学四年生のプーチンは、ＫＧＢからスカウトされます。

こうして彼は、少年のころの純粋な夢を「九年越し」でかなえたのでした。

諜報員として冷戦の最前線へ

その後プーチンは、ＫＧＢのレニングラード支部事務局に勤務。さらに、対諜報活動局を経て、対外諜報部に配属されます。

そして一九八五年、三三歳のとき、ソ連の実質支配下にあった東ドイツ（当時）のドレスデンに派遣されました。現地で政治関係の諜報活動を行うためです。ついに念願の「スパイ」になったのです。

さて一九八五年といえば、あのゴルバチョフがソ連書記長に就任し、「ペレストロイカ」（再建）政策を開始した年。

（写真左）制服を着たＫＧＢ時代のプーチン。（写真右）1985年、プーチン33歳のとき、東ドイツ派遣前に。左から、父ウラジーミル、母マリアと

そんなとき、プーチンは、冷戦の「最前線」、東ドイツに派遣されたわけです。

ここでいう「最前線」の意味とは？

当時ドイツは、アメリカを中心とする資本主義陣営の西ドイツ、ソ連を中心とする共産主義陣営の東ドイツに分かれていた。そして、ベルリンの壁が西と東を分断していた。この壁は、まさに西側と東側、資本主義と共産主義を分ける境界線だったのですね。

プーチンはここで、「祖国ソ連の敗北」を目撃することになります。

ものわかりのいいゴルバチョフは、アメリカに譲歩を重ねていった。

そして、東欧で次々と民主革命が起こるのを阻止しなかった。

その結果、一九八九年一一月、ベルリンの壁は崩壊。東欧の国々はドミノ式にソ連圏を離脱していきます。

これを、ＫＧＢのスパイ、プーチンは、なすすべもなく見ていました。

一九九〇年一〇月、東西ドイツ統一。

三八歳のプーチンは、古巣のレニングラードによび戻されます。

ゴルバチョフ時代のソ連とは

さて、プーチンがレニングラードに戻ってきたとき、祖国ソ連はどうなっていたのでしょうか？

個人的な話ですが、私は一九九〇年九月、つまりプーチンが戻る一ヶ月前に、ロシア外務省付属モスクワ国際関係大学に留学するため、モスクワにやってきました。

正直、カルチャーショックでした。

超大国ソ連の首都モスクワの玄関口シェレメチェボ空港に降り立った。しかし、照明が異常に暗い……。

しかも軍人が、空港内のあちこちに立っている。戦争でもおっぱじめるつもりなのか？　モスクワ市内に向かうバスに乗っても、車内の電灯は白ではなく、オレンジ色で暗い……。

もっとも奇妙に思ったのは、バスのなかで笑っている人が全然いない。というか、そもそも会話をしていない。

モスクワは首都だというのに、自動車の数がほんとうに少ない。道路が一日中スカスカなのです。

年配の人たちは覚えていると思いますが、名物は店の行列。食料品店に入るのに、二時間並ばなきゃいけない。ようやく入れてもなかはガラガラで、ほとんど買うべきものがない。もっともひどいときは、店からトイレットペーパーがなくなった。

私はしかたなく、ロシアの店にくらべ、べらぼうに高い外貨ショップで買ったのですが、一般人は「新聞紙を使った」なんて話もありました。

「あのスレンダーなロシア美女が、新聞紙でおしりを……」

なんて想像すると、妙な気分になりますが。

私は、留学してしばらく、大学の寮に住んでいました。

しかし、「せっかくロシアに来たのだから、一般人の生活を知るべきだ」と思い、一九九二年からホームステイを始めました。

もう、びっくりしました。

まず、洗濯機がない。

その家が特別貧乏だったわけではなく、洗濯機がないのは、ソ連の一般家庭ではごくごく普通のことだったのです。

私もホームステイ時代、洗濯物は手洗いしていました。

テレビはソ連製の白黒。自動車なんてもちろんない。

物がすべてではありませんが、「計画経済は、ダメだ！」と確信したのも事実です。

ソ連初代大統領ミハイル・ゴルバチョフ
(任期：1990-1991/1931-)

三〇代後半から驚異のスピード出世

「ソ連が崩壊してなにが起こったか？」は後で詳しくお話しするとして、プーチンのその後を見てみましょう。

一九九〇年、三八歳のとき、レニングラードに戻ったプーチンは、なんとKGBに辞表を提出します。

しかしここから、プーチンの驚くべき運命が展開していくことになります。

一九九一年六月、大学時代の恩師サプチャークがレニングラード市長に当選。

プーチンはこのサプチャークにより、市の対外関係委員会議長に任命されました(プーチン、三八歳)。同委員会の主な役割は、市に外国投資をよび込むこと。

さらにその一年後の一九九二年には、(レニングラード市改め)サンクトペテルブルク市・副市長に就任(四〇歳)。一九九四年には、第一副市長に昇進します(四二歳)。

ところで、この「副市長」と「第一副市長」とのちがいですが、副市長は何人もいて、「第一副市長」が一番偉いのです。

しかし、その後一九九六年の市長選挙で、プーチンの上司サプチャークは敗北。プーチンは、新市長のヤコブレフから、引き続き市で働いてほしいと依頼されましたが拒否。潔《いさぎよ》く、第一副市長を辞職しました(四四歳)。

しかし、失業したプーチンに、今度はモスクワから声がかかります。

それも、なんとロシア連邦の大統領府から!

プーチンは、ロシア大統領府総務局次長に任命され、モスクワに引っ越します。そして翌一九九七年三月には、大統領府副長官に、一九九八年五月には第一副長官に昇進(四五歳)。

まさに驚異のスピード出世です。

さらに、一九九八年七月には、**ソ連KGBの後身であるFSB《エフエスベー》(ロシア連邦保安庁)の長官**に任命されます。

「スパイになりたい」とあこがれていた少年。東ドイツで諜報員として活躍した青年。いつの間にか出世し、ついに**ロシアの全諜報員のトップに立った**のです。

このとき、プーチン、四五歳。

「バウチャー」という紙切れが生んだ、すさまじい格差社会

さて、プーチンは一九九八年にFSB長官になった。そして、翌一九九九年八月(四六歳)には、もうロシア連邦政府の首相に任命されています。

なんぼなんでも、「出世早すぎ!」ではないですか?

その理由を知るために、ロシアでソ連崩壊後に起こったことを知っておく必要があります。


ソ連が崩壊したのは、一九九一年一二月。

ソ連が崩壊したとき、(あたりまえですが)ロシア経済はボロボロ。国は膨大な財政赤字を抱えていました。新生ロシアの初代大統領エリツィンは、国家財政と経済を立て直すために、IMF(国際通貨基金)から約226億ドルを借りました。

エリツィン大統領のもとで、ガイダル首相代行、チュバイス副首相を中心に、大規模な改革が実施されます。

さて、この二人はどうやって政策を決定したのでしょうか?

これは、IMFの勧告に従ったのです。

新生ロシア初代大統領エリツィン(任期:1991-1999/1931-2007)

IMFは「金を貸すからいうこと聞け!」です。金を貸しても、大統領と取り巻きが豪遊してパッパと散財されたらたまりませんから、IMFの気持ちもわかります。

IMFの要求の一つに、「大規模な民営化をすべし!」というのがあった。それで、ガイダルとチュバイスは「民営化」することにした。

しかし、大きな問題がありました。

共産主義国家には、そもそも「私有財産」がない。よって、ソ連には「民営企業」がなかった。全部、国営企業。ということは、ソ連時代のロシア人はみな「公務員」。だから「民営化」しようったって困ってしまう。

公務員に、国有資産を買い取るお金がありますか? あるわけがない。

で、改革を主導した二人は、「バウチャー方式」というものを採用したのです。

一般的に「バウチャー」とは引き換え券の意味ですが、この場合は「民営化証券」と訳されます。

政府は、全国民に一定額のバウチャーを無料で配る。

国民は、これを民営化された企業の株式と交換できるのです。

ところが、大部分のロシア人は、「民営化証券」とか「株」とかいわれてもわけがわからなかった。たとえば、資本主義国家に住む日本人が、「国民全員公務員」といわれてもイメージできませんね？

同じように、当時のロシア国民は、「バウチャー」の意味と使い方が理解できず、「ただの無価値な紙切れ」と考えたのです。

しかし、全員が全員「無知」だったわけじゃありません。

なかには、バウチャーが**「大富豪へのエクスプレス切符」**であることを悟った人々もいた。

バウチャーは売買が自由だったので、「悟り」を開いた人たちは、価値を理解できない大部分のロシア人たちから、超安値で買いあさっていきます。

ソ連崩壊後、国営企業民営化のために全国民に支給されたバウチャー（民営化証券）

たとえば、ある人は、トラックにロシア人の大好きなウォッカを大量に積み、田舎に行く。そして純粋な村人たちに、「ウォッカ一本とあなたのバウチャーを交換してあげますよ！」とすりよる。すると、村人たちは「おお、このわけのわからない紙切れで、ウォッカがもらえるのか！」と、喜んで交換に応じてしまったのです。

こうしてソ連崩壊後、「労働者の天国」「万民平等」のロシアに、あっという間に「格差社会」が訪れてしまいました。

さて、ガイダル、チュバイス改革の評判は（あたりまえですが）非常に悪く、二人は一九九二年末、エリツィンにより解任されます。そしてエリツィンは、世界最大の天然ガス会社ガスプロム社長、チェルノムイルジンを首相に任命しました（ガスプロムについては後述）。

「バウチャー」による急速な民営化を進めたガイダル首相代行（左）とチュバイス副首相（中）。その後、首相したチェルノムイルジン（右）（すべて当時）

しかし、すでに始まってしまった民営化プロセスは、止まらなかったのです。

一九九五年末から、民営化は第二段階を迎えます。

ロシアは、一九九二年以降も急激なＧＤＰ（国内総生産）の減少と、目玉が飛び出るほどのインフレで苦しんでいました。

当然、国庫は空。

そんなとき、民営化によって出現した「銀行家」たちが、政府に「お金、貸してあげましょうか？」と提案してきます。

金のない政府は、喜びました。

しかし、銀行家たちはいいます。

「私たちにもリスクがあります。つきましては国有資産を担保にしてください」

どういうことかというと、銀行が国に金を貸して政府が返済できない場合、銀行は国有資産を受け取ることができる。

さくっと書いていますが、これは非常に重要です。

なぜかというと、**石油や鉄鋼などロシアのドル箱部門が、これで民間に移ってしまった**から。

たとえば、のちにプーチンと対決することになるユダヤ系ロシア人ホドルコフスキーのメナテップ銀行は、この手法で石油会社ユコスを約三〇〇億円で取得した。

彼は、この会社の価値を二〇〇三年、時価総額三兆円まで増やしました。

こうして、**ロシアの金融と資源を支配する「新興財閥軍団」**、つまり超成金軍団が誕生したのです。

ユダヤ系新興財閥(成金軍団)が台頭し、ロシア経済を支配

その後もロシアでは、ありえないほどの格差を生みながら、民営化が進んでいきました。

ソ連崩壊から約五年後、一九九七年一月の時点で、民営企業はロシア全体の七五%、労働人口の八〇%まで増加。そして、富の集中と格差も加速していきます。

当時、もっとも影響力があり、「クレムリンのゴッドファーザー」とよばれたベレゾフスキーは、なんと「七人の新興財閥がロシアの富の五〇%を支配している」と公言していました。

七人の新興財閥とは、

1　ボリス・ベレゾフスキー(石油大手・シブネフチ、ロシア公共テレビ・ORT《オーエルテー》等)
2　ロマン・アブラモービッチ(石油大手・シブネフチ)
3　ピョートル・アヴェン(ロシア最大の民間商業銀行最大手・アルファ銀行)
4　ミハイル・フリードマン(石油大手・TNK《テーエヌケー》)
5　ウラジーミル・グシンスキー(持ち株会社・メディア・モスト、および傘下の民放最大手・NTV《エヌテーヴエー》)
6　ミハイル・ホドルコフスキー(メナテップ銀行、石油大手・ユコス)
7　ウラジーミル・ポターニン(持ち株投資会社・インターロス・グループ、ニッケル・パラジ

ウム生産世界最大手・ノリリスク・ニッケル）

（基盤は当時のもの）

7のポターニン以外は、すべてユダヤ系。

なかでももっとも政治力をもっていたのは、1の**ベレゾフスキー**でした。なぜかというと、彼は当時の大統領エリツィン一家と癒着《ゆちゃく》していたから。

一方で、反エリツィンの新興財閥もいました。そのリーダーは、5のメディア王**グシンスキー**。


一九九八年、ベレゾフスキーと新興財閥軍団は焦っていました。

エリツィンは心臓を患《わずら》っていて、いつ死んでもおかしくない状態だった。

ベレゾフスキーの願いは、エリツィンの後に、自分の**「傀儡大統領」**を立てること。そして、彼は試行錯誤の末、**プーチン、プーチンを「次の大統領」に選びました。**

それが、**「プーチン、超スピード出世」の秘密**だったのです。

「クレムリンのゴッドファーザー」、ベレゾフスキーとは

新興財閥の帝王、ボリス・ベレゾフスキーは、一九四六年、モスクワに生まれました。

モスクワ林業技術大学を卒業。応用数学博士。

彼は、まだソ連時代だった一九八〇年代、「ジーンズ」の生産と販売からビジネスを始めたそうです。

「……ジーンズから」

ロシアの富の50%を支配したといわれる新興財閥7人と、その経済的基盤

対立
ボリス・ベレゾフスキー
(ユダヤ系)
別名「クレムリンのゴッドファーザー」。親エリツィン。
エリツィン一家と癒着。その後、プーチンを次期大統領に推す
民間石油大手
シブネフチ
ロシア公共テレビORTほか、
ラジオ、雑誌など多数のメディア
ウラジーミル・グシンスキー
(ユダヤ系)
別名「ロシアのメディア王」。
反プーチンの筆頭
民放最大手NTVほか、
ラジオ、雑誌など多数のメディア
癒着
株を共有
エリツィン
プーチン
ロマン・アブラモービッチ
(ユダヤ系)
ベレゾフスキーの弟子。
英プレミア・リーグの名門チェルシーを
買収したことで有名な若手新興財閥
ミハイル・ホドルコフスキー
(ユダヤ系)
後に、プーチンを震撼させた
ユコス事件を起こす若手新興財閥
民間商業銀行大手
メナテップ銀行
民間石油最大手
ユコス
ピョートル・アヴェン
(ユダヤ系)
民間商業銀行最大手
アルファ銀行
ミハイル・フリードマン
(ユダヤ系)
民間石油大手
TNK
ウラジーミル・ポターニン
(唯一の非ユダヤ系)
非鉄金属大手
ノリリスク・ニッケル

驚きです。全然ゴッドファーザーらしくない。

しかし、当時ソ連には、まともなジーンズがなかったのです。鎖国状態だったので、西側からも入ってこなかった。

資金を貯めた彼は一九八九年、自動車販売会社「ロゴバス」を設立。ロシアの自動車最大手「アフトバス」の製品を販売しました。ソ連が崩壊した一九九一年、ロゴバスは、独メルセデス・ベンツの公認ディーラーになります。

一九九五年一月、国営放送局「ソ連中央テレビ1チャンネル」を基盤に、「ロシア公共テレビ（ORT）」がつくられます。ベレゾフスキーは同局の取締役になりました。

同年、民放テレビ局「TV6《テーヴェー》」を買収。ベレゾフスキーはその後、さまざまなメディアを支配下におさめていきました。

彼が所有していたメディアの例をあげると、ロシアの「日経」とよばれた日刊紙「コメルサント」「独立新聞」「ノーヴィエ・イズベスチヤ（新しいニュース）」、週刊誌「ヴラスティ（権力）」「デェンギ（貨幣《かへい》）」「オガニョク（閃光《せんこう》）」等。ラジオ局「ナッシェ・ラジオ（われらのラジオ）」。

一九九六年、大手石油会社「シブネフチ」を買収（シブネフチは一九九五年、国有企業として設立されたが、一九九七年には早くも民営化されている）。

そのほかの経済基盤として、「統一銀行」「アフトバス銀行」など。

彼が決定的に浮上したのは、一九九六年のことでした。

この年の六月には「大統領選挙」があった。一九九六年初めの時点では、「エリツィンの再選はない」と誰もが確信していました。国民の生活は、エリツィンの経済改革の失敗でどん底に落とされていたからです。

ロシア人は、数年前「自由と民主主義の到来」に歓喜したことをすっかり忘れ、エリツィンと側近たちを憎悪していました。

当時の支持率を見ると、

1位　ジュガーノフ（共産党）……二四％

2位　ヤブリンスキー（ヤブロコ）……一一％

3位　ジリノフスキー（自民党）……七％

4位　レベジ（無所属）……六％

5位　エリツィン……五％

共産党のジュガーノフは、現職のエリツィンに約五倍の差をつけ断トツ。

エリツィンが半年で盛り返すのは「無理だろう」とすべての人が思っていたのです。

ジュガーノフが勝つと、一番困るのは新興財閥軍団です。共産党の新大統領は、新興財閥軍団の会社を、旧ソ連当時のように、全部「再国有化」してしまうことでしょう。そんなことになったら、いままでの苦労が水の泡……。

ベレゾフスキーは一九九六年の二月、「新興財閥軍団の力を結集し、エリツィンを再選させよう」と決意します。

ロシア共産党党首ゲンナジー・ジュガーノフ（1944-）

そして、ライバル関係にあったメディア王グシンスキーをはじめ、ほとんどの新興財閥を説得。ベレゾフスキーがもつ「ロシア公共テレビ」とグシンスキーがもつ民放最大手テレビ局「NTV」は、「ジュガーノフが大統領になれば、また恐怖のソ連時代が戻ってくる」と、徹底的に国民を洗脳していきます。そして、エリツィンの支持率は奇跡的に回復していったのです。

恐るべし、「メディア洗脳」。

一九九六年六月一六日の選挙で、エリツィンは三五％で一位、ジュガーノフは三二％で二位。どの候補も五〇％に達しなかったため、同年七月三日、決選投票が行われました。

結果は、エリツィンが五三・八％で見事再選。これで、ベレゾフスキーや新興財閥の政治力、発言力は増しました。

その「ごほうび」というのでしょうか、ベレゾフスキーは一九九六年一〇月、エリツィンから、ロシア安全保障会議副書記に任命されます。

さらに、一九九八年四月にはCIS（独立国家共同体）執行書記という重要ポストにつきました。

そんな彼が、プーチンを支援した。

FSB長官プーチン、ベレゾフスキーに接近

プーチンは、「ベレゾフスキーに選ばれて大統領になった」。

それはわかりましたが、**「なんでプーチンが選ばれたの？」**ということも重要ですね。

実は、ベレゾフスキーが焦っていたのは、エリツィンの病気だけが理由ではありませんでした。強力なライバルが出現していたのです。

ロシア経済は、その後もますます悪化し続けていきました。

そして、一九九八年八月、若きキリエンコ首相率いるロシア政府は「デフォルト」を宣言。いわゆる「ロシア金融危機」が起こります。

これで、当時首相だったキリエンコはクビになり、プリマコフが首相になりました。

この**プリマコフ。彼はKGBの大物で、プーチンの大先輩**なのです。

新生ロシアになってからは、ロシア対外情報庁初代長官。一九九六年一月からは外務大臣をつとめ、国民から高い支持を得ていました。

そして、なによりもプリマコフは、**「新興財閥」が大嫌いだった。**

なぜ、「新興財閥」のバックアップで大統領に再選されたエリツィンが、「新興財閥嫌い」を首相に選んだのでしょうか？

ロシア・金融危機を引き起こし、エリツィンに解任されたキリエンコ首相（任期：1998.4–1998.8）（左）と、後任のプリマコフ首相（任期：1998.9–1999.5）（右）

これは、下院第一党の共産党が、「プリマコフ以外の首相は承認しない！」と強硬に主張したからです。

プリマコフは、スクラトフという検事総長とともに、ベレゾフスキーを追い込んでいきます。

ベレゾフスキーだって、さんざん悪いことをしてのしあがってきた。だから、「FSB」とか「検事総長」とかが出てくると困ってしまうのです。

一九九九年二月、ベレゾフスキーは、プリマコフ、スクラトフに追いつめられ、窮地に陥っていきました。

人間、権力とお金があるときは、人がうじゃうじゃ寄ってきます。しかし、同じ人がやばい境遇に立たされると、「ス〜ッ」と周りから人が消えていく。

ベレゾフスキーも、当時そんな状況にいました。

このときプーチンは、すでにFSB長官の地位にありました。


さて、一九九九年、二月二二日はベレゾフスキーの妻レーナの誕生日。

ここ数年間は、大富豪らしく大々的なパーティーをしていた。しかし、この年は、家族と親しい友人だけで「地味に祝おう」ということになっていました。大々的に祝おうとしても、そもそも人が集まらない。それで、地味なパーティーが始まったのです。

そこに、意外な人物がやってきます。

招待されていない客、「FSB長官」のプーチンでした。

ベレゾフスキーは驚きました。

日本でもロシアでも、「苦しいときの友は真の友」です。

みんなが離れていくなか、プーチンは近づいてきた。

「こいつは信用できる！」

ベレゾフスキーは、そう確信します。

このときの様子を、イギリスで二〇〇六年に殺されたFSB諜報員リトビネンコの妻マリーナと、ベレゾフスキーの友人アレックス・ゴールドファーブが、本のなかで記しています。

以下引用。

〈プーチンがレナ・ベレゾフスカヤの誕生パーティーに現れるまで、ボリス（筆者注：ベレゾフスキーの名前）はプーチンとさほど親しいわけではなかった。その日、ボリスは、FSB長官が二十分ほどで別荘に到着すると警備員から告げられた。最初、その場にいた者はみな、緊急事態か何かが起きたのだと思った。しかし、ボリスが客人を迎えに出ると、警備員の一団が半円を描くなか、車から特大のバラの花束が、続いて若きスパイ組織のリーダーが現れた。〉（『リトビネンコ暗殺』早川書房　P216）

なんか、映像が浮かんでくる感じがしますね。

黒い車から、プーチンが「ニヤリ」としながら、巨大な花束をもっておりてくる。

〈ボリスにとっては思いがけないことだった。

「ワロージャ（筆者注：プーチンの名前、「ウラジーミル」の愛称）、私は大いに感動したよ。だが、なぜプリマコフとの関係をややこしくするようなことをするのだ？」

「どうでもいいことだ」とプーチンは言った。「私はあなたの友人だ。それを示したかった。とりわけほかの人々に。彼らはあなたを社会から除外したいと思っているが、あなたが潔白であることは私が知っている」〉（同前P216〜217）

どうですか、これ？

プーチンは、**たった一回の訪問で、ベレゾフスキーのハートをわしづかみにしたのです。**

そもそも誰の人生にも浮沈はつきもの。ただ、それが金持

ロシア新興財閥の大物で「クレムリンのゴッドファーザー」といわれた、ボリス・ベレゾフスキー（1946-）

ちや権力者の場合、目立つのですね。

そんなとき、普通の人は、「ああ、こいつとつきあったら損をする」と離れていきます。しかし、そのとき、以前と変わらぬ態度で接してくれる人、励ましてくれる人がいれば、堕《お》ちた権力者は、その人のことを無条件で信用するでしょう。

もし、彼が再び権力を握ることがあれば、かなりの確率で裏切らなかった人を引き上げます。

もちろん、将来引き上げられる、引き上げられないは別として、「立場や金の量にかかわらず、変わらぬ友人であり続けること」は大事でしょう。人間として。

ベレゾフスキーはこれで、「プーチンを次期大統領にする」ことを検討し始めます。

しばらくのち、ベレゾフスキーはプーチンに会って、こう切り出しました。

〈「ワロージャ、きみはどうだね?」ボリスが唐突に尋ねた。

「どうだねとは?」プーチンはわけがわからずに訊き返した。

「大統領になれないか?」

「私が? とんでもない、大統領なんて柄じゃない。自分の人生でそんなことは望んでいない」

「ほう、それなら何が望みだ? このままずっと長官を続けたいのか?」

「私は………」プーチンは口ごもった。〉(同前P227~228)

みなさん、どうですか?

プーチンの望みはなんだったのでしょうか? 続きを読む前に、ちょっと考えてみてください。

〈「大統領になれないか?」

「私が？　とんでもない、大統領なんて柄じゃない。自分の人生でそんなことは望んでいない」

「ほう、それなら何が望みだ？　このままずっと長官を続けたいのか？」

「私は…………」プーチンは口ごもった。「ベレゾフスキーになりたい」〉（同前P227～228）

「ベレゾフスキーになりたい」


ロシア人はなんでこういう**「歯の浮くようなセリフ」**をサラリというのだ！

しかし、効果は抜群だったのです。

ベレゾフスキーは、**怖い顔したプーチンのことを、「かわゆいのう」**と思うようになった。「この男は苦境のときにも裏切らないし、変な野心もない。傀儡大統領にピッタリだ！」と確信していったのです。

いよいよ首相の座へ

話はますます複雑になっていきます。

「ベレゾフスキーは、KGB出身の大物、プリマコフ首相と対立している」という話でした。

しかし、プリマコフは一九九九年五月、彼の人気に嫉妬《しっと》した大統領エリツィンに解任されてしまいます。次に指名されたステパシンも、五月に任命され、八月に解任された。

そして、ついに同八月、プーチンが首相に任命されました。

その直後の同じ八月、ロシアからの独立をめざすチェチェン共和国の武装勢力一五〇〇人が、ダゲスタン共和国を攻撃。一部の村を占領するという事件が起こります。

九月二三日、新首相プーチンは「テロリスト掃討」を名目にチェチェンへの空爆を開始。

第二次チェチェン戦争が始まりました。

嗚呼《ああ》、どこの国民も変わりません。アメリカでは、ブッシュパパが湾岸戦争を始めたとき、ブッシュ子がアフガン戦争を開始したとき、いずれも高い支持を得ていました。

同じように、チェチェン攻撃を開始した強気のプーチンの支持率はどんどん上がっていきます。

翌一〇月、ベレゾフスキーは「プーチンを支える」政党「統一」を立ち上げます。これも、「プーチンを大統領にするための布石」でした。

そして、一九九九年一二月一九日、ロシア下院選挙(定数四五〇名)が実施されました。

一位は「共産党」。四五〇議席中、一二三議席を獲得
二位は、ベレゾフスキーとプーチンの「統一」。七三議席。

三位は、メディア王グシンスキーが支持し、プリマコフ元首相率いる「祖国・全ロシア」。六八議席。

一位がプーチンの「統一」ではなく「共産党」というのがおもしろいですね。いかにも「公正な選挙」が行われた感じがします。

同年一二月三一日、エリツィンは、「健康状態の悪化」を理由に、突然、任期満了前の引退を宣言しました。

私もこれをテレビで見ていましたが、驚きました。

「エリツィンほど権力への執着が強い男はいない」といわれていたのですから。

エリツィンの電撃引退で、プーチンは首相から「大統領代行」になりました。

さらに、翌二〇〇〇年三月の大統領選挙で、五三%を獲得。二位、共産党のジュガーノフ(二九%)に大差をつけ圧勝します。

ついに、彼は、正式な「大統領」に就任しました。

大統領プーチン、国内統治に向けて「革命的な大改革」

プーチンが大統領選に勝利したのは二〇〇〇年三月。就任式が行われたのは同五月。

プーチンは、就任早々「革命的改革」に乗り出します。

それが、「連邦管区《かんく》」の設置。

ロシアには「連邦構成体」とよばれるものが八九ある(現在は八三)。いってみれば、日本の都道府県です。この国の場合、「共和国」「地方」「州」「自治州」「自治管区」があります。

2000年5月、大統領就任式典で就任宣誓を行うプーチン(左)。右は前大統領のエリツィン

ちなみに、この「共和国」ってなんでしょう?

「共和国」には、ロシア人よりも少数民族が多く住んでいるのです。たとえば「チェチェン共和国」にはチェチェン人が多く住んでいる。「カルムイキヤ共和国」にはカルムイキヤ人が住んでいる。

さて、二〇〇〇年五月にプーチンが提案した「革命的改革」の内容とは?

1　八九の連邦構成体を七つに分け、その上に「連邦管区」を設置する（現在は八つ）

たとえていえば、こういうことです。

日本には都道府県がありますが、ちょっと数が多くてごちゃごちゃしてますね。だから都道府県の上に「もう一つ」、それを統括、管理する上部組織をつくりましょうと。たとえば、「九州連邦管区」とか「四国連邦管区」とか。なんとなくイメージできるでしょうか？

で、中央から派遣された「大統領全権代表」が、連邦構成体を監視・監督するのです。

ちなみに初代「全権代表」に任命された人たちは、なんと七人中五人が、ロシア軍の「将軍」でした。

これって「反逆したら許さないぞ！」という脅《おど》し？

2　連邦構成体首長は、上院議員になれない

ロシアの国会には下院（二〇一二年四月六日現在、定数四五〇名）と上院（同、定数一六六名）があります。下院議員は、国民の選挙で選ばれる。上院議員はどうかというと、国民選挙ではなく、それまで「連邦構成体首長」（例、知事）が兼任していたのです。

これを、プーチンは、「知事は上院議員を兼任できない」と決めた。

3　連邦政府は、連邦法に違反した首長を解任できる権利をもつ

言い換えれば、大統領のプーチンは、地方の知事をクビにできると。

プーチンはなぜこのような改革をしたのでしょうか？

一九九〇年代、ロシアは政治的にも経済的にもあまりに混乱し、連邦政府の力が完全に弱まっていました。連邦構成体の首長たちは、中央の目が届かないのをいいことに、「汚職の限り」をつく

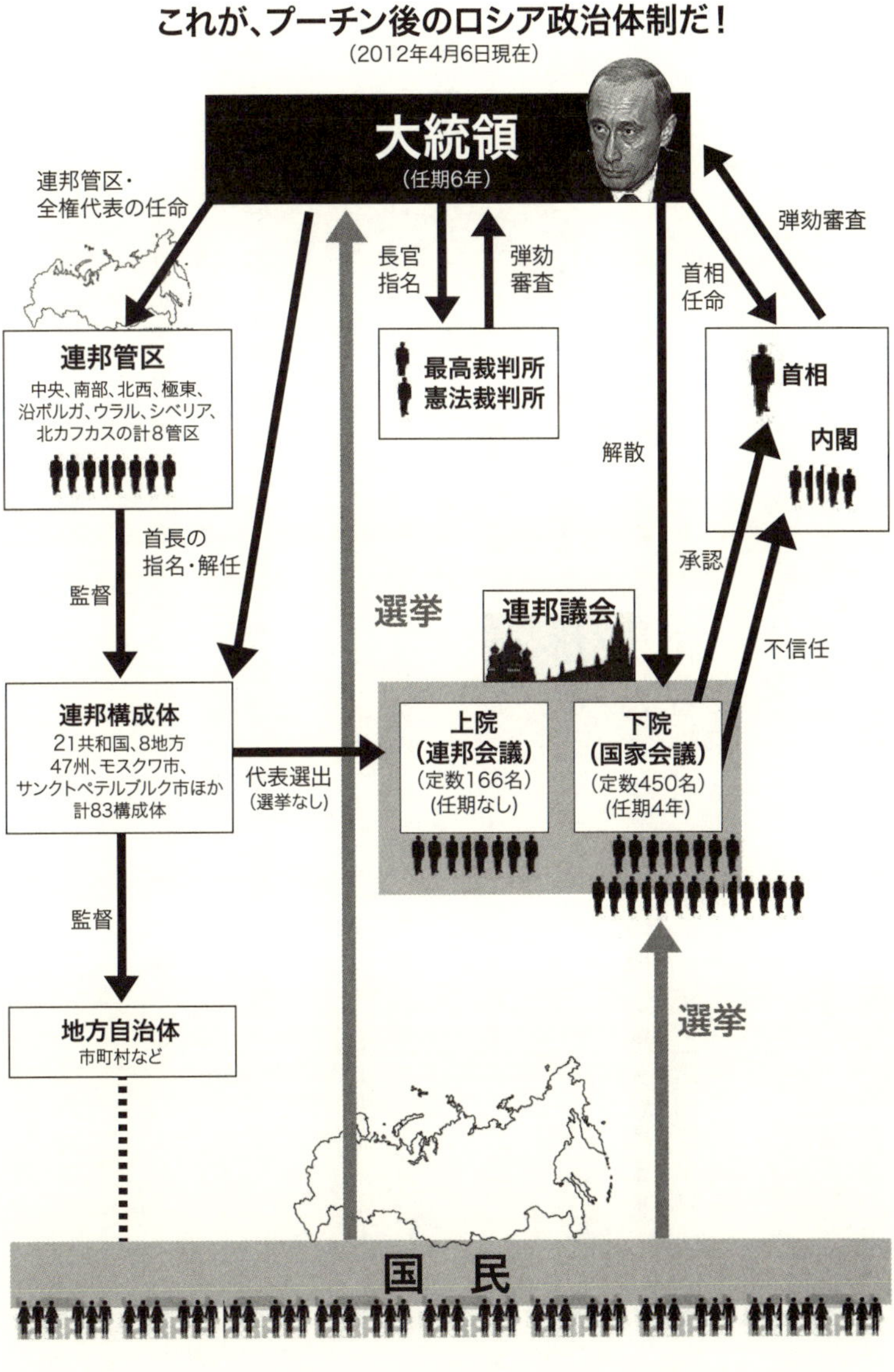
これが、プーチン後のロシア政治体制だ！
(2012年4月6日現在)
大統領
(任期6年)
連邦管区・
全権代表の任命
長官
指名
弾劾
審査
首相
任命
弾劾審査
連邦管区
中央、南部、北西、極東、
沿ボルガ、ウラル、シベリア、
北カフカスの計8管区
最高裁判所
憲法裁判所
首相
内閣
解散
首長の
指名・解任
監督
承認
選挙
連邦議会
不信任
連邦構成体
21共和国、8地方
47州、モスクワ市、
サンクトペテルブルク市ほか
計83構成体
代表選出
(選挙なし)
上院
(連邦会議)
(定数166名)
(任期なし)
下院
(国家会議)
(定数450名)
(任期4年)
監督
選挙
地方自治体
市町村など
国民

していた。

それによって、彼らは強大な力をもつにいたり、「小皇帝」とまでよばれていました。

繰り返しますが、プーチンは、

1　新たに連邦管区を創設し、その全権代表に首長たちを監視・指導させる

2　首長は「上院議員」になれないようにし、影響力を削《そ》ぐ

3　連邦政府が首長を解任できるようにすることで、中央に服従させる

ことに成功しました。

これはつまり、地方の力を削ぐことで「中央集権化」を進める。そして、中央のトップには、自分がいる（上院は、連邦構成体の行政府および立法機関の代表各一名より構成されるようになった。国民選挙で選ばれるのではないのは変わりなし）。

つまり、「自分の支配力が、地方のすみずみまでおよぶようにした」のです。

新興財閥の大物、グシンスキーを排除

大統領になり、強大な権力を手にしたプーチン。いよいよ**「神への道」**を歩き始めます。

最初の犠牲者になったのは、一九九九年一二月の選挙で、反プーチン政党「祖国・全ロシア」を支援した新興財閥の大物、グシンスキー。

グシンスキーは一九五二年一〇月六日生まれ。既述のようにユダヤ系です。

グシンスキーは一九九〇年代、ロシア最大のメディアグループ、「メディア・モスト」を築いていました。日刊紙「セヴォードニャ（今日）」、民放テレビ「NTV」、衛星放送「NTVプリュース」、

ラジオ局「モスクワのこだま」、週刊誌「イトーギ（総括）」（ニューズウィーク誌と提携）等々。

特にNTVは、民放最大手に成長していました。

グシンスキーのメディアは、遠慮なく政権を批判。欧米から「ロシアの言論の自由の象徴」と絶賛され、グシンスキーは「ロシアのメディア王」としてその名をとどろかせていた。

彼はまた、二〇〇〇年に「世界ユダヤ人会議」の副議長にも選ばれていて、世界のユダヤ人界でもかなり影響力のある人物だったのです。

しかし、プーチンは遠慮しません。

プーチンが大統領に就任した翌月の二〇〇〇年六月、グシンスキーは、横領・詐欺などの容疑で逮捕されます。その三日後に釈放されたものの、スペインに脱出。以後、政治亡命生活を余儀なくされることになります。

彼が育てたNTVは四月、天然ガス世界最大手ガスプロムに買収されてしまいました。

ベレゾフスキーと並び、ロシア新興財閥の大物で「ロシアのメディア王」といわれた、ウラジーミル・グシンスキー（1952-）。反プーチンの旗頭

ちなみに、欧米で評判がよかったグシンスキーですから、（事実上プーチンの命令による）逮捕は、全世界のマスコミから非難されました。

アメリカのクリントン大統領（当時）も、ロシアの「言論の自由の行方を心配している」と声明を出します。

ロシア国内では、「祖国・全ロシア」「共産党」「ヤブロコ」「右派連合」、要するにプーチンの「統一」以外の全政党が、これを「言論弾圧」と批判。

軌《き》を一《いつ》にして、「新興財閥軍団」も検事総長に書簡を送り、検察の行動を非難しました。

プーチンも最初から「絶対権力者」だったわけではないのですね。

プーチン支持だったベレゾフスキーも反プーチンへ

さて、一九九〇年代末、「ロシアは七人の新興財閥が牛耳っていた」という話をしました（P31参照）。

七人の中で、「二大巨頭をあげろ！」といわれれば、ベレゾフスキーとグシンスキーだったでしょう。

ベレゾフスキーはエリツィン一家と癒着することで、「クレムリンのゴッドファーザー」とよばれていた。そのため、欧米ではきわめて評判が悪かったのです。

一方、グシンスキーは、「反エリツィン」で評判がいい。ところが、そのグシンスキーは、プーチンが大統領に就任するやいなや、即やられた……。

宿敵がいなくなったのだから、ベレゾフスキーは喜んでもいいようなものですが、心境は複雑でした。

二〇〇〇年五月、プーチンの大統領就任式が行われた。

ベレゾフスキーのサポートにより、プーチンが（エリツィン引退後）「大統領代行」になってからわずか五ヶ月。

しかし、権力の座についたプーチンは、明らかにベレゾフスキーと距離をおくようになっていました。

ベレゾフスキーは、プーチンが五月に提案した、一連の大改革（P43参照）に反対。

一九九〇年代の混乱と無秩序を勝ち抜いてきたベレゾフスキーは、ソ連時代のように中央政府やその長が絶大な力をもつことを、快く思わなかったからです。

ベレゾフスキーは、一度プーチンに会い、説得を試みますが、プーチンは聞く耳もたず。

二〇〇〇年五月三〇日、その態度に腹をたてたベレゾフスキーは、プーチンに「公開質問状」を出します。

ここでベレゾフスキーは、「連邦管区の創設には反対。こういう重要な問題は国民投票で決めるべきだ！」と抗議しました。さらにベレゾフスキーは六月一日、記者会見を開き「プーチンは独裁の道を歩んでいる！」と批判します。

しかし、プーチンは、ベレゾフスキーに従うような男ではありませんでした。

ベレゾフスキーの頭のなかには、自分に従順だったころのプーチンがいたのでしょう。

たとえてみれば**「猫のふりをしたトラ」**。

このベレゾフスキーの一連の行動に、プーチンは激怒します。

ベレゾフスキーは、「傀儡大統領を立てることに成功した！　これで俺の権力と資産は安泰だ！」と喜んだのもつかの間。プーチンが大統領になってわずか一ヶ月後には、その権力を失い始めていたのです。

プーチン、いっせいに新興財閥狩りを開始

新興財閥が、グシンスキー逮捕に抗議したという話をしました。

プーチンは、「誰が俺に反対しているのか？」を注意深くチェック。そして、検察を使って、彼らをいじめ始めます。

その手始めとして、最大の反プーチン派、グシンスキーが逮捕されたのは二〇〇〇年六月でした。残りの新興財閥に対するいじめはその直後から始まるのですが、細かく書くとキリがありませんので、翌七月の検察の動きを見てみましょう。

インターロス　検察は二〇〇〇年七月、民間投資会社、インターロス・グループのポターニン会長に、一億四〇〇〇万ドルの支払いを要求します。なんでも、ノリリスク・ニッケルが一九九〇年に民営化された際、同社の価格が過小評価されたのが原因だとか。

ルクオイル　税金警察（日本でいうと、マル査）は同七月七日、ロシアの石油最大手、ルクオイルを、脱税の容疑で告訴。

メディア・モスト　ご存じ「ロシアのメディア王」、グシンスキーの会社。同七月一一日、検察とFSB（旧KGB）は、メディア・モスト本社を家宅捜査。傘下の民放最大手NTVから、同局設立書類などを押収。

アフトバス　ロシアの自動車最大手。税金警察は七月一二日、大型脱税の容疑で同社を告訴。

統一エネルギーシステム　ロシアの電力独占企業（その後、二〇〇八年の電気事業改革で解体さ

れた)。ロシア会計局は七月二三日、「統一エネルギーシステムが一九九二年に民営化された際、同社株一五%が違法な手段で外国人投資家に売却された疑いがある」と発表。

このように、当時ロシア経済やメディアの中枢と根幹をになっていた巨大企業が、いっせいに検察などから告訴、摘発されたのです。

これがすべて「偶然よね~」と思える人がいれば、その人は相当「平和ボケ」です。

この、検察、税金警察などの異常な動きを見た新興財閥は、「ひょっとして、俺たちはヤバイことしているのではないか?」とビビり始めます。

そんな折、プーチンから彼らに一通の招待状が届きました。

二〇〇〇年七月二六日、プーチンは、新興財閥軍団と、歴史的な会談をしました。

その場には、当時のロシア財界を代表する新興財閥のほぼ全員が出席したといっても過言ではないでしょう。

そこには、誰がいたか……。P52の一覧表をご覧ください。

ここから、プーチンと新興財閥軍団の会話を紹介しますが、どうも日本語にすると、プーチンの迫力が伝わりません。できるだけロシア語の印象をそのまま伝えるために、文体を意図的に「文化的じゃなく」しておきます。あしからず……。

いよいよ会談が始まると、財閥軍団はいっせいに騒ぎ始めます。

「ロシアは法治国家じゃない!」

「そうだ、そうだ!」

2000年7月26日、プーチンとの会談に臨んだ新興財閥のメンバー

人名	経営基盤および役職
アレクペロフ	石油最大手、ルクオイル会長
ベンドゥキゼ	オビディニョンニエ機械会長
バグダノフ	石油大手、スルグトネフチガス会長
ボルロエフ	ビール最大手、バルティカ社長
ヴァインシュトク	原油運搬会社、国営トランスネフチ会長
ヴェクセリベルグ	シピルスコ・ウラルスク・アルミ社長
ヴャヒレフ	天然ガス世界最大手、ガスプロム会長
デリパスカ	アルミ最大手、ルースキーアルミ会長
ザポリ	広告代理店大手、ビデオ・インターナショナル社長
ジミン	携帯電話大手、ヴィムペルコム社長
カラチンスキー	IBS情報ビジネスシステム社長
キセリョフ	巨大産業グループ、銀行大手、イムペクス銀行頭取
コガン	工業建設銀行プロムストロイ銀行頭取
リシン	製鉄会社大手、NLMK社長
モルダシェフ	鉄鋼大手、セヴェルスタリ社長
ポターニン	民間投資会社、インターロス会長
プガチョフ	銀行大手、メジプロム銀行頭取
プギン	自動車大手、GAZ社長
ホドルコフスキー	石油大手、ユコス会長
シュヴィドレル	石油大手、シブネフチ会長
フリードマン	金融産業グループ最大手、アルファ・グループ、石油大手、TNK会長

プーチンは、軍団をにらみつけながら、口を開きます。

「おい、人のせいにするなよ！　そういう国にしたのは、おめえら自身じゃねえのか？」

軍団は、あまりの正しさに黙ってしまいます。

プーチンは、「検察の動きは、自分とはまったく関係ない」とシラを切ります。

「俺はね、民営化の見直しをするつもりなんかねえんだよ。だが、司法がやってることを止めることはできねえな～（ニヤリ）」

軍団は、冷や汗をかきながら、黙っているしかありません。

しかし、有力者ポターニンが、勇気をふるって検察の動きについて質問します（既述のように、こ

プーチン、大統領就任中の支持率推移（2000年～2008年）

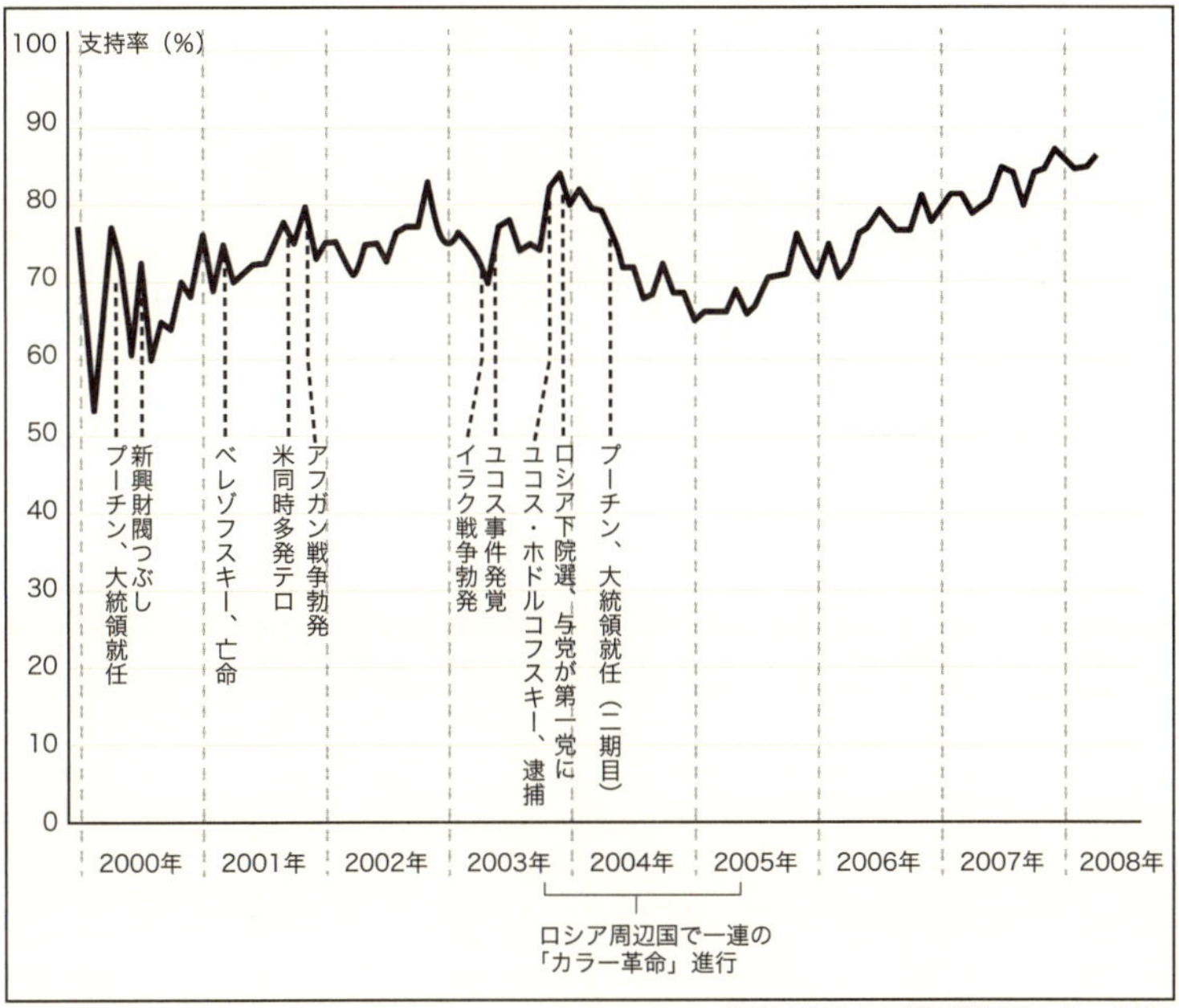

出典：ロシア・レバダ法律分析センター 2009

の会談の直前、検察は彼に一億四〇〇〇万ドルの支払いを求めていた）。

　プーチンは、逆に質問し返します。

「じゃ、おめえは、自分が正しいことを裁判で証明できるのか？」

　ポターニンは、あまりの怖さに怯えながら、小さな声で、「……はい。できます」と答えます。

　するとプーチンは、

「それなら証明すりゃあいいじゃんよ。なにビビってんだ、あ？」

　プーチンは次に、石油最大手ルクオイル会長アレクペロフのほうを見ると、

「おめえの会社は、税金少ししか払ってねえな～。原油生産量は（ロシアで）一位なのに、一トン当た

りの納税額は七位じゃねえか！」

アルファ・グループ会長のフリードマンが、「ロシアには、司法改革が不可欠だと思うのですが……」と遠慮がちに提案。

それを聞いたプーチンは、こんなことをいいます。

「俺らの国には、もっと重要な問題が山ほどあるんだよ。司法改革なんて優先課題じゃねえよ！」

この会談の一部始終をテレビで見たロシア国民。

憎き新興財閥を抑えてくれる強い指導者が、ついに現れたことを知りました。

プーチンの支持率は、大統領選挙があった二〇〇〇年三月時点で五三％だった。それが八月、一気に七三％まで上昇！　以後、プーチンの支持率は、その大統領任期中のほとんどの期間、七〇％を超えるようになりました。

ベレゾフスキーの敗北

さて、「飼い犬に手をかまれた」（と本人は思っていた）ベレゾフスキー。その後も、「反プーチン勢力を結集しよう」と政治活動を続けていました。しかし、形勢はどんどん不利になっていきます。

しかし、彼には、一つ重要で強力な武器がありました。

それが、半官半民のテレビ局、ＯＲＴです。

ロシアの「三大テレビ局」といえば、当時もいまも、国営「ＲＴＲ《エルテーエル》」、民放「ＮＴＶ」に、「ＯＲＴ」（現在は「１チャンネル」と改名）。

ベレゾフスキーは民間人でありながらORT株四九％を所有し、しかも報道内容自体も支配していた。このORTは、一九九九年一二月に行われた下院選挙と翌年の大統領選挙で、プーチンの勝利に大きく貢献しました。

しかし、ベレゾフスキーとプーチンが対立し始めると、ORTはプーチンに批判的報道を繰り返すようになっていきます。

既述のとおり、そもそも二人の仲は、二〇〇〇年五月の大統領就任直後には険悪になっていました。しかし、それを決定的にした事件が、二〇〇〇年八月一二日に起きた「ロシア原子力潜水艦クルスク沈没事故」でした。

フィンランドの北方バレンツ海で事故が起こった直後、一一八人の乗組員のうち数十人は生存していました。しかし、救助の遅れで全員亡くなることになったのです。

このとき、プーチンは黒海沿岸の保養地ソチで休暇中。

彼は、自分がいきなり現地に飛べば、「すわ！　大統領が来た！」と、現地当局者はあわてふためき、逆に救助作業の妨げになるかもしれないと思ったのかもしれません。しかし、少なくとも休暇はやめて、モスクワに帰ってくる。そして、現地からの報告を聞き、指示を出すべきだったのでしょう。

ベレゾフスキーのORTは、「プーチンを一気に窮地に追いこむ絶好のチャンス到来！」とばかりに、「クルスク乗組員家族が苦しむ映像」と「ソチで休暇を満喫するプーチンの映像」を交互に流します。

事故は一二日に起きた。プーチンがモスクワに帰ったのは、一週間後の一九日。さすがに、これは国民から反発をくらいました。

確かにこれはプーチン自身の失敗でしたが、彼は「ベレゾフスキーがORTを使って、意図的に大統領のイメージを傷つけた」と思ったのです。

いや、確かにそういう面もあったのでしょう。ベレゾフスキーはプーチンと対立していて、あらゆる機会をとらえて「反プーチン運動」を行っていたのですから。

プーチンがモスクワに戻った翌日の八月二〇日、ベレゾフスキーはクレムリンに赴《おもむ》き、プーチンに会いました。そのときの様子を、再び『リトビネンコ暗殺』という本から引用してみましょう。

〈プーチンはフォルダーを一冊持って入ってきた。そして公務をこなすような事務的な態度で話し始めた。「ORTはいちばん重要なテレビ局だ。政府の影響が及ばないところに置いておくには、重要すぎる。だから決定した」などと言った。

やがて突然ことばを切り、潤んだ目を上げて言った。「教えてくれ、ボリス（筆者注：ベレゾフスキーの名前）。私にはわからない。どうしてこんなことをする？ どうして私を攻撃する？ 私があなたを傷つけるようなことをしたか？ 信じてもらいたいんだが、私はあなたの脱線をずいぶん大目に見てきたんだぞ」

「ワロージャ（筆者注：プーチンの名前、ウラジーミルの愛称）、ソチにいたとき、きみはまちがいを犯した。世界じゅうのテレビ局が――」

「世界じゅうのテレビ局なんてどうでもいい」プーチンはさえぎって言った。「どうしてあなたがこんなことをする？ 私の友人のはずだろう？ 大統領になれと私を説得したのもあなただった。ところがいま、私を裏切ろうとしている。何をしたせいでこんな目に遭わ

なければならない?」〉(P285)

プーチンは「原潜クルスク事故」がらみの報道について、ベレゾフスキーを非難したのですね。

そして、**「真実の瞬間」**が訪れます。

ベレゾフスキーは、こんなことをいいました。

〈「選挙のあとの私たちの会話を忘れてしまったようだな、ワロージャ」ボリスは続けた。「私はきみに個人的な忠誠は誓わない、そう言っただろう? きみはエリツィンのやり方を踏襲すると約束した。エリツィンは、自分を攻撃したジャーナリストを黙らせようなどとは考えたことすらなかった。きみはロシアをだめにしている」

「ちょっと待った。あなたがロシアのことを真剣に考えているはずがない」プーチンはぴしゃりと言った。「では、これで終わりだな」〉(同前P285~286)

どうも、ベレゾフスキーは状況の変化を正確に把握できなかったようです。

ベレゾフスキーは、大統領(エリツィン)を操れた、以前の彼ではない。プーチンも以前の彼ではない。いまや「かつての**帝政ロシア皇帝より強大な権限をもつ」大統領**。しかも、彼のバックにはFSBや検察がいる。

わかれる前に、ベレゾフスキーは、最後の質問をします。

〈「ワロージャ、ひとつ教えてくれ。私をグース(筆者注:グシンスキーの愛称)と同じ目に遭わせるというのは、きみの考えか? それともウォロシンの?」

「いまとなっては、そんなことは関係ない」プーチンはふたたび冷たく心を閉ざした人間に戻っていた。「さようなら、ボリス・アビラモビッチ」

「さようなら、ワロージャ」

会うのはこれで最後になると、ふたりともわかっていた。〉（同前P286）

翌二〇〇一年一月、ベレゾフスキーは、プーチンに忠誠を誓ったかつての弟子ロマン・アブラモービッチに、**ORT株を一億七五〇〇万ドルで売却**しました。

もし彼が売却を拒否すれば、クレムリン（＝プーチン）は「ORTを無料でゲットする方法」を必ず考え出したことでしょう。ですから、実際の価値よりははるかに少なくても、お金を得られたことは、ベレゾフスキーにとって不幸中の幸いでした。

ちなみにベレゾフスキーは、その後どうなったのでしょうか？

ロシアから脱出した彼は、現在、ロンドン在住。ロシア政府は、再三彼の引き渡しをイギリスに要請していますが、無視されています。

プーチン、新興財閥軍団をついに支配下に

新興財閥軍団の双頭、ベレゾフスキーとグシンスキーが、プーチンにあっという間にやられた……。

これは、格下の新興財閥たちに大きな衝撃を与えました。

「こりゃ、あかんわ。もう服従を誓うしかない」

そして彼らは、プーチンに「反省文」を提出しました。

日本の「経団連」に相当するのが、「RSPP《エルエスペーペー》」（ロシア産業・企業家同盟）です。

もちろん、ここには「軍団」企業も入っています。

このRSPPが二〇〇一年二月一四日に、声明を出します。

曰く「ここ一〇年間の一番大きな過ちは、大企業が国の支配権を独占しようとしたことだと思われる」。

エリツィン時代、新興財閥たちは、経済ばかりでなく「政治」も牛耳ろうとしていました。いや、かなりの程度、「政治」を乗っ取ることに成功したといえるでしょう。しかし彼らは、それが過ちだったと認めた。

つまり、「これから、新興財閥は本業に励《はげ》み、政治には口出ししません」と誓った。

彼らは、**「プーチンへの敗北」を認めたのです。**

さらに、プーチンにもう一つ朗報がもたらされます。

グシンスキーは、「世界ユダヤ人会議」の副議長でしたね（P47参照）。

彼は、同時に「ロシアユダヤ人会議」の会長でもあったのです。

二〇〇一年三月一日、グシンスキーは「ロシアにいない」ことを理由に、「ロシアユダヤ人会議」会長を辞任しました。しかし、これは事実上の「解任」といえるでしょう。そして、同会議は、こんな声明を出しました。

「『ロシアユダヤ人会議』は、政治組織ではない。これまで多くの過ちを犯してきた。しかし、これからは、政治に言及することはありえない」

これは、RSPPの声明と同じ意味。

「いままでロシアの政治を支配してきてすみません。これからは政治に口出ししませんから、プーチンさん許してください」と。

二〇〇一年三月。大統領選勝利から、わずか一年。

プーチンは、エリツィン時代ロシアを支配していた新興財閥軍団を、完全に屈服させることに成功したのです。

新興財閥軍団は、最初からKGBにハメられていた

こうして、プーチンは新興財閥軍団を屈服させました。プーチンはFSBの長官から「あっ」という間に首相、そして大統領になり、新興財閥をつぶしていった。

でも、いったいどこまでが「偶然」や「幸運」で、どこまでが「必然」だったのでしょうか?

私は、**全部「旧KGBが仕組んだ」**と考えています。

ですから、プーチンのあのセリフ、**「私はベレゾフスキーになりたい!」も演技だったと。**

なぜそう思うか。

ここでもう一度、一九九九年末の下院選挙時の状況を振り返ってみましょう。

当時、エリツィンの後に大統領になれそうな人物が三人いました。

一人目は、「共産党」党首ジュガーノフ(P35写真)。

二人目は、「祖国・全ロシア」代表プリマコフ元首相(P37右写真)。

三人目は、「統一」のプーチン首相。

「共産党」は新興財閥の影響外にありました。

そして、反エリツィン、反ベレゾフスキーのグシンスキーは、「祖国・全ロシア」のプリマコフを支持した。

一方、グシンスキーの宿敵ベレゾフスキーは、「統一」のプーチンを支持した。


お気づきでしょうか？

プーチンが勝てば、ＦＳＢの元長官が大統領になる。

プリマコフが勝てば、これも元ＫＧＢの超大物が大統領になる。

要するに、どっちが勝っても「ＫＧＢ出身者」が大統領になる……。

ベレゾフスキーとグシンスキーは、お互いを「最大の敵」と信じていたため、こんな単純なことに気がつかなかったのです。

では、共産党のジュガーノフが勝ったら……？

共産党はそもそも、「共産主義思想」を信奉している。すでに触れましたが、「新興財閥の会社を全部『再国有化しろ！』」という考え。

もう一つ重要な事実があります。

一九九八年にプリマコフは、「共産党」の支持を得て首相になっている。つまり、彼は新興財閥の天敵、共産党ともつながっていた。


もうおわかりでしょう。

一九九九年の時点で、次期大統領候補として有力だった三人、プーチン、プリマコフ、ジュガーノフ。

このうち誰が勝っても新興財閥は「粛清《しゆくせい》」されるように仕組まれていた。

でも誰が仕組んだのか？

リトビネンコは、こう語ったそうです。

〈プーチンは民間人のふりをした諜報員というものだ。プーチンはＫＧＢの元スパイで、一九九八年にＦＳＢに戻るなり、また同じ仕事についた。あるいは初めからＫＧＢを離れていなかったのかもしれない。もとより忠実でも、誠実でもなく、ボリス（筆者注：ベレゾフスキーの名前）も含めてみんなをだましていた。哀れなオリガルヒ、ボリスは策を弄してプーチンを権力の座に押し上げ、みずからの天敵―ＫＧＢの重鎮たちの手先―に力を与えてしまった。まるで中世の秘密の騎士団のごとく、重鎮たちは権力を握るために二重の戦略をとっていた―表立ってはプリマコフを、裏ではプーチンを通して。〉（『リトビネンコ暗殺』早川書房　Ｐ２７３）

ベレゾフスキーはそれでも、プーチンが当時誠実だったことを信じたかったのです。

しかし、リトビネンコはいいます。

〈サーシャ（筆者注：リトビネンコの愛称）は自分の説の裏づけとして、いくつもの根拠をあげた――プーチンが現れたとたん、ルビャンカで〝ＫＧＢ崇拝〟が復活したことから、一九九八年一二月一八日におこなわれた〝ＫＧＢ退職者の日〟の発言に至るまで。その日、プーチンは出席者のまえで、〝政府への潜入任務を完了した〟と冗談交じりに報告したのだ。〉（同前Ｐ２７３〜２７４）

KGBにハメられた新興財閥

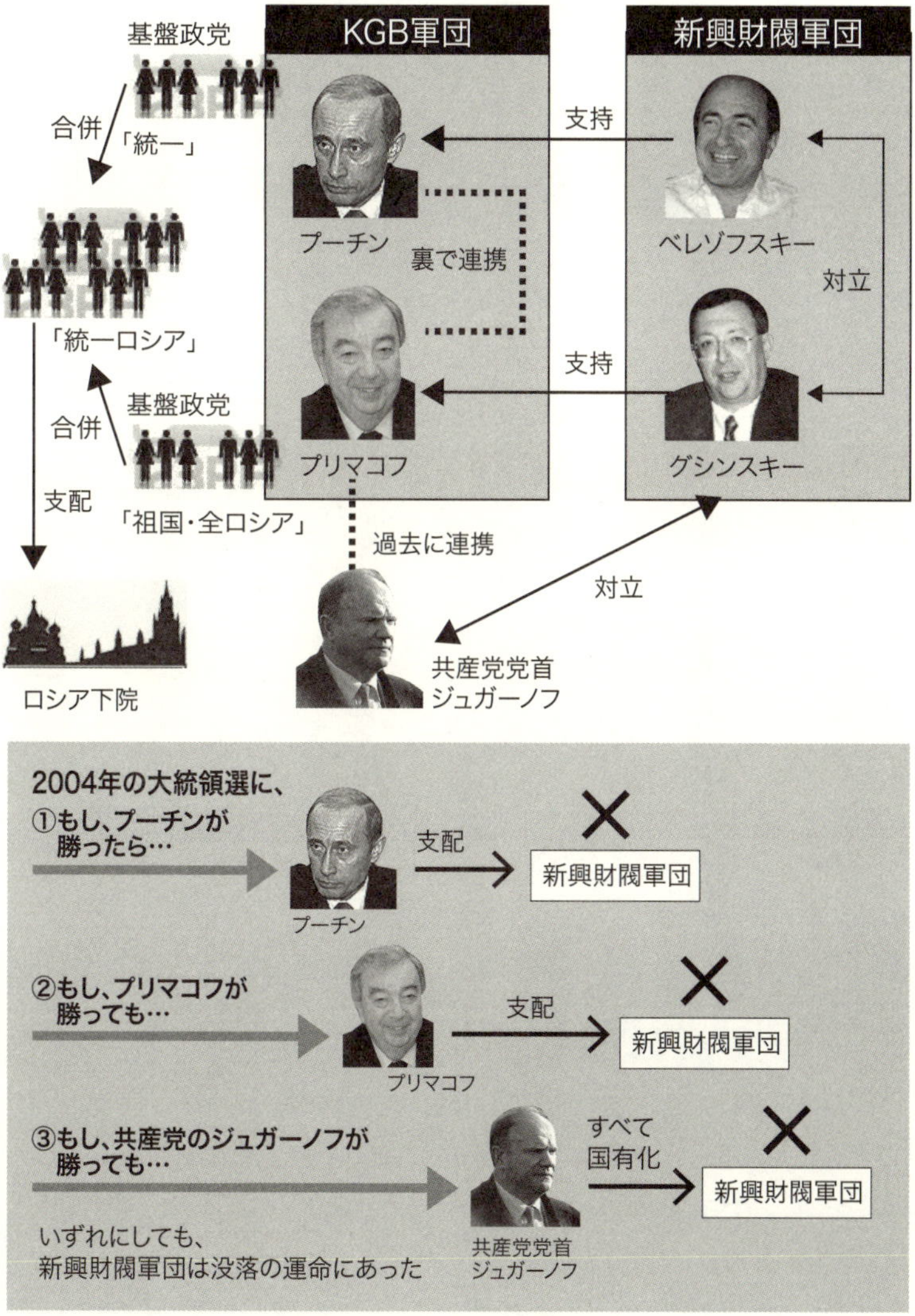
KGB軍団
新興財閥軍団
基盤政党
合併
「統一」
プーチン
裏で連携
支持
ベレゾフスキー
対立
「統一ロシア」
基盤政党
合併
プリマコフ
支持
グシンスキー
支配
「祖国・全ロシア」
過去に連携
対立
ロシア下院
共産党党首
ジュガーノフ
2004年の大統領選に、
①もし、プーチンが
勝ったら…
支配
新興財閥軍団
プーチン
②もし、プリマコフが
勝っても…
支配
新興財閥軍団
プリマコフ
③もし、共産党のジュガーノフが
勝っても…
すべて
国有化
新興財閥軍団
共産党党首
ジュガーノフ
いずれにしても、
新興財閥軍団は没落の運命にあった

もう一つ重要なポイントがあります。

プーチンのプリマコフに対する態度です。

プーチンは、自分の敵を徹底的につぶすことで知られている。

そうであるなら、グシンスキーとつるんで自分に敵対したプリマコフをつぶさなければならない。

ところが、プーチンはグシンスキーを国外追放にしたものの、プリマコフとは現在にいたるまで良好な関係を築いているのです。

プリマコフのその後ですが、二〇〇一年末にロシア商工会議所会頭に就任。二〇〇三年二月、三月には、プーチンの特使としてイラクを訪問し、フセインと会談しています。

このとき、プリマコフはフセインに、「戦争を回避するために自発的に辞任するよう」要請しました(もちろん、フセインはそれを聞きいれませんでしたが)。

もしプーチンがプリマコフを信頼していなければ、このような国家の重要事を任せることはありえないでしょう。

私の結論はこうです。

「二人はKGBの同志で、グルだった。協力して新興財閥をハメたのだ」

ロシア下院支配へ

プーチンは、連邦管区の創設と上院改革で、反抗的な知事たちの力を削いだ。ベレゾフスキーとグシンスキーをつぶし、新興財閥軍団を屈服させた。ＯＲＴとＮＴＶを奪うことで、政府によるマスコミ支配を確立した。

しかしそんなプーチンにも、一つ不満なことがありました。

それが下院。

「なんで共産党が最大勢力なんだ！」

そこでプーチンは、考えます。

下院第二党は、俺の「統一」。第三党は、KGBの大先輩プリマコフとモスクワ市長のルシコフ率いる「祖国・全ロシア」。

「これを統合しちゃえばいいじゃないか？」

思いついたら即実行であります。

二〇〇一年四月から協議が開始され、同年一二月「統一」「祖国・全ロシア」が一つとなり、「統一ロシア」が誕生しました。

以後、「統一ロシア」は下院選挙でずっと一位をキープしています。

二〇〇三年一二月に実施された選挙で「統一ロシア」は、三七・六％の得票率で第一党に。

二〇〇七年の選挙では、六四％で断然一位。

二〇一一年一二月四日の選挙では、四九・三％。

二〇〇七年よりだいぶ減りましたが、それでも二位共産党（一九％）に二・五倍以上の差をつけています。

こうして、プーチンは首尾よく**下院を支配することに成功した**のです。

天然ガス世界最大手、ガスプロムを支配

新興財閥を屈服させ、議会を支配し、マスコミを手中におさめたプーチン。

今度は、**「経済支配」**に乗り出します。

ロシアには、ソ連崩壊後ずっと「世界一」だった企業が一つだけありました。

それが、天然ガスのガスプロム。

ロシアというと、すぐ「原油」を思い出します。しかし、実をいうと天然ガスの埋蔵量こそ世界一！

アメリカのエネルギー情報庁（ＥＩＡ）のデータによると、二〇〇九年時点でロシアの天然ガス埋蔵量は、一六八〇兆立方フィート（Ｐ67上図参照）。

ちなみに二位はイランで、約九九二兆立方フィート。その差は歴然ですね。

ロシアはなんと一国で、天然ガス世界総埋蔵量の二五％を占めている。

しかも、その天然ガスをたった一社（ガスプロム）が独占しているのです（正確には九〇％弱）。

「そりゃあ、世界一になるわ」とご理解いただけるでしょう。

少しこの超重要企業のことを書いておきます。

ガスプロムの前身は、ソ連のガス工業省。それが、ソ連崩壊後、一九九二年に、「ガスプロム」になりました。

初代社長は、ソ連ガス工業相だったチェルノムイルジン。この人は、のちに首相になっています

（P29～30参照）。

二代目社長は、ヴャヒレフという人物。

この状況を考えてみましょう。

チェルノムイルジンは、ソ連崩壊時「ガス工業大臣」だった。一九九一年、新生ロシアが誕生し「民営化政策」が始まると、ガス工業省の基盤は、そのままチェルノムイルジンのものになったのです。

天然ガス埋蔵量・世界ランキング

（2009年現在）（単位：兆立方フィート）

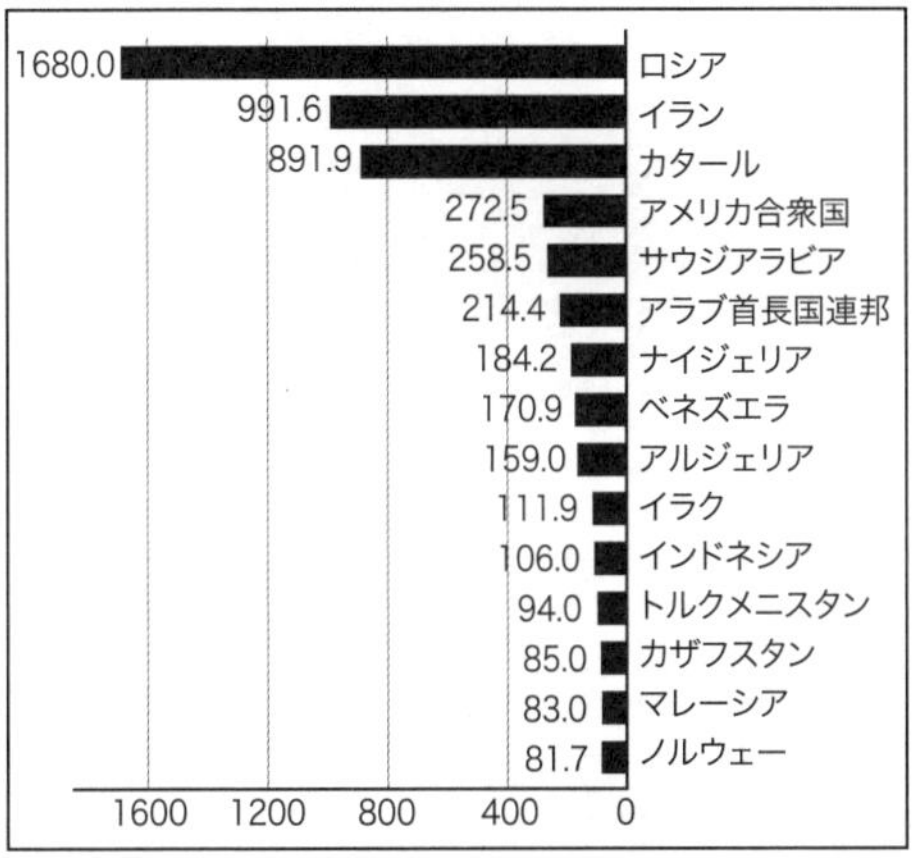

出典：アメリカのエネルギー情報庁
(EIA:Energy Information Administration)

天然ガス生産量・世界ランキング

（2010年現在）（単位：兆立方フィート）

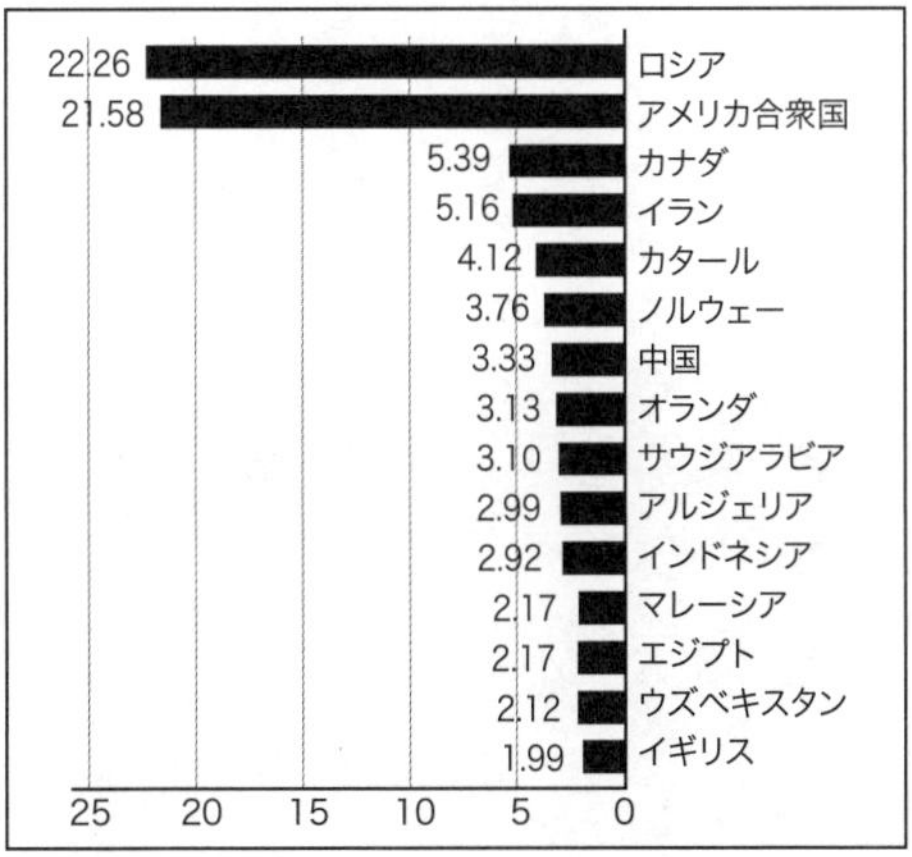

出典：アメリカのエネルギー情報庁
(EIA:Energy Information Administration)

「うらやましい！」ですね。というか、「ありえない！」です。

で、その後このチェルノムイルジンは、エリツィン政権で、一九九三年から一九九八年まで首相だった。一九九〇年代のロシアでは最長です。

彼はガスプロム出身（初代社長）なのですから、当然同社を守ります。その結果、ガスプロムの力はどんどん強大化し、「ロシアの中のもう一つの国家」とよばれるようになります。

税金だって、払わない。

この辺の事情、小川和男先生の『ロシア経済事情』（岩波新書）で見てみましょう。

〈ネムツォフ第一副首相（当時）が一九九七年四月、独占企業体の再編をはかるという立場から、「ガスプロム」にも触れ、政府が同社株の四〇％を保有しているのに、三五％はレム・ビャヒレフ同社社長が管理権を持つ信託事業で運営されており、政府はそこから一ルーブルの収入も得ていない、と発言したことに端を発し、マスコミに大きく取り上げられて、大問題となった。〉（P１４２）

要するに、政府株四〇％のうち三五％は社長のヴャヒレフが私物化している。そして税金を全然払っていないと。

そして、ガスプロム私物化のせいで、ロシア国民がどれだけ被害にあっているかについて。

〈ネムツォフ第一副首相はさらに、「ガスプロム」が約一五兆ルーブル（当時の為替レートで約二六億ドル）という巨額の税を滞納している事実を公表し、これだけの金額があれば、公務員として働いている医師、教員、幼稚園職員すべての賃金を支払えると強調、「ガスプロム」に対する政府の管理強化を主張した。〉（同前P１４２）

どうですか、これ?

半官半民の企業が、これだけ巨額の脱税するなんて、ありえませんね。

こんなことができたのは、もちろんガスプロム出身のチェルノムイルジン首相が、同社の悪行に目をつぶっていたからです。

いや、悪行から利益も得ていたのでしょう。

そのせいで、公務員の給料が出なかった。

当時、ロシアの公務員の給料は月一万円とかのレベルでした。それさえ何ヶ月も払ってもらえず、全国で大規模なデモが起きていた。国民が、このガスプロムの現状を知ったとき、どれだけ怒ったか想像できるでしょう。

で、ガスプロムは第一副首相のネムツォフにいわれて滞納分を払ったの?


〈その結果ビャヒレフ社長は滞納分一五兆ルーブルの約半分七兆ルーブル(一二億ドル)以上を支払うことに同意し、政府との妥協が成立した。〉(同前P142〜143)

これもすごい話ですね。

普通脱税したら「追徴課税」で、脱税額よりも多く払わなきゃならない。

ところが、ガスプロムは、上から目線で「しゃあないな〜、じゃ、半分払ってやるよ! ああ、うざい」という感じ。

このヴャヒレフ社長は、その後捕まるでもなく、平気な顔して業務を継続していたのです。

しかし、「悪銭身につかず」。彼らの栄華は、KGBプーチンの登場で終わりに近づいていました。

二〇〇一年五月三一日、この日はヴャヒレフの社長任期が切れる日。

プーチンが大統領でなければ、自動的に契約は更新されたことでしょう。しかし、五月三〇日、ヴャヒレフ社長と三人の取締役が、クレムリンによばれます。

プーチンは開口一番、

「おまえには、辞《や》めてもらうからな」

社長と三人の取締役は、頭のなかが真っ白になります。プーチンは続けます。

「質問あるか?」

あまりの急展開にだまってしまった彼らに、プーチンは、

「おい、はっきりしねえか!」

かつて「もう一つの国の皇帝」とよばれたヴャヒレフも、**KGBの皇帝にはかないません。**

しぶしぶ「質問はありません」と辞職に同意したのです。

社長と取締役の同意(?)をとりつけたプーチンは、同日ガスプロムの取締役を全員よびつけます。

プーチンは「ヴャヒレフには辞めてもらうから。後任はミレルにやってもらう」と宣言。ミレルは当時、エネルギー省の次官をつとめていました。

誰からも文句が出ないことを確認したプーチンは、ミレルの紹介をします。

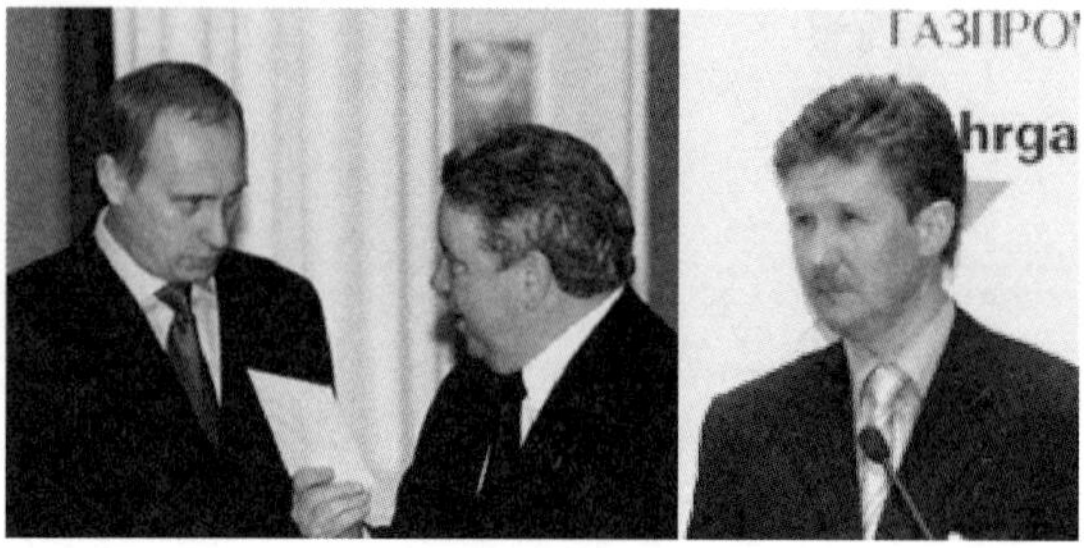

(写真左)プーチン(左)と当時のガスプロム社長ヴャヒレフ(右)。(写真右)ヴャヒレフの後、新社長に就任したミレル

「ミレルは若くて(当時三九歳)、俺が信頼している男だ。ビジネスの経験もあるし、最新の経営方法も熟知している」

一応「そ、そ、そうでございますか!?」と相槌《あいづち》を打っておきました。

こうしてミレル新社長が誕生することになったのです。

しかし、ミレルって何者?

彼は一九六二年、プーチンの故郷レニングラードで生まれました。レニングラード財政経済大学を卒業。一九九一年から一九九六年まで、サンクトペテルブルク市対外関係委員会に勤務。当時、委員会の議長はプーチン副市長でした。

一九九六年、サプチャーク市長が選挙で敗れると、プーチンの副市長辞職と同時に(P26参照)、ミレルは株式会社「サンクトペテルブルク海港」に就職。一九九九年~二〇〇〇年、株式会社「バルト・パイプラインシステム」代表取締役。二〇〇〇年八月よりエネルギー省次官。

そして、二〇〇一年六月より、ガスプロム社長。

要するに、プーチンは、「自分の友人」を世界最大のガス会社の社長にしたのです。

ミレルはプーチンに忠実らしく、いまだに社長をやっています。

ちなみに、国家にとって、ガスプロムの経営陣が替わった(替えられた)ことは、よかったようです。

ガスプロムは、ロシアの国家税収の約二五%を占めている。

経営も効率化され、時価総額は二〇〇六年、世界三位になっています。フォーブスの「世界有力企業ランキング二〇一一」では、一五位。

「ソ連ガス工業省」出身のヴャヒレフが、ガスプロムを私物化し、放漫経営を続けていれば、このような発展はなかったでしょう。

プーチン以前、完全崩壊していたロシア経済

そろそろ、「プーチンがいかにロシア経済を復活させたか」を書こうと思います。

しかしその前に、「プーチンが大統領になる前、ロシア経済はどうだったのか」に触れておく必要があるでしょう。

新興財閥誕生の話はしました。

GDPの動向を見てみましょう(P73グラフ参照)。驚きますよ。

一九九二年マイナス一四・五%!

どうですか、みなさん?

いったいどうすれば、マイナス一四・五%になるのでしょうか?

その後も地獄は続きます。

一九九三年マイナス八・七%。一九九四年マイナス一二・七%。一九九五年マイナス四・一%。

一九九六年マイナス四・九%。一九九七年〇・四%。

お〜、ようやくプラスに転じたぞ!

ところが、翌一九九八年に「ロシア金融危機」が起こった。

それで一九九八年マイナス五・三%。

もう、自由落下です。

ロシアの実質GDP成長率（%）推移 （1992年～2011年）

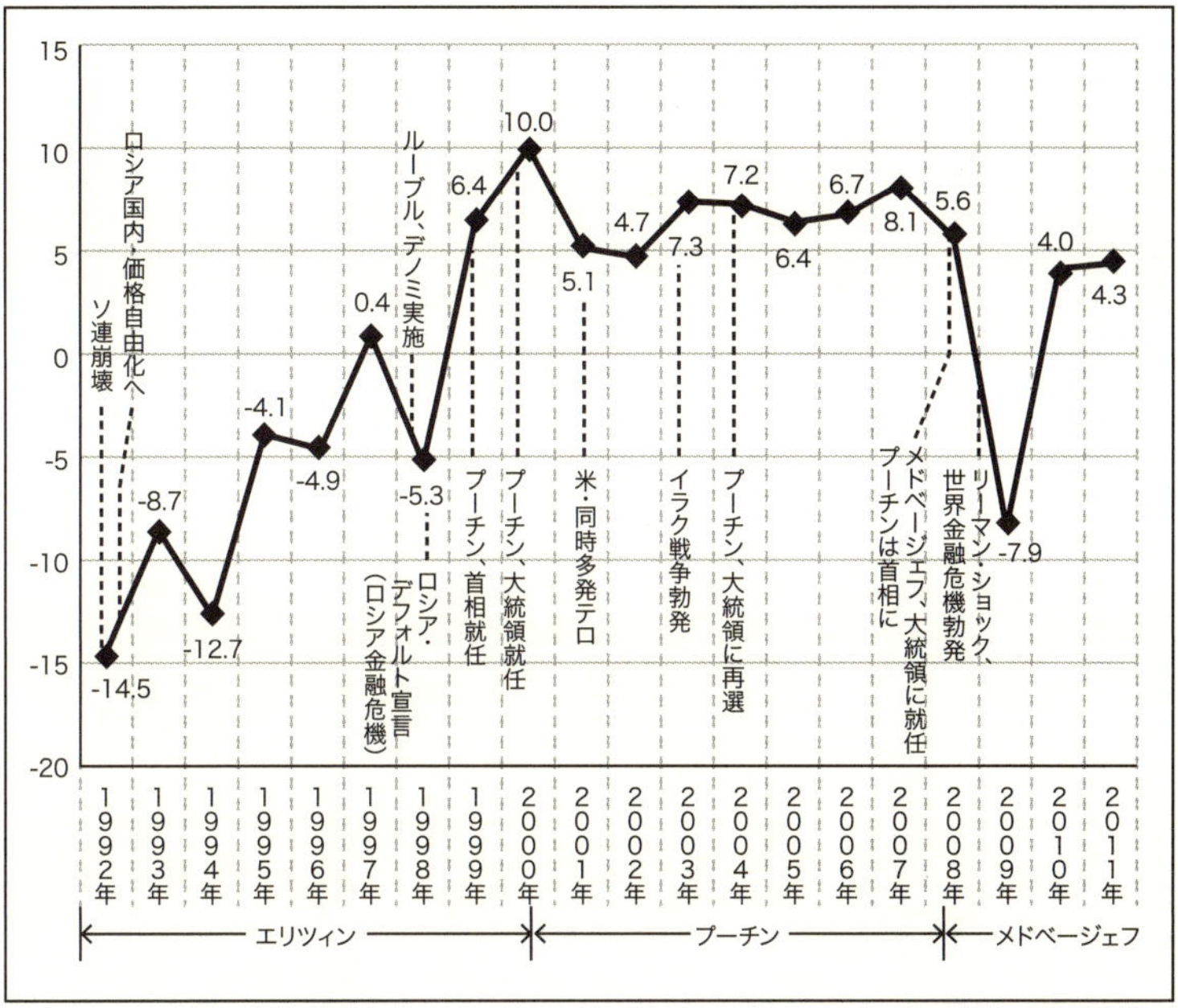

出典：Rosstat／ロシア連邦国家統計

なんでこんなことになってしまったのでしょうか？

いろいろ説明はあると思いますが、要するにロシアの政治家も役人も経済学者も、資本主義が全然わかってなかったのでしょう。

前にも書きましたが、新生ロシアは金がなかったので、ＩＭＦから多額の借金をした。

しかし、ＩＭＦは、お金を貸すにあたって「条件」を出すわけです。

どんな要求をされたのか？

・政府による経済管理の廃止

・大規模な民営化

・価格の全面的自由化の推進

民営化したらどうなったかは、もうみなさん、ご存じのとおりです（Ｐ27参照）。

しかし、私は新生ロシア経済が崩壊した一番大きな理由は、「いきなり市場を全面開放してしまったこと」だと考えています。

それまで、ソ連はいってみれば「鎖国状態」だったわけです。

品物の数も足りないし、品質は全然ダメ。でも、一応「国産品」がありました。生活のすみずみまで「ソ連製」があった。

たとえば、電話、テレビ、冷蔵庫、掃除機、洗濯機、自動車、服、靴、バッグ、家具、食料品等々。

ところが、政府が市場を突然「全面開放」した。すると、どうなります？

中学生でもわかります。

(ロシア人から見ると)超高品質の商品が西側から洪水のように流れ込んだ。

勝てませんよ、ロシア企業。だって、技術力に二〇～三〇年の差があるのですから、一社も勝てません。

その結果、強制的に民営化されたロシア企業はバタバタつぶれていったのです。

それこそ、「草一本残らない」感じ。

ちなみに、ロシアはそのときの衝撃からいまだに立ち直っていない感じです。生活していて、食料品以外は、ほとんど「国産品」を見かけません。たまに見かけたと思ったら、外資系企業がロシア国内で生産しているとか。

もう一つは、為替をいきなり自由化してしまったこと。

ソ連は崩壊した。崩壊した国の通貨なんて、誰がほしがります？

そもそも、ソ連はアメリカと並ぶ世界の超大国だった。だいたい一ルーブル＝一ドルという感じで交換されていたのです。それが、ソ連崩壊後はどうでしょう？

一九九二年一ドル＝四一五ルーブル！

その結果、ものすごいインフレがロシアを襲います。

一九九二年のインフレ率は、二六〇〇％！

二六〇〇％のインフレなんて、ちょっと想像できませんね。

たとえば、お米がいま、一キロ八〇〇円するとします。

これが、一年後には二六倍、二万八〇〇〇円（！）に跳ね上がっている。

Aさんには、一〇〇〇万円の貯金がある。

この貯金の実質価値は一年後、三八万円（！）まで下がっている。

う～ん。これは、どんなおだやかな人でも怒るぞ。

こんな感じで、ロシアは堕ちていった。

一九九八年、ロシアのGDPは、一九九一年のソ連崩壊時と比べ四三％（！）も減少していました。

平均月収は八〇ドル。一ドルが一〇〇円とすると、八〇〇〇円。

共産ソ連を崩壊させ、欧米では「英雄」と称えられるエリツィン。

ロシアでの評価はどうなのでしょうか？

経済がこんな感じだったので、エリツィンの人気は最低。

政権末期の支持率は〇・五％（！）程度だったのです。

私は、はっきり理解しました。

「人には『自由』より『めし』が大事なのだ」と。

もちろん、腹いっぱい食べたら、今度は「自由」がほしくなるのですが……。

デフォルトを行った一九九八年、ロシア経済は転換点に

エリツィン時代の一九九八年八月一七日、ロシアはデフォルト（債務不履行）、具体的には「対外債務の九〇日支払い停止」を宣言しました。

ソ連崩壊後沈み続けてきたロシア経済に、追い討ちをかける金融危機。

しかし、振り返ってみれば、一九九八年がロシア経済の「底」だったのです。

「プーチンの神通力《じんつうりき》で経済は復活した！」といいたいところですが、そうではありません。

プリマコフ首相（当時）が立派だった。

プリマコフは、大きく二つの政策を行いました。

一つ目は、石油・ガス会社への徴税《ちょうぜい》を強化すること。

ガスプロムが税金を払わないせいで、どんなことになっていたか、すでに書きました（P68参照）。

しかし、ガスプロムと石油会社は、その後もおおっぴらに脱税していた。

ガスプロム出身のチェルノムイルジン首相が、同社と石油会社を保護し続けていたからです。

ところが、チェルノムイルジンは、一九九八年三月、エリツィンに解任されてもういない。

一九九八年九月に首相になったプリマコフは、新興財閥から買収されていないKGBの大物ですから、遠慮なく徴税をするようになった。

こんな単純なことですが、ロシア経済はこれで安定しました。

二つ目は、外貨売り上げの七五%をルーブルに交換することを義務づけたこと。

これはどんな意味があるのでしょうか?

一九九八年八月一七日から始まった金融危機で、一番大きな問題は、ルーブルが再び急落していたことでした。八月、一ドル＝六ルーブルだったのが、翌九月には一六ルーブルまで下がった(P80グラフ参照)。

これって、どのくらいのインパクトでしょうか?

一ドル＝七五円が、一ヶ月後には二〇〇円(!)になる感じ。

しかも、プリマコフが首相になった時点で、下落が止まる気配はいっこうになかったのです。

このままでは、また何百%というインフレ時代に逆戻りしてしまう。

どうすればいいのだろう?

プリマコフは、資本主義の私たちから見ると、とてもユニークな解決方法を見つけました。

彼は、「輸出で儲《もう》かっている石油・ガス会社にルーブルを買わせればいいではないか?」と考えたのです。

石油やガスなどの決済通貨はドルなので、ロシアの石油・ガス会社も、輸出すればドルを受け取ります。

たとえばA社は、原油を輸出して一億ドルを得た。そうしたらその七五%、七五〇〇万ドルはルーブルと交換しなければならない。いかにもアメリカに怒られそうな「反市場経済的」方法ですが。

しかし、プリマコフ首相は元KGB。経済担当副首相のマスリュコフは共産党。

だから、市場経済なんてどうでもいいのです。

この政策で、ルーブル需要が強制的につくられ、ルーブルは一気に安定していきます。

前述のとおり、八月、一ドル＝六ルーブルだったのが、九月には一六ルーブルまで下がった。

しかし、一〇月は一六ルーブルの水準を保ち、一一月には少し下げて一七ルーブル。

以後ルーブルは、経済に混乱を起こさないレベルで緩やかに下がっていきました。

一九九八年八月に危機が起こったとき、誰もが「これでロシアは終わりだ」と嘆《なげ》いたものです。

しかし、プリマコフが行った二つの政策により為替は安定し、インフレも沈静化。税収も増え、財政も安定しました。金融危機の混乱は、彼の活躍により、わずか数ヶ月で収束したのです。

プリマコフが首相をつとめた八ヶ月、ロシアはなんと四％の経済成長をはたしています。

参考までに、ガイダル首相代行の時代はマイナス一三・二％、チェルノムイルジン首相時代マイナス二七・四％、キリエンコ首相時代マイナス三・二％。

これを見ると、プリマコフがいかに「奇跡の人」かがわかります。

一九九九年、ロシアは通年で六・四％成長。

長く苦しかった暗黒時代がようやく終わろうとしていました。

プーチンとロシア経済に吹いた原油高騰の「神風」

二〇〇〇年、いよいよプーチンの時代が始まります。

この年、ロシア経済には「神風」(?)が吹き始めていました。

ロシアは、世界第二位の原油輸出大国。

原油価格とロシア経済成長率の推移 （1991年～2011年）

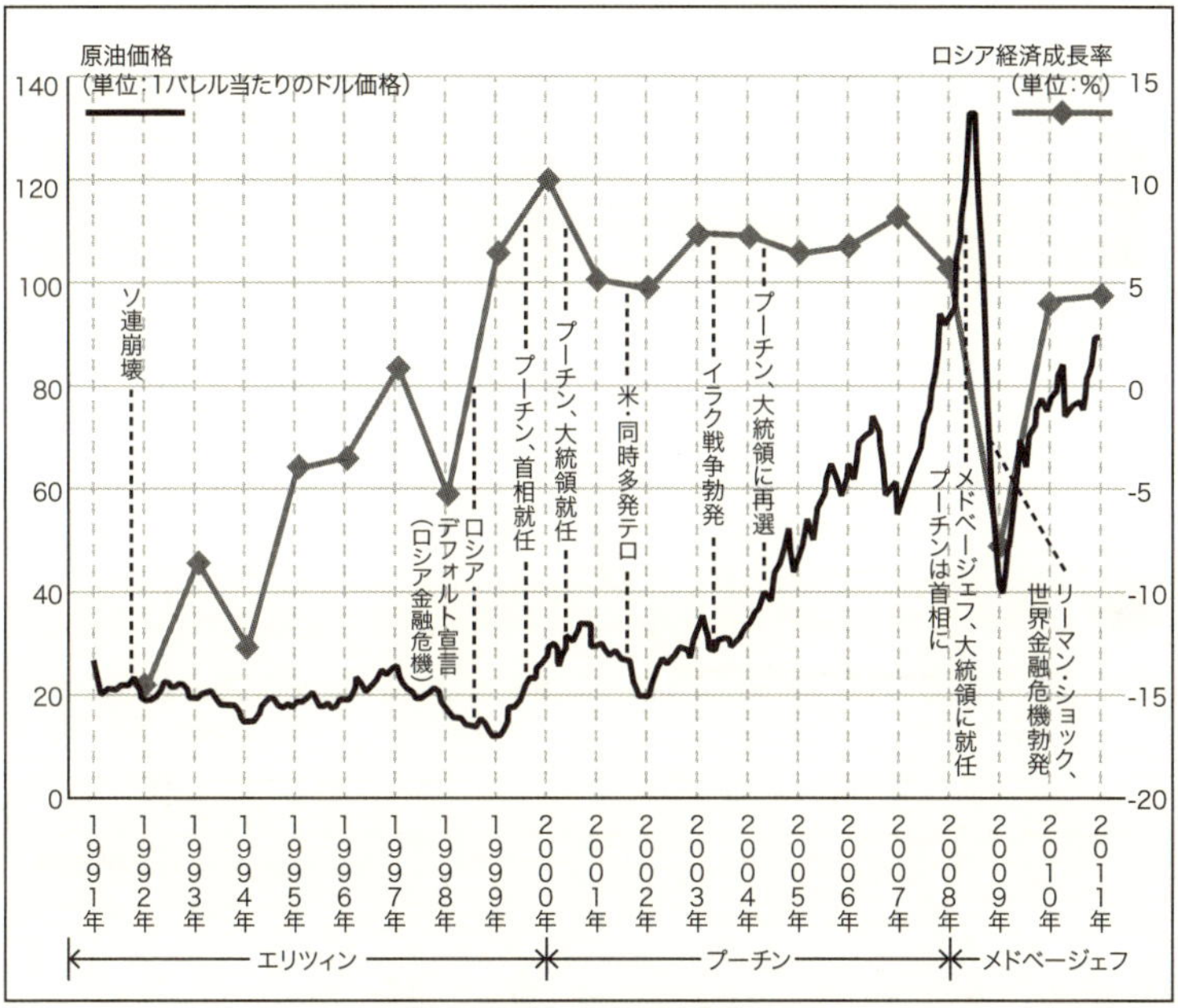

出典：Rosstat（ロシア連邦国家統計）およびIMF Primary Commodity Prices

そう、原油価格が急上昇し始めたのです。

原油価格は、タイ発の世界金融危機（一九九七年）の影響で、低迷していました。しかし、プーチンが大統領になるころ、危機も一段落し、上昇基調にあったのです。

原油価格はその後、二〇〇一年のアフガニスタン戦争、二〇〇三年のイラク戦争による中東情勢不安定化により、大暴騰していくことになります。

そもそも、一九七〇年代ソ連経済が好調だったのは、石油ショックで原油が高騰したから。

ではなぜ一九八〇年代、ソ連経済はボロボロになったのか？

原油価格が低迷していたから。

金融危機が起こった一九九八年、

ルーブルの対ドル為替レート・推移 (1997年〜2000年)

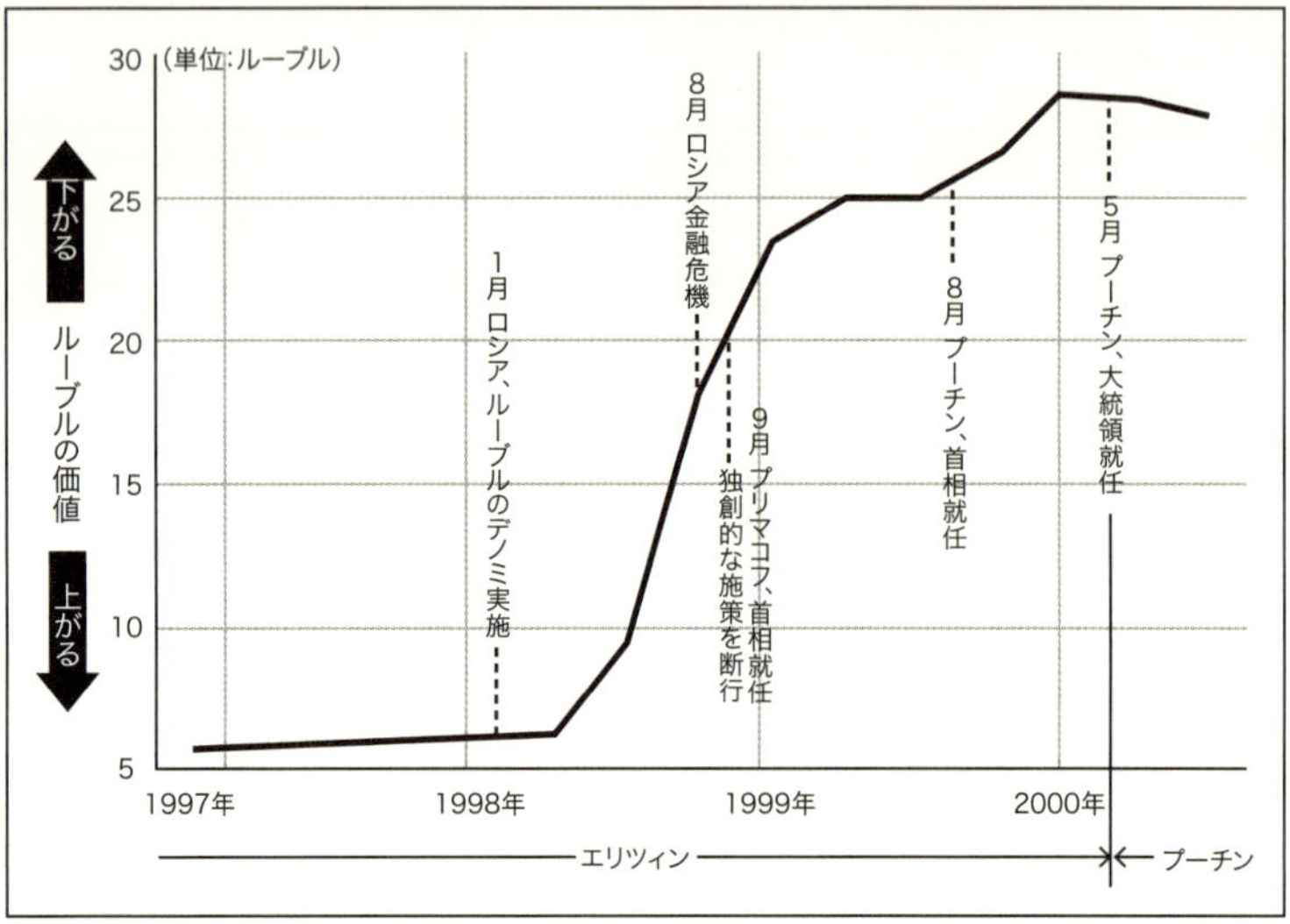

出典：Rosstat／ロシア連邦国家統計

ロシア産原油の価格は、一時一バレル＝八ドルまで下落していました。通年でも一四ドル。

ところがプーチンが大統領になった二〇〇〇年、原油価格は「待ってました！」とばかりに急騰していきます。

ロシア産原油価格は一時、一バレル＝三五ドルまで上昇。

通年でも一九九八年のちょうど二倍、二八ドル。

そのため、原油、石油製品、天然ガスの輸出額は、前年比で七〇％以上増加しました。

二〇〇〇年、もう一つの「神風」は、ルーブル切り下げがプラス要因に転化したこと。

既述のように、危機が起こった一九九八年八月、一ドルは六ルーブルでした。

プリマコフの措置で下落スピードは緩やかになりましたが、二〇〇〇年三月時点で二八ルーブルまで下がっていた。

つまり、一年半でルーブルは四・七分の一になった。一ドル七五円が、三五〇円になった感じ。

このことは、ロシア経済に大きな混乱を引き起こしました。たとえば銀行の半分が倒産に追い込まれた。

しかし、プーチンが大統領になったころ、安いルーブルはプラス要因に転じていたのです。

どういうことでしょうか？

ルーブル下落で外国製品の価格が暴騰した。国民は輸入品を買えなくなり、いやいやながらもロシア製品を買い始めた。それで、一九九二年の「ショック療法」で瀕死の重傷をおったロシア企業が、息を吹き返した。

もう一つのプラス効果は、外国でロシア製品の価格が下がり、競争力がついた。それで輸出がドンドン増えていきます。

原油価格とルーブル安効果により、ロシアの輸出は、前年比で四〇％増加。

貿易黒字は、前年の三四三億ドルから六九一億ドルに倍増。

さらに、税収増加により、ソ連崩壊後初めて財政黒字に転換しました。

二〇〇〇年、ロシアは、なんと一〇％の成長を達成。

人々は、プーチンを「神のごとく」思うようになっていきました。

ここまで読まれて、「なんだ、結局プーチン時代にロシアが成長し始めたのは『運』か!?」と思われる人もいるでしょう。

確かにそのとおり。しかし、「運」の部分は半分でしかありません。

もし、プリマコフとプーチンが新興財閥を服従させていなかったらどうなっていたでしょうか？原油高で新興財閥はますます富む。彼らは思う存分脱税できるので、ロシア政府と国民はまったく恩恵を受けられず、ますます窮乏するという結果になったでしょう。

プーチン、三つの経済革命を断行

プーチンというと、「財閥いじめ」ばかりしていたと思いがち。

あるいは、「原油高に支えられたラッキーガイだ」と。

ところが、プーチンは一期目、その経済政策において「革命的」ともいえる三つの大改革を実行しています。

一つ目は、**土地の私有と売買を自由化**したこと。

何度も書いていますが、ソ連時代は「私有財産」がなかった。当然、「私有地」もない。

ソ連崩壊から一〇年たっても、ソ連時代そのままの状態だったのです。

しかし、二〇〇一年一〇月「土地基本法」が採択され、土地の私有や売買が、一部ですが認められるようになりました。

二つ目と三つ目は、**「税制改革」**。

まず、**所得税減税。**

ロシアの所得税率はそれまで、一二％、二〇％、三〇％の三段階でした。

これを二〇〇一年度、なんと一律一三％にしてしまった。

次に、**法人税減税。**

ロシアの法人税率は二〇〇二年、これまでの三五％から二四％まで一気に一一％も引き下げられました。

減税によって税収は減ったのでしょうか？

いえいえ。逆に激増したのです。

なぜ……？

大幅減税で、巨大な「ロシア地下経済」が表に

日本人から見ると、ロシア人のおもしろさはいろいろあります。

たとえば「納税意識」が全然ない。

私の友人のイリーナさんは、書店を経営しています。彼女は、熱心なロシア正教徒で、朝晩きちんとお祈りをし、日曜日の礼拝をかかしません。きわめておだやかで善良な人。困った人がいれば、助けずにいられないやさしさをもっています。

そんなイリーナさんに税金の話を聞いてみると、「全部なんか払ってない」とシレ～っといいます。

その理由を聞くと、「法律どおりに払ってたら倒産しちゃうから！」と笑います。

良心の呵責《かしゃく》が全然ないのですね。

「それは神様から見ると罪ではないのか？」と聞くと、「そんなことない」と自信たっぷりに答え

ます。なぜかというと、「彼ら（政府）は、集めたお金を自分の懐《ふところ》に入れちゃうから」。

考えてみると、ソ連時代、政府は宗教を弾圧していました。いまのロシアでは「信教の自由」が保障され、ロシア正教などは大復興している。

しかし、ロシア正教の信者が政府を見ると、かつて自分たちを弾圧した旧共産党とか旧ＫＧＢばかり。だから、「彼らに税金を納めなくても、神様は逆に喜んでくださる」という意識なのです。

やはり知人で、営業の仕事をしているイワンさんが勤める会社は、社員の給料を実際の五分の一くらいの額で税務署に申告しているそうです。

もちろん、給料を低く申告すれば、払うべき所得税も減りますね。

社員はみんな知っているのですが、誰も不信に思ったり、社長を密告したりはしないそうです。なぜか聞いてみると、「みんなやってるから」との答え。

では、脱税させてもらっているイワンさんは悪人か？

これが、メチャクチャいい人なのです。彼の妹は、寝たきりの父親と住んでいます。彼は、毎日仕事の帰りに妹の家により、父親をお風呂に入れてあげます。妹は寝たきりのお父さんを持ち上げられませんから。奥さんや子供との仲もよく、友人から信頼も厚いのです。

彼も、脱税していることについて、まったく良心の呵責を感じていないようです。

良心の基準は、国によっても人によってもさまざまということですね。

さて、いまでもこんな感じですから、一九九〇年代はさらにトンデモナイ状況だった。

再び小川和男先生の『ロシア経済事情』から引用してみましょう。

〈米国の学者やシンクタンクは、ロシアでのアンケート調査をはじめそれぞれ独自に実施した調査・分析にもとづいて地下経済をもっとずっと大きく評価し、その繁栄はロシア国民の生活向上に貢献しているという結論に達している。A・シャーマ・ニューメキシコ大学教授は、

●ロシアの私営セクターはロシア経済全体の半分を占めていながら、その生産・販売実績と利益の九〇％は税務署に申告されていない、

ロシアの実際のGDPと人口一人当り所得は、おそらく公式統計の数字の二倍に達する、

●ロシアでは昨今、副業に就いている人が多く、副業からの収入が大きい場合が多いが、ロシア人は通常、私的に稼いだ所得は税務署に申告する必要がないと考えており、実際にも申告してない、などと指摘〉（P91〜92）

九〇％は税務署に申告されていない！

一九九〇年代はこんな状態だったのだと思います。

しかし、税率が下がり、脱税の取り締まりが厳しくなるにつれ、「捕まるリスクをおうより、一三％くらい払ったほうがいい。枕を高くして眠れるってもんだ」と考える人が増えた。

それで、地下経済が表に出てきて、一気に税収が増えることになったのです。

その結果、個人所得税収は二〇〇一年、前年比で二五・二％増加。二〇〇二年は二四・六％、二〇〇三年一五・二％、二〇〇四年一四・四％それぞれ増加し、ロシアの財政黒字国化に大きく貢献しました。

エリツィン時代とプーチン時代、これほどの違い

さて、ここまでプーチンが大統領になってから行ったことを書いてきました。

ここで一度まとめをしてみたいと思います。

エリツィン時代（一九九一年～一九九九年）末期とプーチン時代（二〇〇〇年～二〇〇八年）で、ロシアはどんなふうに変わったのでしょうか？

●下院

エリツィン時代は、大統領の宿敵、共産党が第一党。

野党が下院最大勢力であるため、機能不全になっていました。

日本でも「ねじれ国会」などといいますが、あれがもっとひどくなった感じ。

プーチンは、下院第二党「統一」と第三党「祖国・全ロシア」を統合し、「統一ロシア」を結成。

やりたい政策がスムーズに実行できるようになりました。

注目すべきは、「統一」と「祖国・全ロシア」が、一九九九年の下院選挙時「敵」だったということです。

●上院と地方の首長

エリツィン時代、連邦構成体首長が、上院議員を兼務。

首長たちは強大な権限をもち、地方で汚職の限りをつくし、私腹を肥やしていました。

プーチンは、連邦構成体首長が上院議員を兼任することを禁止。

さらに、クレムリンが、連邦法に違反した地方首長を解任できるようにします。

そのため、「いつクビになるかわからない」首長たちは、中央に従うようになりました。

また、プーチンは七つの連邦管区を設置。

将軍などを全権代表として送り込み、地方を監視・監督させるシステムを構築しました。

●新興財閥

エリツィン時代。新興財閥は大統領と癒着することで、莫大《ばくだい》な利益を得ていました。

ガスプロム出身のチェルノムイルジン首相が、石油・ガス会社を保護したことから、脱税が横行。

そのため、国は公務員給与を数ヶ月滞納せざるをえなくなるなど、甚大《じんだい》な被害を受けていました。

プーチン時代。プーチンは、新興財閥の二大リーダー、ベレゾフスキーとグシンスキーを事実上国外追放。

残った新興財閥はプーチンに服従を誓い、税金を納めるようになります。

そのため、ロシアの税収は激増し、財政黒字を達成しました。

●マスコミ

エリツィン時代、ORTを支配するベレゾフスキーとNTVを所有するグシンスキーが自由自在に国民を洗脳していました。

プーチン時代、ベレゾフスキーとグシンスキーを追放したことで、クレムリンは三大テレビ局

（RTR、ORT、NTV）の支配に成功。

「言論の自由」は「大統領を批判しない」という条件つきになりました。

●経済

エリツィン時代、ずっとマイナス成長。一九九二年〜一九九八年までにGDPが四三％も減少。一九九八年にはデフォルトし、「もはやロシアは立ち直れない」と誰もが思っていました。

プーチン時代。プーチンが大統領になった年は、いきなりGDP一〇・〇％成長を達成。以後、二〇〇八年まで毎年平均七％程度成長し続けます。

これが一番の奇跡です。

●政権支持率

エリツィン時代。一九九一年のソ連崩壊時、九〇％を誇ったエリツィンの支持率は、経済改革の失敗でみるみる下がりました。

一九九六年の初めには五％になっていましたが、新興財閥軍団の強力なサポートにより、なんとか再選。しかし、その後も病気がち。景気はさらに落ち込んでいき、人気は上がりません。

政権最末期、支持率はさらに低下し、〇・五％程度でした。

プーチン時代。五十数％台からスタート。

しかし、ベレゾフスキーを追放し、新興財閥を従わせ、さらに経済が急成長を始めたことから支持率は急上昇。

エリツィン時代とプーチン時代、これほどの違い！

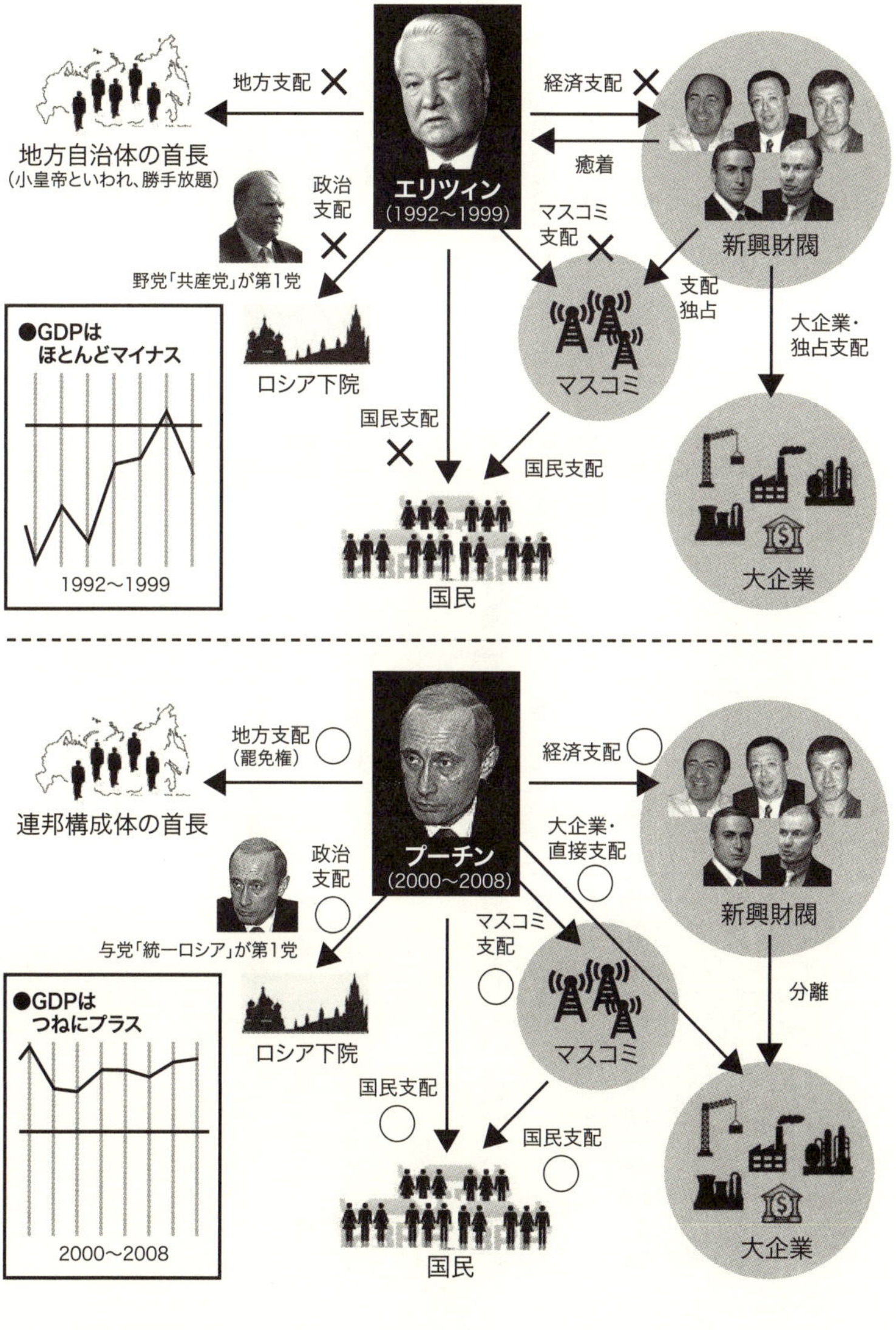
エリツィン
(1992〜1999)
地方支配 ×
地方自治体の首長
(小皇帝といわれ、勝手放題)
経済支配 ×
癒着
新興財閥
政治
支配
×
野党「共産党」が第1党
ロシア下院
マスコミ
支配 ×
支配
独占
マスコミ
大企業・
独占支配
大企業
●GDPは
ほとんどマイナス
1992〜1999
国民支配
×
国民支配
国民
プーチン
(2000〜2008)
地方支配
(罷免権) ○
連邦構成体の首長
経済支配 ○
新興財閥
大企業・
直接支配
○
政治
支配
○
与党「統一ロシア」が第1党
ロシア下院
マスコミ
支配
○
マスコミ
分離
大企業
●GDPは
つねにプラス
2000〜2008
国民支配
○
国民支配
○
国民

以後、ほとんどの期間七〇％以上の支持率を維持しています。

どうでしょうか？

やはり、リーダー一人の力は大きいのです。

一、二年で、全然別の国に生まれ変わってしまうのですから。

さて、ここまで一九九〇年代から二〇〇二年くらいまでを中心に書いてきました。

プーチンはこの年までに、混乱の極致にあったロシアに秩序を取り戻し、経済を成長軌道に乗せることに成功しました。新興財閥や地方の首長たちも従順になり、「もはや敵なし」と思えたのです。

しかし、**「いつかプーチンを打倒し、俺が大統領になってやる！」と決意していた男がいた。**彼は、**米英の支配者層と結託することで、政権を奪えると考えていました。**

その男の名は、**ミハイル・ホドルコフスキー。**

このプーチンとホドルコフスキーの壮絶な戦いは、**世界の支配者たちと、ＫＧＢ軍団の代理戦争**でもありました。

プーチンの戦いの舞台は、ロシア国内から、いよいよ世界へと移っていったのです。

詳しくは、第２章で明かすことにしましょう。

第2章 米ロ新冷戦

プーチンはいかにアメリカを没落させたのか？

プーチンのアメリカ嫌い

ここまでは、プーチンがいかに「絶対権力者」になっていったかを書いてきました。

ここからは、彼が**「どうやってアメリカを没落させたのか」**をお話ししていきます。

その前にまず、重要な前提からお話ししておきます。

プーチンは、**アメリカが大嫌い**なのです。

たとえば、二〇一一年一〇月、プーチンは訪問中の北京でこんなことをいっています。

〈「**米国は寄生虫**」とプーチン露首相　中国とは原発推進でも協力へ

中国を訪問中のロシアのプーチン首相は12日、北京の人民大会堂で胡錦濤国家主席と会談し、両国関係及び実務協力の強化について意見を交わした。11日夜には新華社通信など国営メディアの取材に応じ、米国を「**寄生虫**」と呼ぶなど、米欧への敵対心をのぞかせた。〉

（産経新聞二〇一一年一〇月一二日付）（太字筆者。以下同じ）

アメリカは「寄生虫」……。

口が悪いですね～。

しかし、プーチンは、いつも口が悪いわけではありません。

こういう過激な言葉を使うのは、「チェチェンの武装勢力」「裏切った元諜報員」「新興財閥」など、対象が限定されています。

アメリカ以外の国に対しては、こういう汚い言葉を使うのは聞いたことがありません。

彼の言動を見ていると、国益を守ることもそうですが、それ以前に「アメリカに対する強烈な嫌悪感がある」と感じざるをえません。

プーチンは、アメリカについて質問されるとき、明らかに他国のときとは違う反応をします。顔を紅潮させ、きわめて攻撃的な言葉を使うことも多いのです。

プーチンに限らず、この国の中年以上の人たちは、概して反米です。なぜでしょうか？

ソ連時代の徹底した反米教育

一つ目の理由は、「教育」です。

たとえば、中国人や韓国人は、戦争を知らない若い世代も日本が嫌いですね。

なぜか？　そう、学校で「日本人はこんな悪いことした」「こんな残虐なことをした」と教育されるからです。

プーチンは、一九五二年生まれ。

ソ連崩壊の三九年前ですから、これはもう、どっぷり「ソ連式教育」を受けた世代といえます。

では、「ソ連式教育」ってなんでしょう？

一言でいえば、「マルクス・レーニン主義」に則《のっと》った教育。

では、「マルクス・レーニン主義」ってなに？　このことを書き始めたら、本が一冊書けてしまいます。ここでは、本質だけを、「ズバリ」簡潔に記しておきましょう。

共産主義者のバイブルといえば、マルクスとエンゲルスの共著『共産党宣言』です。その一番最初になんとあるか。

〈今日までのあらゆる社会の歴史は、階級闘争の歴史である。〉(『共産党宣言』岩波文庫 P38)

うお! いきなりこうきましたか。いったい誰と誰が闘争するのでしょうか?

〈自由民と奴隷、都市貴族と平民、領主と農奴、ギルドの親方と職人、要するに圧制者と被圧制者はつねにたがいに対立して、ときには暗々のうちに、ときには公然と、不断の闘争をおこなってきた。〉(同前P39)

これが、マルクス史観の根本です。

世の中には、支配者と被支配者がいて、いつも戦っている。

では、その戦いは永遠に続くのでしょうか? マルクスは、「そうではない」といいます。

最終的には、資本家と労働者の戦いになる。そして、「労働者が勝利し、万民平等の『共産世界』をつくるのだ!」というのが、マルクス流「歴史の終わり」。

つまり、もう結末が決まっているのですね。

次に、『共産党宣言』の一番最後を見てみましょう。

〈共産主義者は、これまでのいっさいの社会秩序を強力的に転覆することによってのみ自己の目的が達成されることを公然と宣言する。支配階級よ、共産主義革命のまえにおののくがいい。プロレタリアは、革命においてくさりのほか失うべきものをもたない。かれらが獲得するものは世界である。

万国のプロレタリア団結せよ!〉(同前P87)

これを見ると、どうして資本主義国の政府や企業が、共産主義を恐れていたかがわかります。「社会秩序を強力的に転覆することによってのみ自己の目的が達成される」のですから。

共産主義者から見たら、政治家も社長さんも全部支配階級でしょう？


さて、プーチンが学校で学んでいたころ、世界は「冷戦」の真っ最中。

学校では、当然**「ソ連は労働者の味方で善の国」「アメリカは資本家の味方で悪の国」**というふうに教えられていました。私もソ連の大学で勉強したのでわかるのですが、うまいこと説明するのです。

たとえば、「多国籍企業」。

資本主義の人にいわせると、多国籍企業は「発展途上国に雇用をつくる、善なる存在」となります。

しかし、共産主義の人にいわせると、多国籍企業は「発展途上国の貧しい人たちを搾取《さくしゅ》している悪い存在」となります。

なにはともあれ、「ソ連式教育」では、**資本主義陣営の総本山アメリカが、世界の悪の元凶**なのです。

ですから、善の国ソ連は、悪いアメリカを打倒しなければならない。それが、マルクスとレーニンから引き継がれた「歴史的使命」。そして、労働者の側にいるソ連の勝利は、「歴史の必然」である。

というわけで、ソ連崩壊前に成人した人たちは、概して「反米」です。年が上になるほど、「反米度」は上がっていく。

では、若い世代はどうなのでしょうか？　これは、それほどでもないのですね。というのは、もう学校で「反米教育」が行われていませんから。

冷戦の敗北

ロシア人のアメリカ嫌いがさらに強くなったのは、冷戦に敗北したからでしょう。

マルクスによれば、労働者が資本家に勝つ、転じてソ連がアメリカに勝つのは歴史の必然。ところが実際は負けてしまった。

ロシア人は冷戦中ずっと、「いま、ソ連とアメリカは戦争中」と教わってきた。ソ連が崩壊したとき、「ゴルバチョフの失政で自滅した」とは思いませんでした。そうではなく、「お人よしのゴルバチョフとエリツィンが、ずる賢こいアメリカにだまされた」と考えたのです（まあ、実際にそういう側面もあるのですが）。

しかし、第1章でもお話ししたように、ソ連経済の遅れは決定的で、全部アメリカのせいにするのには無理があります。

もう一つ。これはエリート層に多いのですが、「アメリカが意図的にソ連崩壊後のロシア経済を壊滅させた」と恨《うら》んでいる人もいます。

既述のように、新生ロシアは、ＩＭＦの勧告に従って改革を行いました。

「いうとおりにやらなければ金は貸さないよ」といわれればしかたありません。

その結果、一九九二年のＧＤＰはマイナス一四・五％、インフレ率は二六〇〇％。

ＩＭＦは、はたしてこういう悲惨な結果になることを知らなかったのでしょうか？ それとも、知っていてわざとおかしな改革を押しつけたのでしょうか？

「経済音痴のエリツィンが、ずる賢こいアメリカにハメられた」と信じている人がかなりいます。このように、年配のロシア人は、概してアメリカを憎んでいます。

プーチンも例外ではない。

もう一つ補足しておきます。

ＫＧＢは、「ソ連国家保安委員会」と訳されます。

情報組織、諜報組織、秘密警察などが主な仕事。

これらの仕事をする際、やはり「国を守るために働く」というのが大義名分になります。

では、国を「誰から」守るのでしょうか？

もちろん、主に「アメリカ」からです。

というわけで、プーチンも冷戦時代、つねに「戦争中」という意識でいたにちがいありません。

そして、交戦中の敵はアメリカ合衆国。

子供のころから反米教育を受けて育ったプーチン。ドイツでは、ＣＩＡ（中央情報局）が東欧民主化工作をしているのを見ました。しかし、ＫＧＢはクレムリンからの後押しがなく、民主化を食い止めることができなかった。そして、東欧は民主化され、ソ連から離れていきます。

ソ連の決定的敗北でした。

一九九一年一二月、プーチンはレニングラードでゴルバチョフの「ソ連崩壊」のテレビ演説を聞いたことでしょう。このとき、彼は誓ったのかもしれません。

「ロシア復興」と「アメリカへの復讐」を。

アメリカが破産しない理由

とはいえ、一九九〇年代ボロボロになったロシアがアメリカに復讐するなど、「夢のまた夢」。

しかし、「どうすればアメリカを没落させることができるか?」は、結構広く知られていたのです。それが「できる、できない」は別の話ですが。

ここからの話は、私の過去の著書でも取り上げましたが、非常に重要な点ですので、再度簡潔に書いておきます(より詳しく知りたい方は、『中国・ロシア同盟がアメリカを滅ぼす日』〈草思社〉を参考になさってください)。

アメリカは、みなさんご存じのように、世界最大の「財政赤字国」「貿易赤字国」「対外債務国」です。

財政赤字は、ジョンソン大統領時代の一九六三年から現在まで、なんと五〇年近く続いています(ITバブルで税収が激増した一九九八年から四年間は、例外的に黒字を達成)。

貿易赤字は、一九八一年から現在まで、三〇年以上も続いています。

普通の国であれば、とっくに財政破綻しているところですが、アメリカはいっこうに破産しない。

なぜでしょうか? 理由は二つあります。

一つ目の理由は、**「ドルが還流している」**こと。

これは、一度国から出ていったドルが、再びアメリカに返ってくることをいいます。

どうやって?

●高金利

ここ数年、アメリカも低金利が続いていますが、今回の危機が始まるまで、つねに日本より高金利でした。もし日本がゼロ金利で、アメリカが五%であれば、いうまでもなくお金は日本からアメリカに流れます。

●アメリカ国債

日本、中国を筆頭に、世界中の国々が「もっとも信用のある」(とされていた)アメリカ国債を買っています。

これも還流。

●株

もっともわかりやすい例は、一九九〇年代後半。

ITバブルが起こった一九九五年から二〇〇〇年一月まで、ダウは三九〇〇ドルから一万一九〇〇ドルまで、五年間で三〇〇%上昇しました。

ナスダックは、同じ時期に五倍化しています。

世界の人がアメリカ企業の株を買うとは、要するに「ドルを買う」「ドルを還流させる」ということです。

アメリカが破産しないもう一つの理由は、**「ドルが基軸通貨だから」**。

基軸通貨というのは、**国際間の資本・貿易取引において、民間・公的部門を問わず幅広く使用されている決済通貨のこと**をいいます。

基軸通貨といわれると、なんだかわかりませんが、要するに**「国際通貨」「世界通貨」**のことです。

通貨の価値の上がり下がりは、商品と同じで需要と供給で決まります。

普通、貿易赤字の国では、自国通貨の需要が外貨需要よりも少なく、どんどん下がっていきます。

しかし、基軸通貨ドルの需要は世界中にあるので、なかなか下がりにくいのです。

どんな需要？

●アメリカと他国の貿易決済通貨として

たとえばアメリカとロシア、アメリカと中国が貿易をするとき、理論的にはルーブルや人民元で取引をしてもいいはずですね。ところがそんな話は聞きません。

ロシア企業がアメリカ製品を輸入するとき、ドルを買って支払いをする。

ロシア企業がアメリカに輸出するとき、代金をドルで受け取る。

●他国と他国の貿易決済通貨として

たとえば、日本が中東から石油を買う。

アメリカはまったく関係ありません。

ところが、どういうわけか日本の会社はまずドルを買い、それで石油を買う。

●外貨準備として

世界の国々の中央銀行が、ドルを外貨保有している。

●世界中の民間人がドルを保有している

これは、なかなか日本人にはわかりにくいですね。

しかし、自国通貨ルーブルを信用できなかったロシア人にとってはあたりまえのこと。

たとえば、シベリアの奥地に住む八〇代のおばあさん。

一九九〇年代、「貯金はドルでタンスに」が常識でした。

なぜ「ドル」かというと、一九九〇年代ルーブルの価値はインフレでどんどん下がっていった。

なぜ「タンスに」かというと、ロシアでは数年に一度金融危機が起き、銀行が大量倒産していたから。

このようにドルは世界通貨なので、アメリカ自身が膨大な貿易赤字を抱えていても、これまでは非常に緩やかに下げてきました。

これを、ドルと円の関係で見てみましょう。

一九七一年まで一ドルは三六〇円の固定相場。

この年八月一五日、ニクソンは金とドルの兌換《だかん》停止を宣言します(ニクソン・ショック)。

一九七三年二月から変動相場制に移行。

一九八〇年代の半ばまでに一ドル二五〇円までドルは下がってしまいました。

それでもしんどくなり、一九八五年九月のプラザ合意。

円はこの後一二〇円まで上がり、その後上下しながら一九九五年には八〇円まで上がっています。

その後は、クリントンのドル高・株高政策により資金がアメリカに集中。

上下しながら、最近(二〇一二年三月末現在)は一ドル八〇円付近をウロウロしています。

このようにドルの価値は一九七一年から二〇一二年初めまでの四〇年間で、対円で約四・五分の一になっています。

まとめると、

●長期的には、アメリカの膨大な貿易赤字により、ドルは下がり続けている

いかに還流しているとはいえ、またいかに基軸通貨といえ、ドルを世界中にばらまき続ければ価値が下がっていく。

しかし、基軸通貨ゆえに、その下落過程は緩やかなのです。

●中短期的には、ドル還流の効果により上下する

クリントンのようにドル還流を効果的に行えれば、資金がアメリカに集中し、ドル高になることもある、となります。

基軸通貨「ドル」のさまざまな特権

還流するドル(なぜ、アメリカは破産しないのか)

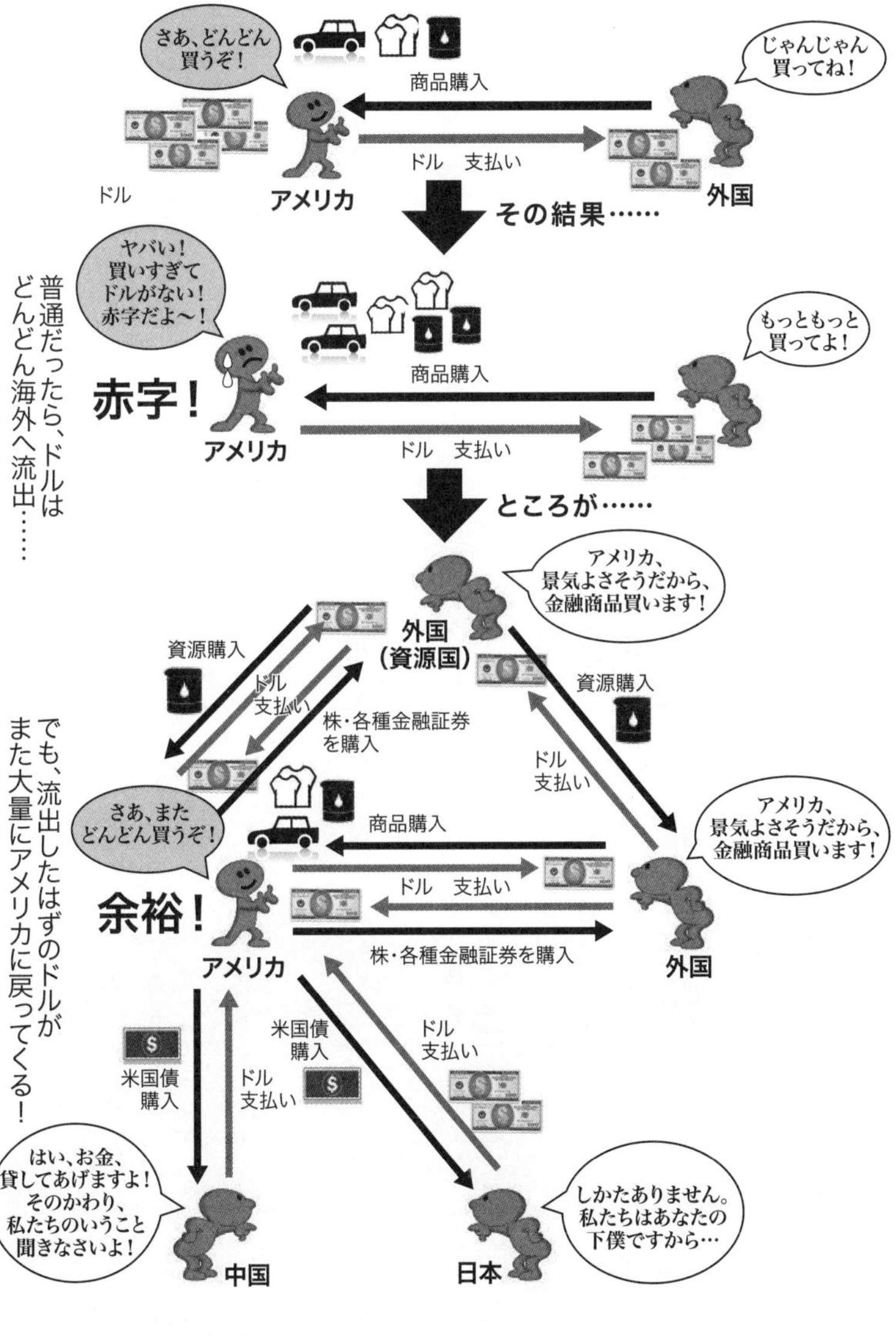

アメリカは、なぜ何十年間赤字国家でも破産しないかという話でした。

次に、「基軸通貨ドル」の特権について考えてみましょう。

少々古い本ですが、私はいつも一九九〇年に発行された大前研一先生の『ボーダレスワールド』（プレジデント社）をテキストにして、説明しています。

まず、「なぜアメリカは貿易赤字でも大丈夫か？」について。

〈アメリカに「対外貿易」はない。〉（P232）

え〜、あるんじゃないですか？

〈アメリカは外国から物を買うための「外貨」を稼いだためしがない。〉（同前P232）

そうですね。全部ドルで支払いますから。

〈外国商品の購入に使われる資金は依然としてドル建てなので、そうした取引は、たとえばカリフォルニア産のオレンジやテキサス産のパソコンを買うのと、いささかも変わりがない。〉（同前P232）

〈日本が外国だからといって、アメリカは日本に対して外貨（すなわち円）の交易をしているわけではない。

ここが**国際決済通貨＝ドルをかかえた国とそれ以外の国との基本的な差**である。アメリカには対外貿易などないのである。〉（同前P232〜233）（太字筆者。以下同じ）

なるほど。

基軸通貨ドルをもつアメリカにとっては、全世界との貿易が「国内取引」と変わらないのですね。

それなら、「貿易赤字だ！」と大騒ぎする必要もありません。

しかし、いくらドルが「基軸通貨」「世界通貨」とはいえ、それは国際法で決められているわけではありません。基本的に強制力はない。

ただアメリカが経済力も軍事力もNo.1で、信用度が一番なので、ドルが基軸通貨として使われているだけ。

ちなみに米ドルの前の基軸通貨は、「英ポンド」でした。なぜかというと、アメリカの前はイギリスが覇権国家だったからです。つまり、ドルが基軸通貨でなくなる可能性だってあるのですね。

大前先生は、一九九〇年当時ですが、「アメリカ政府が自らドルの価値を下げている」とし、その愚かさを指摘します。

〈政策担当者は「ドルを安くすれば貿易競争力が高まる」と信じて、ドルの価値を下げている。これでは遅かれ早かれ、**ドルがアメリカの貿易相手国に決済通貨として受け入れられなくなる日が、必ずやってくる。**〉(同前P233)

つまり、あんまりドル安にすると、「基軸通貨じゃなくなっちゃいますよ」と。

すると、どうなるのでしょうか？

〈これは**大問題**だ。そうなると**アメリカは、輸入超過分の代金支払いに外国通貨を借りなければならなくなる。**〉(同前P233)

ドルが基軸通貨でなくなれば、アメリカは普通の貿易赤字大国に転落する。

すると、この国は恒常的超貿易赤字国ですから、必ず破産します。

〈したがってドルを強くしておくことが、最もアメリカの利益になるのだ。〉(同前P233)

さらに大前先生は、「ドルが基軸通貨であるかぎり、いくら借金しても大丈夫」という話をしています。

〈この種の「債務」がアメリカの害になることはない。アメリカはブラジルとは違う。ブラジルの場合には、国際的に通用する通貨で、対外決済を行なう必要がある。それができないと、どこからかドルを借りてこなければならない。それに対してアメリカは、自国通貨のドルで決済することができる。ブラジルにとって問題なのは、現在同国で起こっているように、自国通貨の価値が下がれば、借りようとするドルが相対的に高くなることである。このような「債務の悪循環」は、国際決済通貨であるドルを国内経済でも使っているアメリカの場合には起こらない。〉（同前P248〜249）

さらに大前先生は、**アメリカが債務を抱えたまま世界の覇権国家でい続ける方法**についても提示しています。

〈もっと安全な手として、**債務増大は解消されないが、やはりアメリカの繁栄を確保できる道がある。それはドルを強く、安定に保つことである。**カネがアメリカに流れ込むのは魅力的な市場だからで、「その流入が止まるのではないか」という心配こそ、アメリカと友好諸国の関心事にならなければならない。〉（同前P251）

この「債務増大は解消されないが、やはりアメリカの繁栄を確保できる道がある」「ドルを強く、安定に保つことである」の部分は非常におもしろいですね。

つまり、**「ドルが強ければ、借金がいくら増えても、アメリカは繁栄し続けることができる」**といっているのです。

なんとなく、**「基軸通貨ってすごい！」**とご理解いただけたでしょうか？

アメリカにとって「対外貿易」は「国内取引」と同じ

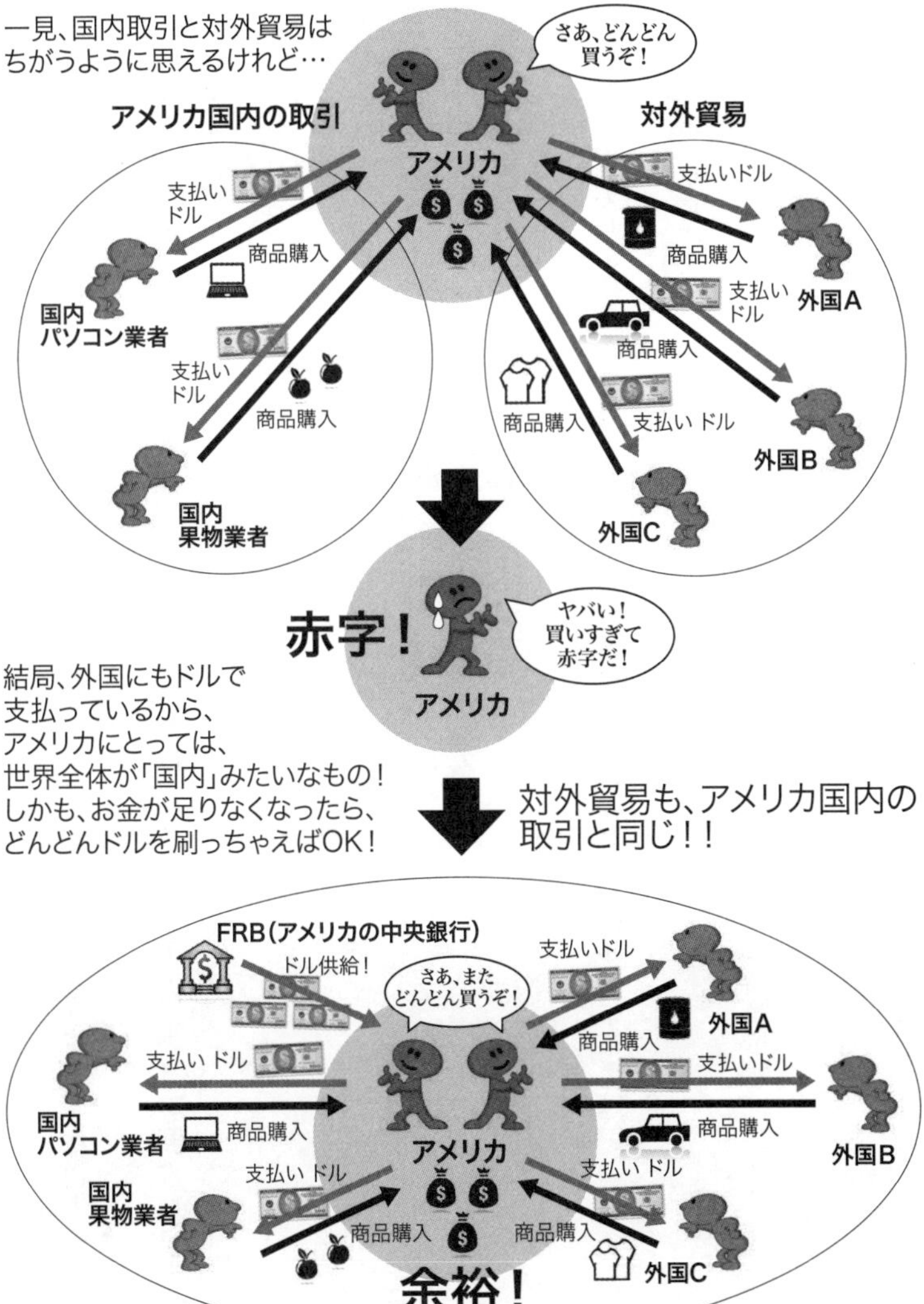

ダメ押しでマサチューセッツ工科大学、レスター・サロー名誉教授の言葉を。

〈もしドルが基軸通貨でなくなればアメリカはこんなに巨額の貿易赤字を抱えてはおれない。基軸通貨は貿易決済に使われる。

他の国なら赤字分はドルを借りて支払わなければならないがアメリカは必要なだけドル紙幣を印刷すればよかった。

しかし基軸通貨でなくなればそうはいかない。〉

大前先生もサロー教授も同じことをいっているのです。**ドルが基軸通貨でなくなれば、アメリカは没落すると。**

ですから、理論的にアメリカを没落させる方法は簡単なんです。**ドルを基軸通貨の地位から引きずり下ろせばいい。**

どうやって？

これも簡単で、**ドルの使用量を減らし、ほかの通貨で決済するようにしてしまえばいい。**

米ソ冷戦後の欧州の反逆

理論的に「アメリカを没落させる方法」を書きましたが、実際はそんなに簡単ではありません。一九九一年、冷戦が終わった時点で、世界で有力な通貨といえば、ドル、円、ドイツマルクだったでしょう。しかし、やはりドルの存在感は圧倒的でした。

ところで、この冷戦終結。欧州エリートのメンタリティに大きな変化を起こしました。

考えてみましょう。

一五〇〇年～一九〇〇年代初めまで、欧州は世界の政治・経済・文化の中心でした。

覇権国家も、全部欧州から出ていた。

スペイン→オランダ→イギリス。

覇権国家のライバルも、全部欧州の国。

ポルトガル→フランス→ドイツ。

しかし欧州は、第一次・第二次世界大戦によって没落していきます。

代わって覇権国家になったのが、アメリカとソ連。

欧州はどうなったか？　西欧はアメリカが支配し、東欧はソ連が支配する。

これは、誇り高き西欧のエリートたちにとって、たいへん屈辱的な状態だったのです。しかし、アメリカに逆らうことはできません。

なぜなら、東にソ連という巨大な脅威があったから。西欧がアメリカと縁を切れば、まちがいなく「共産化」されることでしょう。

ところが、一九九一年一二月にソ連は崩壊した。

これは、西欧にとって二つのことを意味していました。

一つ目は、**「全世界に、もはや西欧にとっての脅威は存在していない」**。

もう一つは、**「脅威がないのだから、アメリカに支配され続ける理由はない」**。

欧州エリートたちは、**「もう一度、アメリカから覇権を取り戻そう！」**と大きな野望を抱くようになりました。

しかし、欧州の、たとえばドイツ、フランス、イタリア、スペインなどが一国で覇権を取るというのは、あまりにも現実離れしています。では、どうするか?

そう、**欧州を統合し、巨大な一つの国家にしてしまえば、アメリカから覇権をうばえるだろうと。**

フランスの著名な経済学者で、一九八一年〜一九九一年まで大統領補佐官をつとめたジャック・アタリはいいます。

「通貨統合・政治の統一・東欧やトルコへのEC(欧州共同体)拡大。これらが実現できれば、欧州は二一世紀**アメリカをしのぐ大国になれるだろう**」

反対に、**「アメリカをしのぐ大国になるために、EU(欧州連合)を東欧に拡大し、共通通貨をつくるのだ」**ともいえますね。

そして、一九九九年一月一日。欧州通貨統合がスタートしました。

ユーロの誕生です。

当時参加一一ヶ国の人口は二億九〇〇〇万人、GDPは六兆三〇〇〇億ドル。アメリカは二億七〇〇〇万人の七兆八〇〇〇億ドル。

ついに、**ドル体制を崩壊させる可能性のある通貨が登場したのです。**

フセインの核爆弾

欧州共通通貨をめざすユーロは、誕生しました。

しかし、仮に全EU諸国がユーロ圏に入ったとしても、それだけでは、しょせん「地域通貨」にすぎません。「世界通貨」ドルには遠くおよばないでしょう。

しかし二〇〇〇年、**「裏世界史」的大事件**が起こります。

それを起こしたのは、イラクの独裁者サダム・フセインでした。

フセインは二〇〇〇年九月二四日、**「石油代金として今後いっさいドルを受け取らない！」**と宣言します。では、なんで受け取るのか？　おわかりですね。

ユーロ。

フセインをそそのかしたのは、ユーロを基軸通貨にし、アメリカから欧州に覇権を取り戻したいフランスのシラク大統領(当時)。

イラクは、湾岸戦争後経済制裁下にあり、石油は国連経由でしか売れません。評判の悪い独裁者フセインが、一人で国連を動かせるわけがない。しかし、フランスが国連を動かし、フセインの要求は二〇〇〇年一〇月三〇日に受け入れられることになります。

イラク共和国第３共和政第２代大統領サダム・フセイン(任期：1979-2003/1937-2006)

ドルでしか買えなかった石油が、ユーロでも買えるようになる。
このできごとは、アメリカの支配者たちを卒倒させました。
もし、ドミノ現象が起き、「石油はユーロで取引」がスタンダードになれば？
ドルは基軸通貨ではなくなり、アメリカ没落は不可避に

フランス共和国第五共和政第5代大統領ジャック・シラク（任期：1995-2007/1932-）

なります。

アメリカがイラクを攻撃した理由。みなさん、ひょっとして「フセインが『アルカイダ』を支援し、『大量破壊兵器』を保有していたからだ！」とか思っていませんか？

この二つの理由が「大ウソ」だったことは、アメリカ自身も認めています。

〈フセイン政権はアル・カイーダと無関係「大量破壊兵器」も否定／米上院報告書
【ワシントン＝貞広貴志】米上院情報特別委員会は8日、イラク戦争の開戦前に米政府が持っていたフセイン政権の大量破壊兵器計画や、国際テロ組織アル・カーイダとの関係についての情報を検証した報告書を発表した。〉〈報告書は「フセイン政権が（アル・カーイダ指導者）ウサマ・ビンラーディンと関係を築こうとした証拠はない」と断定、大量破壊兵器計画についても、少なくとも1996年以降、存在しなかったと結論づけた。〉（読売新聞二〇〇六年九月九日付）（太字筆者。以下同じ）

公式理由が「ウソ」だったのはわかりましたが、では本当の理由はなんなのでしょうか？

これはいろいろあるのですが、ドル体制防衛も一因と考えていいようです。

ちなみにこの事実、新聞にもきちんと載っています。たとえば二〇〇六年四月一七日付の毎日新聞。

〈イラクの旧フセイン政権は00年11月に石油取引をドルからユーロに転換した。国連の人

道支援「石油と食料の交換」計画もユーロで実施された。米国は03年のイラク戦争後、石油取引をドルに戻した経過がある。〉

外交における理想主義と現実主義

私はモスクワに住んでいるため、よくプーチン外交について聞かれます。不思議なのですね。一九九〇年代、ロシアはボロボロだったのに、プーチンはなぜ短期間でこの国を「大国」として復活させることができたのか?

内政については、第1章で触れました。

ここでは、プーチン外交の特徴について。

実をいうと、「外交」って難しくないのです。少なくとも言葉の上では。

まず外交には大きく二つの立場があります。

一つ目は、「理想主義」。

「理想」を追求するのです。

たとえば、オバマの「核兵器なき世界」。こんなのは「理想主義」の典型です。

たとえば、鳩山由紀夫《はとやまゆきお》元首相の「友愛の海」。

「なんのこっちゃ?」と思いますが、理想主義の例としては最適。

そのほかにも「国際法を強化しましょう」「国連を重視しましょう」「話し合えばわかる」「国同士の経済依存が強まれば戦争はなくなる」等々。

もう一つは「現実主義」。

こちらは、「理想」ではなく、「国益」を最優先するのですね。

現実主義者は、「国際法」とか「国連」とかを、あまり信用しません。「力の強い国が力の弱い国を侵略すれば、国連は無力」と考えている。

たとえば、アメリカのイラク戦争を考えてみてください。

まず、既述のように、そもそも戦争の理由が、全部ウソ。

国連安保理で拒否権をもつ常任理事国五ヶ国のうち、ロシア、フランス、中国は、戦争に反対しました。しかし、イラク戦争は始まり、最低でも一〇万人のイラク人が死んだといわれています。

それで、理由なく他国を攻めたアメリカは、国際法により罰せられましたか?

もちろんお咎《とが》めなしです。

一方、アルカイダも支援していない、大量破壊兵器も保有していなかった、(要するに無実の)フセインは、捕まって処刑されました。

「理想主義と現実主義。俺はどっちかっていうと『現実主義者』だな」という人が多いのではないでしょうか?

ちなみに現実主義者は「理想」ではなく「国益」を追求するのですが、そもそも「国益」ってなんでしょう?

これはいろいろあるのですが、もっとも大事なものを二つあげるとすれば、
1 金儲け
2 安全
ズバリこれです。

企業だってそうですね？　**「儲かりまっか？」**です。企業が、慈善事業をするのもいいですが、本業を忘れて慈善事業ばかりしていたら倒産します。

国だって同じこと。

ＯＤＡ（政府開発援助）で他国を助けるのもいいですが、それ以上に儲けることを考えないと。

しかし、国は企業とちがう部分ももちろんあります。

国は、国民の命と財産、領土を守らなければならない。

ですから、安全を確保するのは、とても大事なのです。

このなかには、国防はもちろん、食糧やエネルギーの確保なども含まれます。

しかし、「そう単純化されても、外交ってもっと複雑に感じるよね」という人も多いでしょう。

なぜ複雑に感じるか、説明します。

どの国の政治家も「ウソをついているから」です。

どうしてウソをつくのか？

たとえば、再度イラク戦争について考えてみましょう。

ブッシュが、「イラクはドルではなくユーロで石油を売り始めたので戦争する！」といえば、善良なアメリカ人は納得しますか？　全世界の人々は納得しますか？

もちろんしません。だから、「フセインはアルカイダを支援している」「大量破壊兵器をもっている」「やつは独裁者で民を苦しめているから民主化しなければ」などと説明するのです。

表向きは「理想主義」を掲げながら、実は「現実主義」的目標を追求している。

これ、企業だってそうです。

ホントは、「大切なのは利益だけ」と思っている社長でも、「オレは金さえ儲かればなんでもいいんだ」とはいいません。そうではなく、たいがい「お金じゃないんです。お客様の笑顔が見たいだけなんです」などといいますね。

では、国はいつでも「理想を掲げながら、ホントは現実主義的利益を追求している」のでしょうか？

これは、必ずしもそうとは限らない。人間も同じで、必ず二面性があります。

「世界や国をよくしていきたい」というホーリーな自分がいる（理想主義）。

一方で、「でも金稼がんと、妻子を食わせていけけん」という現実的な自分もいる（現実主義）。

両方が、一人の人のなかに混在している。

会社も国も同じ。で、その比率はというと、これはさまざまなのです。

では、本書の主人公プーチンの外交はどうなのでしょうか？

プーチンは、徹頭徹尾「ロシアの国益最優先」の「超現実外交」を展開していきます。

その結果、ロシアの国際的地位が急上昇したのです。詳細は、次にゆっくり見ていきましょう。

アフガン戦争とプーチン外交

世界を見ると、欧州とイラクがアメリカ幕府に反逆していた。

プーチンのロシアはまだまだ弱小で、主要なプレーヤーにはなれませんでした。

二〇〇一年九月一一日、アメリカ同時多発テロ発生。

このとき、心のなかは「反米」のプーチンはどう動いたのでしょうか?

なんと、アメリカを全面的に支持したのです。

アメリカは同時多発テロ発生直後、「犯人はビンラディン率いるアルカイダ」と断定。そのビンラディンをかくまっているタリバンのアフガニスタンを攻撃することにしました。

二〇〇一年九月二四日、プーチンは、「アメリカ軍事作戦への対応五項目」を発表。

内容は、
①国際テロリストに関する情報提供
②人道物資輸送機に領空通過を許可
③中央アジアのロシア同盟国が、米軍に空港使用許可を与えることに同意
④捜索・救出のための国際活動に参加する準備
⑤アフガニスタンの反タリバン組織、北部同盟との協力拡大
特に③の「中央アジアのロシア同盟国が、米軍に空港使用許可を与えることに同意」は、ロシアの本気度を示すものでした。

「中央アジアの同盟国」とは、つまり「旧ソ連諸国」「ロシアの勢力圏」のこと。

この地に米軍が入ることを認めるとは……。アメリカ側も驚いたにちがいありません。

いったい、プーチンはなぜこのような決定を下したのでしょうか?

「理想主義者」の人たちは、「アメリカと仲よくしたいからだろう」とか、「アメリカを攻撃したアルカイダが許せないのだ」とかいうでしょう。

そうではありません。

一番大きな理由は、アルカイダと、ロシアからの独立をめざすチェチェンの武装勢力がつながっていたことです。

チェチェン武装勢力の最強硬派リーダー、バサエフとハッタ－ブは、アフガン義勇兵として、アフガニスタンでソ連軍と戦っていました。そして、アルカイダのリーダー、ビンラディンもまた、アフガン義勇兵だったのです。

当時、アフガニスタン経由でチェチェン武装勢力に資金が流れていた。

つまり、タリバンやアルカイダは、ロシアの敵でもあったのです。

しかし、ロシアは、ソ連時代「アフガン戦争」でボロボロになった苦い経験がありますから、同じ過ちを繰り返したくない。そんなロシアにとって、「アメリカがタリバン、アルカイダを攻撃する」という状況はどうでしょうか？

これは、「無料でアメリカがロシアの敵をやっつけてくれる」といっているのです。

だから、ロシアだって、協力を惜しみません。

米・ブッシュとロシア・プーチンの短い蜜月

さて、アメリカをはじめとする有志連合諸国が、アフガン攻撃を開始したのは二〇〇一年一〇月七日。

一一月一三日には、有志連合が支援する北部同盟軍が、首都カブールを制圧。

タリバン政権は崩壊し、ブッシュは大満足でした（しかし、タリバンはその後も抵抗を続け、いまだに戦闘は続いています)。

アメリカは、いよいよ念願のイラク攻撃の準備に入っていきます。

しかし、イラク攻撃に反対するイスラム中東産油国が、石油を武器に、アメリカに反旗をひるがえすようになっていきました。
●イラクは二〇〇二年四月八日、イスラエルのパレスチナ攻撃に抗議し、一ヶ月間原油輸出を停止。
●二〇〇二年四月一五日、イランはアラブ諸国に、「原油禁輸措置を共同で実施するよう」よびかけます。
●二〇〇二年四月二五日、サウジアラビアのアブドラ王子(現国王、首相)が「石油を武器として使う可能性がある」と発言。
●二〇〇二年四月二七日、アラブ連盟は、「アメリカがイスラエルを支持するなら石油を武器として使う」と警告。

第43代アメリカ合衆国大統領ジョージ・ブッシュ(任期:2001-2009/1946-)

プーチンはアフガン攻撃が始まったとき、「アメリカ対タリバンの戦争は、アメリカ対『イスラム全体』の対立に発展していくだろう」と読んだのですが、予想どおりの展開になっていきました。
イスラム中東産油国の反逆に困っていたアメリカと欧州に、プーチンはこんな提案をします。
「中東産油国が原油輸出を減らしても、その分ロシアが増やしますから安心してください」

これは、WIN―WINの提案ですね。

欧米は、原油を安定的に確保できる。ロシアは、原油輸出を増やして儲けることができる。

欧米は、プーチンに感謝の意を示すことにしました。

二〇〇二年五月二四日、プーチンとブッシュは、米ロの戦略核弾頭配備数を今後一〇年間で現在の三分の一まで削減することを定めた「モスクワ条約」を締結。

五月二八日、ロシアとNATO（北大西洋条約機構）は、「NATO―ロシア理事会」新設に関する合意文書を調印。

ロシアは、NATOの準加盟国的地位を獲得します。

五月二九日、EUはロシアを「市場経済国家と認定する」と発表。

六月六日、今度はアメリカがロシアを「市場経済国家」に認定。

プーチンは欧米のニーズをくみ取り、それを満たすことで、急速に欧米との関係を改善させていったのです。

イラク戦争と石油

イラク攻撃の理由について、「ドル基軸通貨体制防衛」をあげました。

しかし、誰もが知っているある有力者が、こんなことをいっています。

〈「イラク開戦の動機は石油」＝前FRB議長、回顧録で暴露

【ワシントン　17日】18年間にわたって世界経済のかじ取りを担ったグリーンスパン前米

連邦準備制度理事会（ＦＲＢ）議長（81）が17日刊行の回顧録で、２００３年春の**米軍による**
イラク開戦の動機は石油利権だったと暴露し、ブッシュ政権を慌てさせている。〉（時事通信二〇〇七年九月一七日付）（太字筆者。以下同じ）

どうですか、みなさん。ご存じでしたか？

ＦＲＢ（米連邦準備制度理事会）の神様が、**「イラク戦争は石油が目的」と断言しているのです。**

〈米メディアによると、前議長は「イラク戦争はおおむね、石油をめぐるものだった。だが悲しいかな、**この誰もが知っている事実**を認めることは政治的に不都合なのだ」と断言している。

ブッシュ政権は、当時のフセイン政権による大量破壊兵器計画阻止を大義名分に開戦に踏み切ったが、同兵器は存在しなかったことが後に判明。「石油資源確保が真の目的だった」とする見方は根強く語られてきた。〉（同前）

グリーンスパンさんにいわせると、イラク戦争の動機が「石油」だったことは、**誰もが知っている事実**なのだそうです。

ところが、日本ではどうですか？

「いやいや、大量破壊兵器が××」「アルカイダが××」「ブッシュは心から中東を民主化したいのだ××」

「イラク戦争は石油が理由だ」といえば、なぜか**「陰謀論者」扱いです。**

考えてみてください。グリーンスパンさんは陰謀論者？？？

第13代米ＦＲＢ議長アラン・グリーンスパン（任期：1987-2006/1926-）

そんなはずはありません。

これこそ、日本人は基本的に「理想主義者」で、世界がダークな「現実主義」で動いていることを理解できていない証拠です。一般的な言葉で「平和ボケ」というのでしょう。

プーチン、反米にシフト

アメリカのイラク攻撃の理由の一つは、「フセイン政権を打倒し、イラクの石油利権を独占すること」でした。

超現実主義のプーチンは、こんなアメリカに対し、どうやってロシアの国益を守ったのでしょうか?

プーチンは二〇〇二年七月まで、「アメリカに接近することで、フセイン後の石油利権を確保しよう」と考えていました。

理由は、覇権国家アメリカを止めることは誰にもできない。それならば、アメリカに近づき、協力することで「分け前」をもらおうと。それで、ロシアは欧米との関係を改善させてきたのです。

しかし、二〇〇三年三月にイラク戦争が始まる前の二〇〇二年八月ころから、プーチンは方向を転換していきます。というのは、アメリカが「イラクの石油利権をロシアと分かつつもりはない!」と明確な意思を示したから。

一方で、フセインのイラクは、安保理常任理事国で拒否権をもつロシアに救いをもとめていました。

もちろん「救い」だって、「無料」じゃありません。フセインはロシア政府に、「アメリカの攻撃を止めてくれたら、総額四〇〇億ドルの契約を締結する」と提案します。

イラクのサブリ外相(当時)は、「イラクとロシアは、石油、ガス、交通、通信など幅広い分野で協力する。両国は六七の契約を締結する」と語っていました。

ロシアはこのころから、同じ立場(イラクに石油利権があり、国連安保理常任理事国)のフランス、中国とともに、「アメリカのイラク戦争を阻止し、その見返りにイラクの石油利権をゲットする」ことをめざすようになります。

三国の努力は、ある程度成果をあげました。

当時、世界中で大規模な反戦デモが行われたこと、みなさん覚えておられるでしょうか?

ロシア、フランス、中国は、(動機はどうあれ)戦争に反対する「善の国々」との評判を獲得していきます。

しかし、覇権国家アメリカは、国際世論を気にしませんでした。

アメリカは二〇〇三年三月二〇日、国連安保理の承認を得ないまま、イラクへの攻撃を開始したのです。

アメリカ没落の始まりとなった、ロシア「ユコス事件」

イラク戦争は、(あたりまえですが)アメリカの圧勝でした。

二〇〇三年三月二〇日、開戦。

アメリカ軍は四月九日には、首都バクダッドを陥落。

五月二日、ブッシュはペルシャ湾に浮かぶ空母で演説し、「戦闘終結宣言」を行います。

迅速ですね（しかし、イラク戦争はその後も長く続き、戦争終結が宣言されたのは二〇一一年一二月）。

その当時は誰も長期戦になるとは考えません。ブッシュは、イケイケでした。ところが、アフガン、イラクよりもっと強力な敵が現れてきた。

それが、**プーチンのロシア**。

わずか一年前まで、米ロは非常に良好な関係を築いていました。しかし、プーチンはフランス、中国、ドイツなどと結託し、イラク戦争に反対した。関係は悪化していましたが、勝利に酔うブッシュは、あまり気にしませんでした。ところが、そんなロシアでアメリカを激怒させる大事件が起こったのです。

それが、**ユコス事件**。

みなさんは、「悪い独裁者のプーチンが、ロシアの石油王ホドルコフスキーを捕まえた事件」と認識しているでしょう。確かにそのとおり。

しかし、これが**「米ロ新冷戦」の始まりであり、結局「アメリカ没落」につながる歴史的大事件だった**ことをお話ししていきましょう。

まず表面的な話から。ユコス事件とはなんでしょうか？

一言でいえば、ロシアの石油最大手（当時）ユコス社のＣＥＯホドルコフスキーが二〇〇三年一〇月、脱税などの容疑で逮捕された事件です。

ホドルコフスキーは、若きロシアの石油王（逮捕当時四〇歳）。ベレゾフスキー、グシンスキーと同じユダヤ系です。

当時の彼の資産総額は一五〇億ドル。ロシア一、世界でも一六位の大富豪でした。まあ、世間が大騒ぎする要素はあります。

しかし、この問題の本質を理解すれば、もっと大騒ぎしたくなるでしょう。

私が知る限り、「ユコス事件」について、もっとも詳細な研究がなされているのは、日本経済新聞元モスクワ駐在員、栢俊彦《かやとしひこ》さんの『株式会社ロシア』(日本経済新聞出版社)です。

この本を引用しながら、この問題の真実を考えてみましょう。

まず、「ユコス事件」とはなんだったか? その意義について。

〈筆者なりの結論を先回りして言うと、それは一九九〇年代前半の民営化以降続いた国家資産の争奪戦が行き着いた結果であり、エリツィン時代に台頭した支配勢力(新興財閥=オリガルヒ)がロシアの伝統的権力機構に屈するプロセスであった。国内の欧米派勢力(特にユダヤ人)とロシア派勢力の路線対立が、ロシア勢力の逆転勝利で決着を見た瞬間ともいうことができる。〉(P25)

これ、ロシアのことを全然知らない人が読めば、難しいですね。しかし、これまでの経緯を詳細に知っているみなさんには、よくわかることでしょう。

エリツィン時代(一九九一年～一九九九年)は、新興財閥が政治・経済を牛耳り、好き放題やっていた。

しかし、KGB出身のプーチンが大統領(二〇〇〇年～二〇〇八年)になり、粛清を始めた。

それによって、もっとも有力な新興財閥だったベレゾフスキーとグシンスキーは亡命した。

新興財閥の最後の大物、ホドルコフスキー(右)とプーチン(2001年5月1日クレムリンにて)

恐れおののいたほかの新興財閥は、プーチンに服従を誓う。

栢さんは新興財閥のことを「欧米派勢力」(特にユダヤ人)、KGB軍団のことを「ロシア派勢力」とよんでいます。

さて、プーチン政権誕生後も、とりあえずロシアは欧米のコントロール下にありました。

アフガン戦争(二〇〇一年〜)で、プーチンはアメリカを支持した。

イラク戦争で、プーチンはアメリカに逆らったが、ドイツ、フランスと協調していた。

しかし、ユコス事件(二〇〇三年)後、欧米はロシアをコントロールできなくなっていきます。

〈ユーコス事件は、イラク戦争という米国の一極支配が頂点に達した時に起きた。ロシアの権力機関内では、この事件を機に**国益第一主義が確立し**、九二年以降に欧米諸国が敷いたオービット(軌道)からロシアは離脱し始める。〉(同前P25)(太字筆者。以下同じ)

ロシアは、「国益第一主義」になり、欧米の支配から脱し始めたと。欧米は、「ロシアを支配下においておきたい」といろいろ画策する。プーチンは、それに屈せず抵抗していく。

〈その後に生じたさまざまな出来事、例えば旧ソ連共和国のグルジアやウクライナで起きた大統領選出をめぐる政変、ＥＵ（欧州連合）拡大やロシアのＷＴＯ（世界貿易機関）加盟をめぐるＥＵとの摩擦、天然ガス供給に関するウクライナ・ＥＵとの紛争、そしてロシアの民主化後退を非難する米国との対立などは、基本的にユーコス事件が生んだ余波と位置づけることができる。〉（同前Ｐ26）

なんということ。

欧米とロシアの対立はいろいろありますが、それらはすべて「ユコス事件の余波」だというのです。

栢さんは、欧米とロシア対立の本質について、次のように、ズバリ簡潔に表現しています。

〈ロシアの行動を制御し続けようとする欧米諸国と、自立を目指すプーチン政権とのつばぜり合いである。〉（同前Ｐ26）

プーチンは、ロシアの国益を第一とし、欧米からの自立をめざしているので、バッシングされるのです。

ホドルコフスキーが犯した五つの大罪

栢さんは、ホドルコフスキーが犯した五つの罪を次のように解説しておられます。

1　脱税

前にも触れましたが、ロシアの財政は、石油・ガス会社がまともに税金を払うようになって、即座に安定しました。とはいえ、なるべく税金は払いたくないですね。

それで、ユコスもいろいろ手を打っていた。

ここで「国内オフショア」という話が出てきます。

普通、投資はモスクワやサンクトペテルブルクなど、大都市に集中します。しかし、そうすると、富が大都市に集中してしまい、地域格差がどんどん拡大していく。

「なんとか貧しい地方にも投資をよび込めないか?」ということで考案されたのが、一九九四年につくられた「国内オフショア」という制度。「オフショア」というのはもともと「陸風」という意味ですが、金融用語では、企業を誘致するために、法人税などをわざと低く設定した地域のことを意味します。

もう少し詳しく説明しましょう。

ロシアの法人税は二四%。うち、連邦税は八%、地方税一六%。

連邦構成体の首長が、「国内オフショア」制度を採用すると決めれば、地方税分を安くすることができたのです。

もし地方税分が〇%になれば、法人税は実質、連邦税だけの八%になります。

国内オフショアは二〇の自治体で適用されましたが、「節税目的のために、登記だけ地方のオフショアに移す」など悪用されることが多く、徐々に廃止されています。ちなみに、最後まで残ったのは、モルダビア、カルムイキヤの自治共和国と、チュクチ自治管区の三つでした。

さて、ユコスはなにをしていたか?

〈石油各社の合計法人税率を比べてみると、国営のロスネフチや民間でも政権に近いスルグートネフチェガス、ルークオイルが二四％の通常税率で支払っているのに対し、**ユーコスは一二％のみ**。〉（同前P31）

困りますね〜、こういうことされたら。ロシアの石油最大手が、通常の半分しか税金を払っていない。これは、ロシアの財政にとっても大打撃です。

しかし、これはロシア政府がつくった制度であり、「合法」であることはまちがいありません。とはいえ、ホドルコフスキーは、この「国内オフショア制度」を維持するために、かなり強引な手法を使っていたようです。

プーチン政権内のリベラル派で知られたクドリン財務相（任期・二〇〇〇年五月〜二〇一一年九月）も、ホドルコフスキー逮捕には賛成だった。その理由の一つに、「ホドルコフスキーから脅迫された」事実があったようです。

ロシア財務相アレクセイ・クドリン（任期：2000.5-2011.9/1960-）

〈クドリンは翌〇四年の二月、経済誌『カンパニア』とのインタビューで、ホドロコフスキーがいかに不都合な法案を阻止するために積極的なロビー活動を展開していたかを明らかにした。「私はもう四年間、ユーコスと交渉している。内情を知っているんだ」。クドリンはそう語った。**クドリンはユーコスの幹部に脅された体験も紹介した。**筆者も〇三年一一月、同じような話を市場改革派の上院議員から直接聞いた。〉（同前

（P31～32）

合法的な節税はよしとして、財務相を脅迫するのはよくない。

2　国の経済政策への介入

プーチンにいじめられた新興財閥軍団が、「これからは政治に介入しないと誓った」という話はしました。ところが、ホドルコフスキーは、この禁を破って政治にバンバン口出しするようになっていました。栢さんは、

・ユコスが、自前の石油パイプラインをもとうとしたこと（ロシアの石油輸送は、国営トランスネフチが独占している。ユコスは、その体制を崩そうとした）

を例にあげています。

しかし、プーチンにとって許しがたかったのは、ホドルコフスキーがアメリカの利益を代弁するような行動をとったこと。

〈アフガン戦争の終結後に国際石油価格が急落し、石油輸出国機構（ＯＰＥＣ）の代表者がロシア政府と協議しようとしたときは、ＯＰＥＣとの協議に反対する意向を政府に表明した。**米国の利益を擁護するのが狙いだとされた**。米国がイラク戦争を始めた直後の〇三年三月二〇日には、「戦争はロシア経済にプラス」と述べて明確に支持した。仏独とともに戦争反対に回ったプーチン政権の決定については、「利益にならない」と批判、**公然と反旗を翻した**。〉

（同前Ｐ34～35）

プーチンは、「アメリカの代弁者」と化しているホドルコフスキーを恨んだことでしょう。

3　資産の争奪戦

〈ホドロコフスキー逮捕を実際に仕掛けたのは、国営ロスネフチのボグダンチコフ社長とセーチン大統領府副長官だとされている。この二人は当初からユーコスの資産奪取を狙っていたといわれ、「要は私欲が理由だ」との陰謀説につながっている。ロスネフチが〇四年一二月のオークションでユーコスの主力子会社ユガンスクネフチェガス（筆者注：ユコスの石油生産の六割を占めていた）を手に入れたことから、陰謀説は説得力を増した。〉（同前P35）

ホドルコフスキー逮捕の裏側に、資産争奪戦があったことはまちがいないでしょう。しかし、「私欲が理由」というのは、どうでしょうか？

前述のセーチン大統領府副長官は、プーチンの側近中の側近。プーチン同様KGB出身で、「プーチンのために死ね！」といわれれば「ホントに死ぬ」といわれた人物です。セーチンがユコス弾圧を指揮したとしても、「プーチンの命令を遂行しただけ」と考えるのが自然でしょう。

ちなみに、前記ユガンスクネフチェガスを含むユコスの基盤は、結局、国営ロスネフチに吸収されました。

一方、ベレゾフスキーとアブラモービッチの基盤だった石油大手シブネフチは、二〇〇五年九月ガスプロムに買収され、現在は「ガスプロムネフチ」と名を変えています。

ベレゾフスキー、グシンスキーの追放後、もっとも成功した二人の新興財閥、ホドルコフスキーとアブラモービッチ。しかし、ホドルコフスキーのユコスは、国営ロスネフチのものに。アブラモービッチのシブネフチは、ガスプロムのものに。

こうしてロシアの石油・ガス業界では、国営のロスネフチとガスプロムが、二大企業になったのです。

4 政治への介入

2の「国の経済政策への介入」と似ていますが、内容は違います。

ホドルコフスキーは、露骨に「反プーチン政党」を支援し始めたのです。

〈〇三年の年末に下院選挙を控えて、同年春のロシアは政治の季節に入っていた。下院選の行方は、即座に〇四年三月の大統領選に影響すると見られていた。そんな時期にホドルコフスキーは市場改革派政党の「右派勢力同盟」と「ヤブロコ」に資金援助していると明言した。改革派政党だけでなく、共産党にもユーコスの幹部が個人で資金援助をしていることが明らかになった。〉（同前P37）

既述のようにプーチンの政党は「統一ロシア」。

「右派勢力同盟」「ヤブロコ」は市場改革派で右派。「共産党」は、「全部再国有化」の左派。

ホドルコフスキーは、右派と左派の両方を支援している。

要するに、「反プーチンの政党なら、思想にかかわらず支援しますよ！」ということでしょう。

それればかりでなく、彼は、二期つとめたプーチンが大統領を引退する二〇〇八年を想定し、「次は俺が大統領になる!」と公言し始めました。「また新興財閥の時代が来る。ロシアは一九九〇年代に逆戻りだ!」と恐れた人も多かったのです。

プーチンは、「政治には介入しない」という誓いを破り、反プーチン勢力に惜しみない援助をするホドルコフスキーを「つぶさねば!」と決意したはずです。

プーチン、ついに世界の支配者に宣戦布告

「ホドルコフスキーの大罪」最後の五番目は、これからの話につながるもっとも重要な点ですので、少々長く書きます。

5 米ブッシュ政権への接近と米企業への身売り工作

〈新興財閥の二大大物であるベレゾフスキーとグシンスキーが二〇〇〇年、プーチンによって国外逃亡に追い込まれた事件は、ホドロコフスキーにショックを与えた。〉(同前P39)

そうですよね。いままで、「ロシアの絶対権力者だ!」と思っていた人たちが、サクッと追放されちゃうのですから。それで、ホドルコフスキーも、いったんはプーチンに服従を誓ったのです。しかし、不安と恐怖はぬぐえず、「どうすれば、安全を確保できるか」と考え始めた。

結局どうしたか。

〈身の安全を守るため米英に庇護者を求めたホドロコフスキーは、首尾よく**ヤコブ・ロスチャイルド卿**の知己を得、世界の有力者が集う社交界への扉を開けた。〉(同前P39)

出ました、**ロスチャイルド卿！**（ロスチャイルド家は、欧州のユダヤ系大富豪一族。陰謀論系の本では、しばしば「世界を支配する一族」として登場する）

さて、二人はどんなことを話しあったのでしょうか？　想像ですが、

ロスチャイルド卿「いまのロシアはどうですか？」

ホドルコフスキー「最悪です。プーチンは独裁者でユダヤ系新興財閥を迫害しています。私たち共通の敵です」

こんなところでしょうか。

そして、ホドルコフスキーはロスチャイルド卿とともに、密かに「反プーチン運動」を開始します。

〈ホドロコフスキーは、〇一年一二月、ロスチャイルド卿と共同で慈善団体の**「オープン・ロシア財団」**をロンドンに設立、翌年には米国にも事務所を開いた。理事には**ロスチャイルド**のほか、**元米国務長官のヘンリー・キッシンジャー**や元駐ソ連大使の**アーサー・ハートマン**が名を連ねた。〉（同前P39）

今度は**キッシンジャー**が出てきました。

また、「オープン・ロシア財団」とは、要するに、「ロシアを開くための財団」。なぜロシアを開くかというと、独裁国家で閉じられているからでしょう。つまり、「プーチンを追放し、ロシアを開こう」と。

ついでホドルコフスキーは、ブッシュ政権内の人脈づくりに乗り出しました。そして、短期間でかなりの成功をおさめます。

〈ニューヨークのウォール街とロンドンのシティで売れっ子になったホドロコフスキーは、ブッシュ政権内の人脈を着々と固めた。〇三年六月には**ディック・チェイニー副大統領**と肩を並べてアメリカン・エンタープライズ研究所の世界フォーラムに参加する。チェイニーら一五人が集ったコロラド州の夕食会には、ロシア人として唯一人加わった。ローラ・ブッシュ大統領夫人が議会図書館で開いたレセプションでは、**コンドリーザ・ライス米大統領補佐官**と席を共にした。ロシア人で招待されたのはホドロコフスキーだけだった。〉（同前P40～41）

当時の状況も考えてみる必要があります。

二〇〇三年三月、アメリカはイラク攻撃を開始しました。プーチンは、これに断固反対の立場。米ロ関係が緊張しているさなか、前述のように同年六月、ホドルコフスキーは、ネオコンのリーダーでイラク攻撃開始にもっとも積極的だったチェイニーと会っているわけです。プーチンとＫＧＢ軍団は、「あの野郎！」と怒りを蓄積させていきます。

そんなとき、驚くべき発表がなされます。

〈ユーコスとシブネフチが〇三年春、合併で合意したと発表したのだ。シブネフチのオーナーは、亡命したベレゾフスキーからアブラモビッチが引き継いでいる。〇三年内とされる合併が実現すれば、石油生産量で世界四位のロシア版メジャーが誕生する。これほどの

巨大企業が生まれれば、プーチン政権はますます経営に口を挟みにくくなると予想された。〉（同前P41）

これだけでも驚きですが、さらに**仰天情報**が入ってきます。

〈追い討ちをかけるように、ユーコスと米メジャーの**シェブロンテキサコ、エクソンモービル**との間で、ユーコス単独ないし合併会社「ユーコスシブネフチ」への出資交渉が進んでいることも明らかになった。出資比率は二五％＋一株とも四〇％とも報じられた。〉（同前P41）

ロシアには、石油と天然ガスしかない。ホドルコフスキーは、まずロシア最大手のユコスと、アブラモービッチのシブネフチを統合。さらに、それをアメリカ企業に売却しようとしていた。

プーチンから見れば、**「国賊《こくぞく》め！」**という思いでしょう。

〈米メジャーが法的に拒否権を持つ形でユーコスに入ってくると、事実上、**米国務省と国防総省がユーコスの後ろ盾**につくことを意味する。ロシア最大級の石油会社が治外法権の領域に逃げ去ることに、政権の武力機関派は激しい衝撃を受けたに違いない。〉（同前P41）

米国務省と国防総省がユコスの後ろ盾に……。

ここまででお腹《なか》いっぱいだと思いますが、要するにホドルコフスキーは**世界の支配者たちとつながることで、自分の身を守ろうとした**のですね。

プーチン・ロシアを震撼させた「ユコス事件」の構図

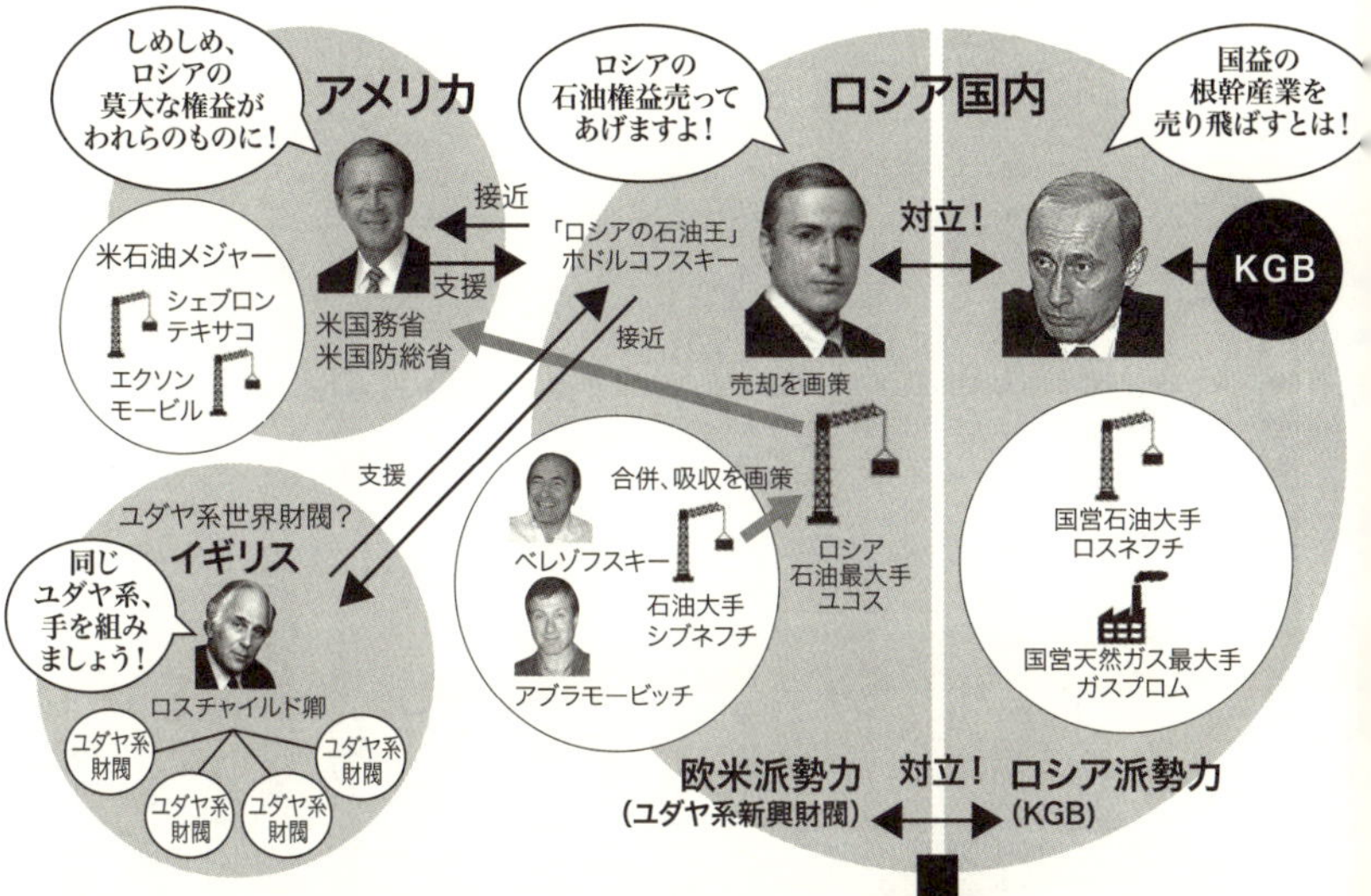

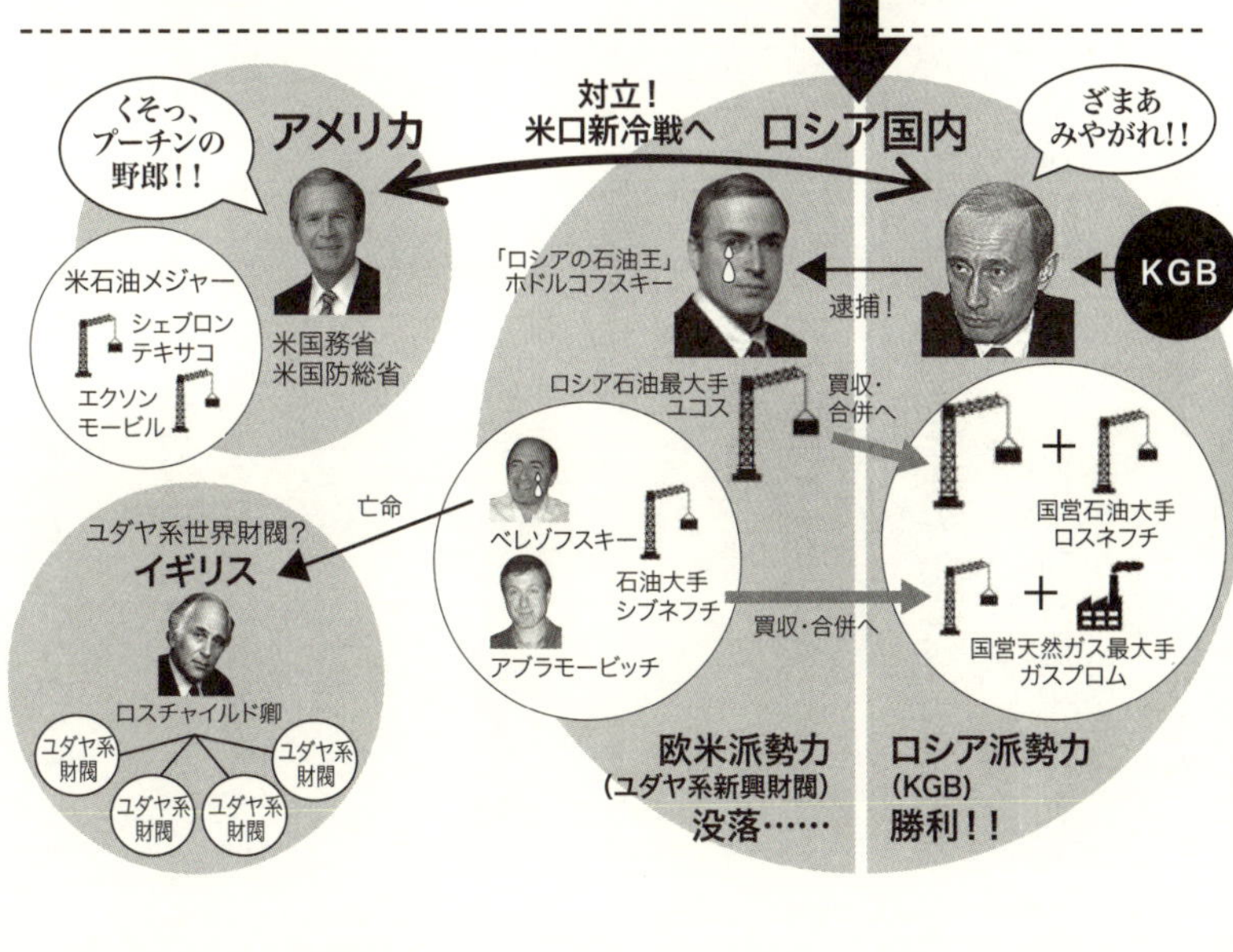

裏事情を知る人たちは、**「プーチンは、世界の支配者たちとガチンコで戦うのだろうか？」**とドキドキしながら、ことの推移を見守っていたのです。

そして、**二〇〇三年一〇月二五日、ホドルコフスキーは脱税などの容疑で逮捕されました。**

私たちは、**「プーチンはマジで世界の支配者たちと戦うつもりだ」**と悟りました。

それは、**米ロ新冷戦の幕開けでもあったのです。**

石油はつねに戦争と結びついている

グリーンスパンさんが、**「米軍によるイラク開戦の動機は石油利権だった」**、それは**「誰もが知っている事実」**と語っていることは、すでに書きました。

でも、日本人には理解できませんね。この「石油のために戦争する」という感覚が。「アメリカってなんて野蛮な国！」と憤《いきどお》りたくなります。

しかし、日本だって、「石油」のために戦ったことがあります。

そもそも第二次世界大戦で、なぜ日本は、勝てる見込みのないまま、大国群アメリカ、イギリス、ソ連、中国と同時に戦争するはめになったのでしょうか？　少し振り返ってみましょう。

一九四〇年一月、アメリカはくず鉄、航空機用燃料などの対日輸出制限を開始します。これにより、日本では航空機用燃料が不足し始めました。

困った日本は、ますますドイツ、イタリアと接近。一九四〇年九月、日独伊三国同盟が結ばれます。

また日本は、航空機用燃料を確保するため、オランダとの交渉を開始。しかし、アメリカからの圧力を受けたオランダは、日本が求めた量の四分の一しか供給しないと決めました。

一九四一年四月、アメリカ、イギリス、オランダは軍事参謀会議を開き、対日政策を協議します。同年七月、日本はフランス領インドシナ南部に進駐。理由は、**石油などの資源獲得**を目的とした南方進出基地を設置することでした。

これに対し、アメリカ、イギリス、オランダは、日本への**石油輸出を全面的に禁止**。

日本は、石油の八〇%をアメリカからの輸入に頼っていた。その国が輸出を禁止したことは、日本に大打撃を与えます。当時の日本の石油備蓄量は、平時で三年、戦時で一年半。

こういう事態に直面し、日本国内では「開戦しなければ、どうしようもない」という強硬論が台頭することになったのです。

まさに、アメリカ大統領ルーズベルトとイギリス首相チャーチルの思いどおりの展開でした。

過去を振り返ってみましたが、日本も石油がなくて困り、戦争に突き進んでいったことがあった。ですから、「アメリカって野蛮だよね〜。日本だったら絶対そんなことしない」と思わないほうがいい。私たちはただ、「世界は平和で、石油もガスも電気もいつでもある」と「勘ちがい」しているのです。これも一種の「平和ボケ」。

アメリカはかつて、石油を「武器」として使い、日本を戦争に引きずり込んだ国。

逆にいえば、「石油がなくなればどうなるか?」を完璧に知っていると考えるべきでしょう。

アメリカの「石油枯渇」が近づいている?

とはいえ、「アメリカ自体が石油大国じゃないか!?」と思う人も多いでしょう。

そのとおり。アメリカ・エネルギー情報庁（ＥＩＡ）のデータによると、同国の原油生産量は二〇一一年、一日当たり四九五万バレル。

これは、ロシア（九三六万バレル）、サウジアラビア（九二六万バレル）についで、世界三位。

「アメリカは石油大国」というのは、イメージではなく、事実なのです（Ｐ１４１の下図参照）。

しかし、問題はここからです。

同庁のデータによると、アメリカの原油確認埋蔵量は二〇一一年、二二三億バレルで世界一二位（Ｐ１４１の上図参照）。

現在のテンポで生産を続けていくと、**あと四年（二〇一六年ころ）で枯渇する**計算になります。

もちろん、二二三億バレルというのは確認できている量ですから、実際にはもっとあるのかもしれません。しかし、全体量はあくまで「未確認」ですから、国家にとっては「不安定要因」なのです。

ブッシュが二〇〇一年に大統領になったとき、こんな報告を受けたことでしょう。

「ミスター・プレジデント！　わが国の石油は、一五年後に枯渇します！」

「オ～マイガッ！」

しかも、当時イラクはすでに、原油の決済通貨をドルからユーロに替えていた。

「ミスター・プレジデント！『原油はユーロで決済』がスタンダードになれば、わが国は原油を輸入できなくなりますぞ！」

「オ～マイガッ！」

このような逼迫《ひっぱく》した事情があってこそ、アメリカはイラク攻撃に踏み切ったと考えられます（もちろん、そのほかにもいろいろ複合的な理由があったにちがいありません）。

アメリカは、資源の大宝庫、カスピ海を狙う

イラクは、アメリカが攻撃した二〇〇三年当時、「世界二位の原油埋蔵量だ」といわれていました。

ＥＩＡ二〇一一年のデータでは、イラク原油の確認埋蔵量は、一一五〇億バレルで世界四位となっています（左上図参照）。

原油の確認埋蔵量

(2011年現在)(単位:億バレル)

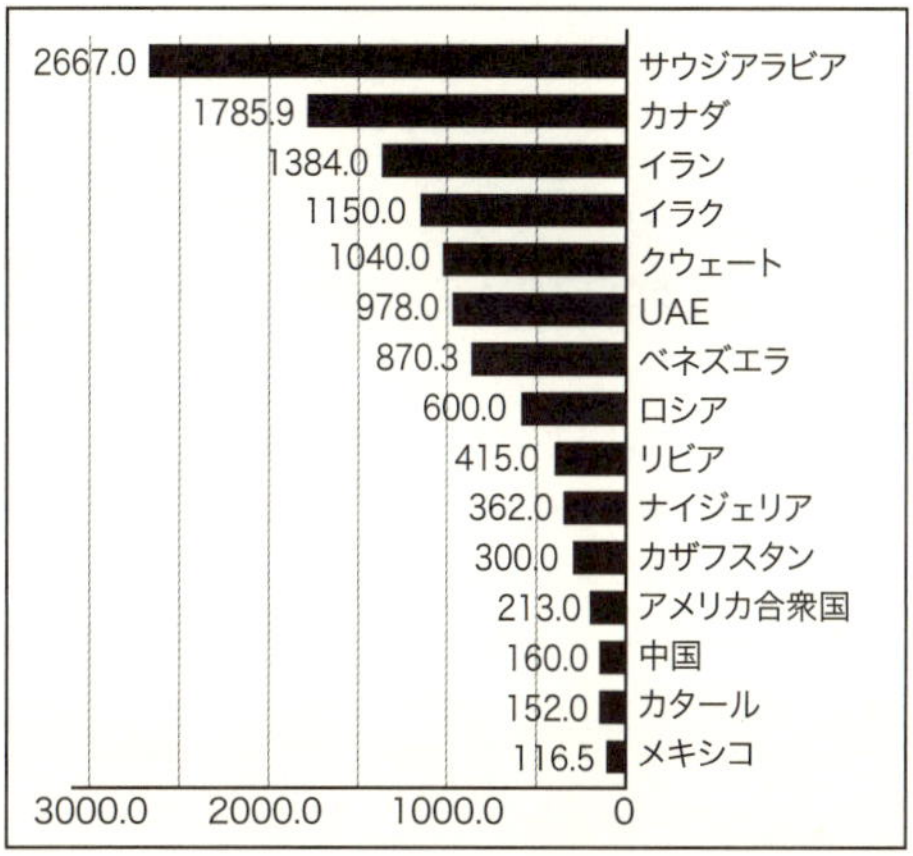

出典:アメリカ・エネルギー情報庁
(EIA:Energy Information Administration)

1日当たりの原油生産量

(2011年現在)(単位:万バレル)

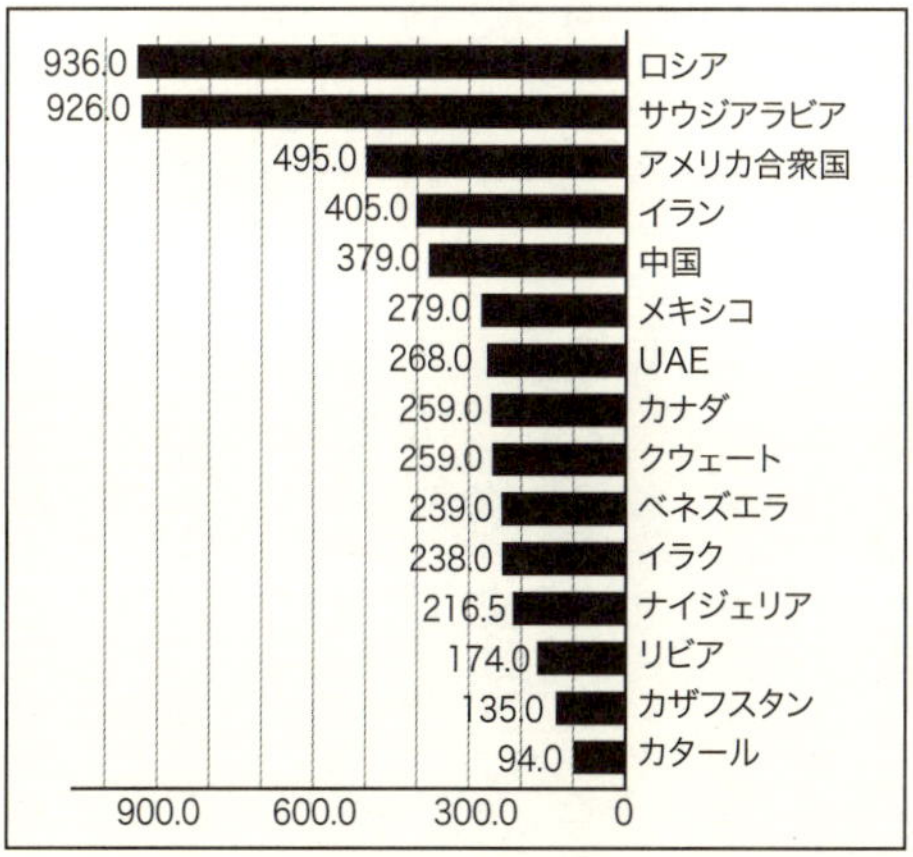

出典:アメリカ・エネルギー情報庁
(EIA:Energy Information Administration)

中央アジアとコーカサス

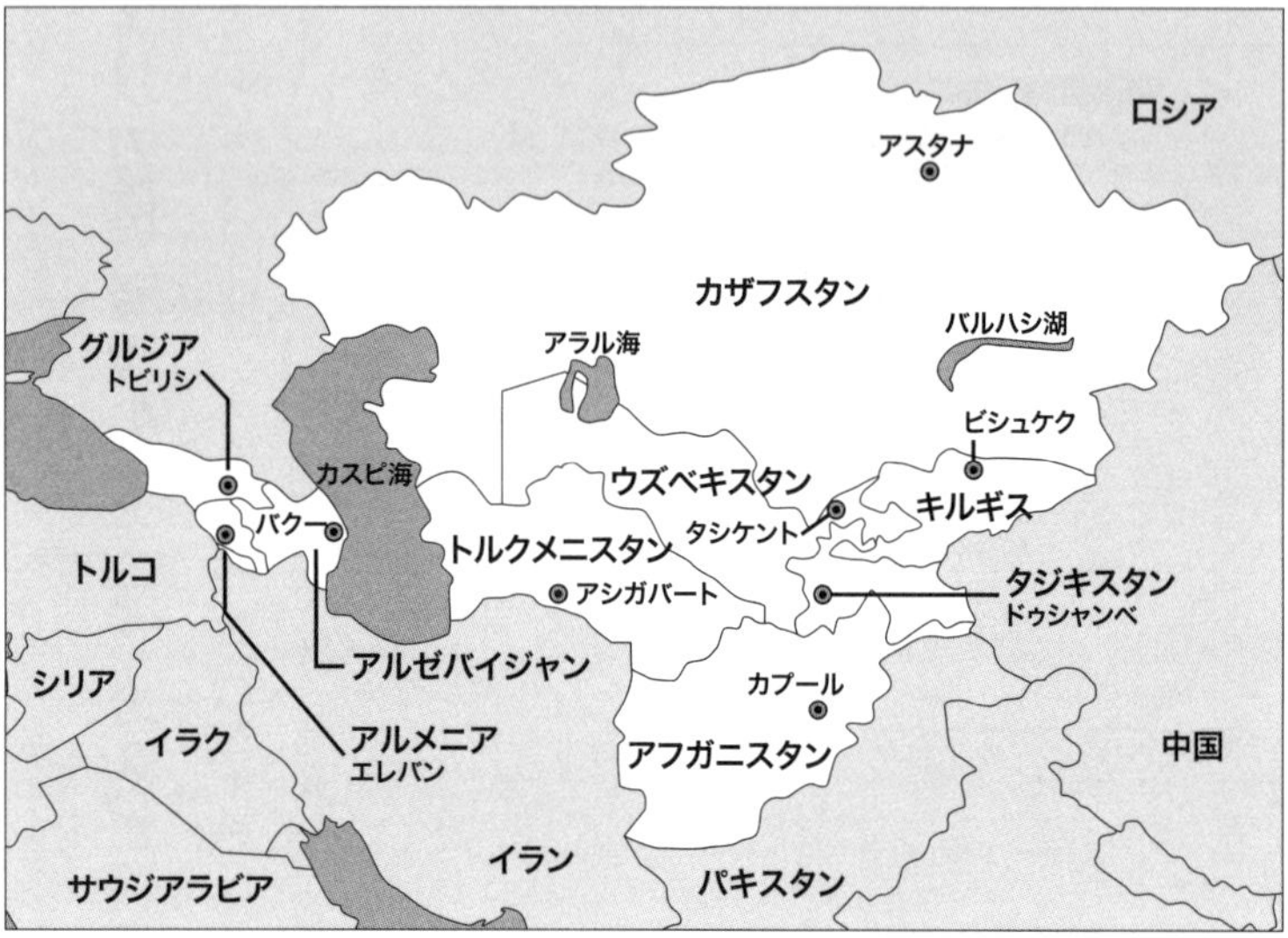

「二〇一六年に自国原油が枯渇し始める」と危機感を抱くアメリカ。

石油大国イラクを押さえたことは、非常に重要でしょう。

二〇〇三年、あっという間にフセイン政権を打倒し、「イラク戦争は楽勝だ！」と思っていたブッシュ。その後狙ったのが、ロシアの石油とそれにまつわる莫大な石油利権だったのです。

既述のように、ロシアは石油生産量で世界一。埋蔵量は六〇〇億バレルで世界八位（P141の上図参照）。しかも、この国の石油最大手民営会社ユコスのCEOホドルコフスキーは、プーチンを恐れ、米英の支配層に接近している。

さらに彼は、ユコスとシブネフチ（石油生産量はロシアで五位）を合併し、それをエクソンモービルかシェブロンテキサコに献上するといっている。

アメリカが計画したBTCパイプライン

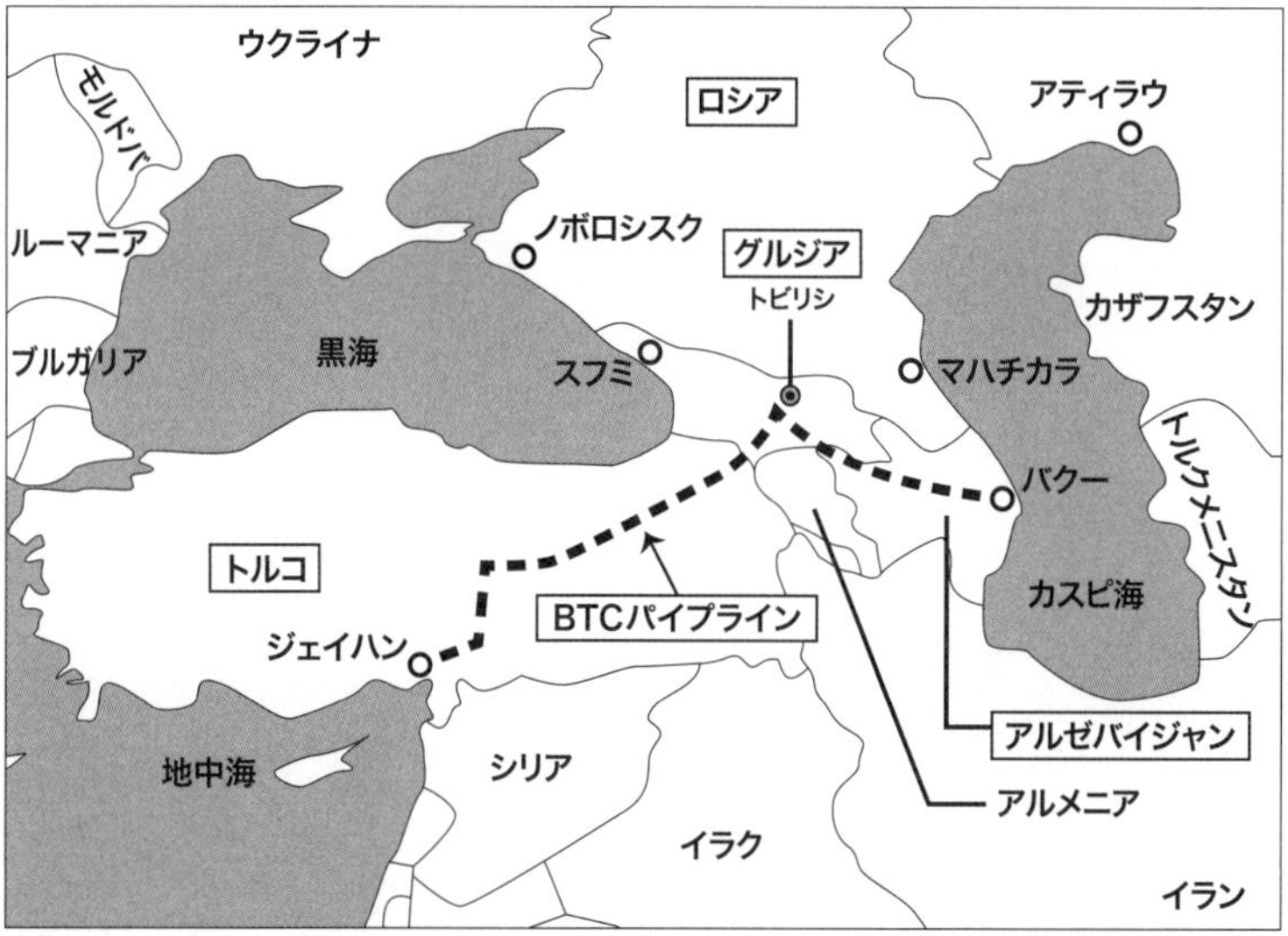

つまり、アメリカは二〇〇三年当時、「ロシアの石油利権はもらったも同然」と考えていた。

ところが、プーチンはそれを阻止した。激怒したアメリカの支配層は、どうやってロシアに逆襲することにしたのでしょうか?

アメリカは、「ロシアの勢力圏である旧ソ連諸国で革命を起こし、親米反ロの傀儡政権を樹立する」ことにしたのです。しかし、革命を起こす国はどこでもいいわけではありません。

できれば、資源がらみのほうがいい。最初に狙われたのはグルジアだったのですが、その理由を知るためには、まず、カスピ海の資源について知っておくことが必要です。

「カスピ海には資源がたっぷり眠っている」といわれますが、当然ながら正確な数字はわかりません。

一九九七年、アメリカ国務省は、「カスピ海の原油埋蔵量は一七八〇億バレルにおよぶ可能性がある」と発表しました。アメリカ地質調査所(USGS)は二〇〇〇年、七〇〇億バレルと発表。アメリカ・エネルギー省は同年、「この地域の埋蔵量は二三五〇億バレルに達する可能性がある」としています。

それぞれの数字にバラつきがあり、どれがほんとうなのか誰にもわからない。

しかし大事なことは、いずれにせよ、「アメリカ政府は、この地域に『たっぷり』石油があると考えている」ということです。

旧ソ連のカスピ海地域は、中央アジア(カザフスタン、ウズベキスタン、トルクメニスタン、キルギス、タジキスタン、アフガニスタン)とコーカサス(グルジア、アルメニア、アゼルバイジャン)に分かれます(P142の図参照)。

そして、中央アジア最大の資源国はカザフスタン。コーカサスの石油大国はアゼルバイジャン。

アゼルバイジャンの原油は、同国とロシアの黒海沿岸都市ノボロシースクを結ぶパイプラインを通して世界市場に供給されていました。

ところがクリントン時代の一九九六年、アメリカは、「アゼルバイジャンの原油を、ロシアを通さず世界市場に出す」というプロジェクトを計画します。

具体的には、アゼルバイジャンの首都バクーから、西の隣国グルジアの首都トビリシを経由し、トルコのジェイハンに抜けるパイプライン(BTCパイプライン)を建設する。

しかし、クリントンのバックは金融界だったので、この計画にあまり乗り気じゃなかった。それで、いっこうに進展しなかったのです。

ところが、石油業界が支持基盤のブッシュによって、BTCプロジェクトはよみがえります。

ついに、二〇〇三年四月から、建設が開始されました。

グルジアのバラ革命はなぜ起こったか

BTCは、「アゼルバイジャンの原油をロシアを通過せず世界市場に出す」ことが目的。

これは、ロシアの国益に反しています。

現実主義者のプーチンが、「BTC阻止」に動いたのは当然でした。

とはいえ、ロシアはアゼルバイジャンをへたにいじめることができません。いじめれば、さらにアメリカに接近してしまう。

ちなみに二〇〇三年当時、アゼルバイジャンの大統領だったゲイダル・アリーエフは、ソ連時代、アゼルバイジャンKGB議長だった人物。プーチンの大先輩で、一筋縄ではいかない男でした（ゲイダル・アリーエフは、二〇〇三年末八〇歳で死去。現在は、息子のイルハム・アリーエフが大統領）。

アゼルバイジャン第3代大統領
ゲイダル・アリーエフ(任期:1993-2003/1923-2003)

そこでプーチンは、アゼルバイジャンの隣国、パイプラインが通過するグルジアに圧力をかけることにしたのです。

旧ソ連国のグルジアは、アゼルバイジャン同様、一九九一年にソ連から独立しました。

当時の大統領は、ゴルバチョフ時代、ソ連外相をつとめたシェワルナゼ（当時七五歳）。グルジア大統領になっても、ソ連時代同様、親米路線を続けていました。

では、ロシアは、どのようにしてグルジアに圧力をかけたのでしょうか？

グルジアには、同国からの独立をめざす、アブハジア自治共和国、南オセチア自治洲という地域があります。

ロシアは、これらの地域を支援することで、グルジアの政情を不安定化させていったのです。

グルジア第２代大統領エドゥアルド・シェワルナゼ（任期：1995-2003/1928-）

「政治リスクが高まれば、出資者が集まらず、ＢＴＣプロジェクト実現は困難になっていくだろう」という読みでした。

ロシアのいじめは、ＢＴＣ構想が実現に近づくほど厳しくなっていきました。

グルジアは、ロシアにガス・電力などを依存している。ロシアは同国への供給を制限し、経済に大打撃を与えます。

ロシアのいじめは、老シェワルナゼに大変なストレスを与えた。そして、「もうロシアに屈服したほうが、楽な老後を送れそうだ」と悩み始めました。

一方アメリカは、「このじいさんはもうダメだ。もう少し若くてエネルギッシュな男を傀儡大統領にしよう」と決意します。

二〇〇三年一一月二日、グルジア議会選挙が実施されました。

結果は、シェワルナゼの与党「新しいグルジア」が二一％で一位、二位はサアカシビリ率いる「国民運動」で一八％。

ところが野党は、この選挙結果は「不正だ!」とし、「選挙やり直し」と「大統領辞任」を求める大々的なデモを行います。一一月二二日には、野党勢力が議会ビルを占拠。翌二三日に、大統領シェワルナゼは辞任してしまいます。

これを一般的に**「バラ革命」**といいます。

バラ革命はアメリカの革命だった

二〇〇三年に起こったイラク戦争の真実、ユコス事件の真相を知っているみなさんは、「同じ年に起こったグルジアの革命はアメリカがやったのですよ」といっても、驚かないでしょう?

「え? 驚くどころか、そもそも信じられない」

そうでしょう、そうでしょう。しかし、この革命はアメリカが画策したものであることは、日本の新聞にもしっかり載《の》っています。

革命工作に加わった男の一人に、世界的投機家ジョージ・ソロスがいました。

ソロスは、二〇〇〇年初めにグルジアを訪問。「オープン・ソサエティ財団」の支部を開設しました。

この財団は、のちに反政府系NGOを支援したため、シェワルナゼは、ソロスと財団を強く非難しています。二〇〇三年一二月一日付の時事通信をご覧ください。

〈グルジア政変の陰にソロス氏?=シェワルナゼ前大統領が主張

【モスクワ 1日 時事】グルジアのシェワルナゼ前大統領は、一一月三〇日放映のロシア公共テレビの討論番組に参加し、**グルジアの政変が米国の著名な投資家、ジョージ・ソ**

ロス氏によって仕組まれたと名指しで非難した。
ソロス氏は、旧ソ連諸国各地に民主化支援の財団を設置、シェワルナゼ前政権に対しても批判を繰り返していた。〉

さて、野党「国民運動」のリーダーで、バラ革命を主導したサアカシビリは、どんな男なのでしょうか？

一九六七年生まれの彼は、革命を起こしたとき、三五歳の若さでした。コロンビア大学とジョージ・ワシントン大学を卒業した、バリバリの親米派。二〇〇〇年一〇月からシェワルナゼ政権の法相をつとめていましたが、「政権の腐敗ぶりに失望した！」とわずか一年で辞任しています。

その後の革命までの動きを追ってみましょう。

ソロスの財団は、反政府系ＮＧＯ、ＮＰＯを支援し、着実に基盤を拡大していきました。

世界三大投資家の一人・ジョージ・ソロス（1930-）（左）と、彼の支援を受けて革命に成功したグルジア第３代大統領ミヘイル・サアカシビリ（任期：2004-2007/1967-）（右）

二〇〇三年七月、アメリカからベーカー元国務長官がグルジアにやってきます。シェワルナゼとベーカーは、ともに米ソ冷戦を終結させた歴史的人物で、親友でもありました。

ベーカーはいいます。

「一一月の議会選挙は公正にやったほうがいい。不正があるとアメリカはあなたを支援しなくなる。野党と一緒に選挙管理委員会をつくりなさい」

これに関連して、二〇〇三年一一月二三日付の読売新聞を見てみましょう。

【モスクワ＝五十嵐弘一】グルジアでの政府と野党の対立は、野党が実力行使で議会を占拠するという最悪の事態に発展した。（中略）

本来、シェワルナゼ政権は、北大西洋条約機構（NATO）入りの意向を鮮明にするなど、親米欧の路線を取る一方、チェチェン問題などをめぐってはロシアと対立を繰り返してきた。ゴルバチョフ旧ソ連政権時代に、「新思考外交」を推進したシェワルナゼ氏の胸中には、いまだに米欧には「冷戦終結の立役者」の自分に対する感謝の念と、支援の感情があるとの確信があったからだと言われる。

だが今年夏、米特使としてトビリシを訪問したジェームズ・ベーカー元国務長官は、シェワルナゼ氏のおひざ元で、今回の反政府行動を主導したサアカシュビリ元法相ら野党指導者と会談し、既に「ポスト・シェワルナゼ」に視線を移していることを露骨に示した。**ともに冷戦終結を主導した旧友としてベーカー氏を信頼していたシェワルナゼ大統領は、内心強い衝撃を受けたと言われる。**（中略）

政変の帰結を予測するのは困難だが、決定的な要因の一つが米国にあることは衆目の一致するところだ。〉（太字筆者。以下同じ）

ご覧のように、日本の新聞最大手・読売新聞も、**グルジア革命の「決定的要因はアメリカだ！」**としています。

さて、野党勢力は選挙前、「アメリカに選挙を監視してもらう」と主張します。シェワルナゼもしぶしぶ同意。アメリカも、もちろん「OK！」ということになった。そして、アメリカの民間調査会社が、出口調査を担当することになったのです。

一一月二日の選挙投票後、政府選挙管理委員会の発表は、アメリカによる出口調査とちがっていました。そのことが報道されると同時に野党側は大々的なデモを展開し、シェワルナゼを辞任に追い込んだのです。

どうでしょう? これは、どう見ても**「出来レース」**ではないですか?

このデモについても、シェワルナゼはいいます。

二〇〇三年一一月二九日付朝日新聞。

〈**「混乱の背景に外国情報機関」**シェワルナゼ前大統領と会見
野党勢力の大規模デモで辞任に追い込まれたグルジアのシェワルナゼ前大統領は28日、首都トビリシ市内の私邸で朝日新聞記者らと会見した。**大統領は混乱の背景に外国の情報機関がからんでいたとの見方を示し、**グルジア情勢が不安定化を増すことに懸念を表明した。
前大統領は、議会選挙で政府側による不正があったとする野党の抗議行動や混乱がここまで拡大するとは「全く予測しなかった」と語った。
抗議行動が3週間で全国規模に広がった理由として、**「外国の情報機関が私の退陣を周到に画策し、野党勢力を支援したからだ」**と述べたが、「外国」がどこかは明確にしなかった。〉

明確にしなくてもわかるでしょう。
さらに、政変が「石油」がらみであることについて、二〇〇三年一一月二七日付産経新聞。
〈「親米」確保へ巧妙 石油戦略要衝…ブッシュ大統領「最大限の支援」
【ワシントン=近藤豊和】米国は、グルジアの暫定新政権に対し、医療物資を緊急支援することなどの協力方針を早くも打ち出した。シェワルナゼ前大統領の腐敗ぶりに見切りをつけ退陣を後押しした米国は、エネルギー戦略上の必要性などから、引き続きグルジアの「親米外交」姿勢を確保する構えで、ブッシュ大統領は二十六日、ブルジャナゼ暫定大統領と電話で協議し、グルジアの安定へ「最大限の支援」を約束した。

国務省のバウチャー報道官は二十五日の会見で、グルジアへ三百万ドル相当の医療物資を支援し、公正な選挙実施などについて暫定政権と協議するため、代表団を来週にも派遣すると表明。「グルジアの石油パイプラインをめぐっては、暫定政権も方針を変えないとみている」と強調した。

報道官が言及したパイプラインとは、**カスピ海の石油をトルコ経由で欧州方面に輸出する「BTCライン」と呼ばれるもので、グルジアを通過する。**米国が一九九九年にグルジア、トルコ、アゼルバイジャンとの間で建設に合意し、来年の完成を目指している。

カスピ海の石油は、**中東の石油に対する依存率を下げたい米国にとってエネルギー戦略上極めて重要だ。**

このため米国は、グルジアには九一年の旧ソ連からの独立時から積極的な支援を展開。歴代米政権の援助総額は十億ドル以上にのぼる。〉

その後、グルジアはどうなったのでしょうか?

二〇〇三年一一月に起こった「バラ革命」直後の二〇〇四年一月、大統領選挙でサアカシビリが勝利。

ロシアの旧植民地グルジアに、アメリカ念願の傀儡政権が誕生しました。

この傀儡大統領サアカシビリは四年後、ロシアと戦争することになるのですが、それはまだ先の話。

なおBTCパイプラインは、二〇〇六年六月から稼働し始め、いまもロシアに経済的大打撃を与え続けています。

プーチン、二期目の大統領選で圧勝

さてここでいったん、再びプーチンに話を戻しましょう。

プーチンの一期目(二〇〇〇年～二〇〇四年)は、まさに激動の時代でした。

国際的に見ると、二〇〇一年からアフガン戦争、二〇〇三年からイラク戦争が始まった。

国内を見ると、プーチンは、

- 自ら率いる与党「統一」と野党「祖国・全ロシア」を統合し、巨大与党「統一ロシア」を設立。共産党を抑え、下院の安定支配を実現。
- 七つの連邦管区を創設。連邦構成体首長の上院議員兼任を禁止し、地方の力を削ぎ、中央集権を進めた。
- エリツィン時代、政治を牛耳っていたユダヤ系新興財閥の二大実力者、ベレゾフスキー、グシンスキーを追放。
- ベレゾフスキーのテレビ局ORTとグシンスキーのNTVを事実上没収。政府によるマスコミ支配を実現。

●米英と癒着してプーチン政権打倒をめざしたユダヤ系新興財閥ホドルコフスキーを逮捕。
●思い切った税制改革─所得税、法人税の大型減税を断行。
●エリツィン時代は万年マイナス成長だったが、プーチン政権は万年プラス成長を実現(二〇〇〇年一〇・〇%、二〇〇一年五・一%、二〇〇二年四・七%、二〇〇三年七・三%)。

個人的な好き嫌いや、独裁的かいなかは別として、一人の男が四年間でこれだけのことを成し遂げたのは驚くべきことです。

なかでもロシア国民の記憶に残ったのは、新興財閥によるロシア支配を終わらせたこと。それと、なんといっても景気がメチャクチャよくなったことでしょう。

これらの実績をもとに、プーチンは、二〇〇四年三月一四日の大統領選挙にのぞみます。

野党は、最初からあきらめムード。前々回の一九九六年と前回の二〇〇〇年の大統領選挙で二位につけた共産党のジュガーノフも、自民党党首のジリノフスキーも出馬しませんでした。二人とも惨敗して恥をかきたくなかったのでしょう。

結局、**プーチンは七一%を獲得して圧勝。**二位の共産党ハリトーノフの一三・七%に、なんと五倍以上差をつけました。

ここで注目すべきは、ユコス事件に対するロシア人の態度です。

日本では、「独裁者プーチンが正直者の大富豪を逮捕した。ひどい!」という感覚。

しかし、みなさんはこの事件の真相をすでにご存じです。

とはいえ、ロシア人の大部分も真実を知りません。ただ、ロシア人は、ホドルコフスキーがほかの新興財閥同様、不公正な民営化によりのしあがってきたと確信しているのです。

考えてみてください。

ホドルコフスキー逮捕は、二〇〇三年一〇月末。その五ヶ月後の二〇〇四年三月には大統領選挙があった。そこでプーチンは圧勝している。ホドルコフスキー事件が、プーチンの支持率にまったく影響も与えていないことがわかるでしょう。

私たちは、ある国を分析するとき、現地の人たちがなにを考えているのか、正確に知る必要があります。現地の人々の感覚は、「日本人とは正反対」ということがしばしばあるからです。

なにはともあれ、二〇〇四年、プーチンの二期目がスタートしました。

ここからの四年は、プーチンにとって、一期目以上に厳しい戦いを強いられることになるのです。

一期目の敵は国内の新興財閥、二期目の敵はアメリカです。

ウクライナでオレンジ革命が成功

さて、二〇〇三年にグルジアで革命を起こし、親米傀儡政権をつくるのに成功したアメリカ。次に狙いをつけたのは、ロシアと欧州のまんなかに位置するウクライナです。

ウクライナは、ソ連崩壊直前の一九九一年八月、ソ連からの独立を宣言しています。

グルジアは、BTCパイプラインの通り道でしたが、ウクライナにはロシアと欧州を結ぶパイプラインが通過しています。

それで、欧米はこのウクライナを非常に重視しています。そして、できるだけ早く、この国をEUやNATOに誘い入れてしまいたいと思っている。

ヨーロッパの要衝《ようしょう》、ウクライナ

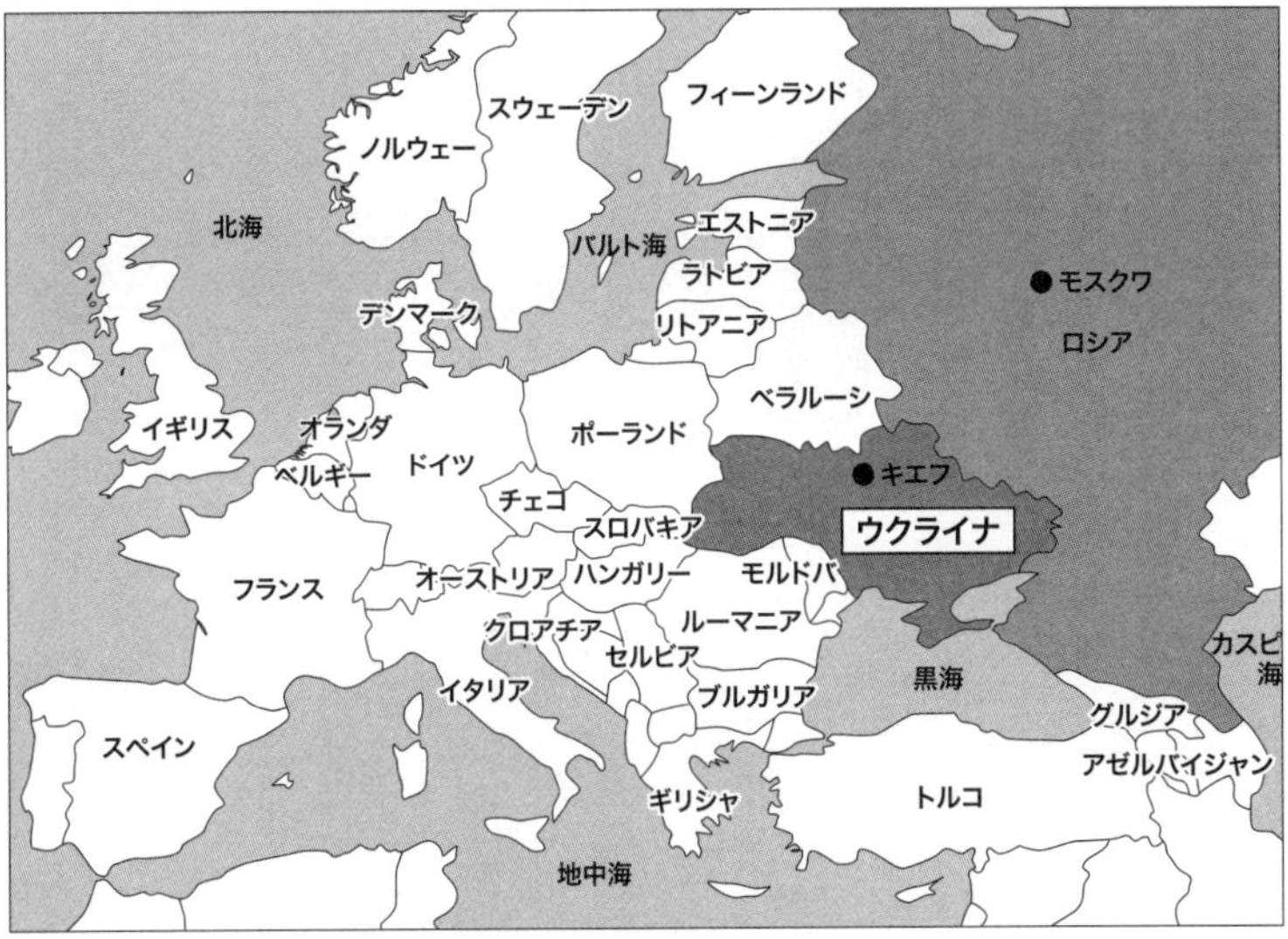

ロシアにとってはどうでしょうか？

ウクライナがＮＡＴＯに加盟すれば、ＮＡＴＯ軍が西の国境にいることになる。これは、安全保障上の「悪夢」です。

さて、ウクライナでは、グルジアのバラ革命からほぼ一年後の二〇〇四年一一月二一日、大統領選挙の決選投票が行われました。

候補は、親ロシアのヤヌコビッチ首相と、親欧米のユシチェンコ元首相。結果は、ヤヌコビッチの勝利でした。

ところが、ここでグルジアの「バラ革命」とまったく同じパターンが繰り返されます。

ユシチェンコ陣営は、「選挙に不正があった」とし、再選挙を要求。彼を応援するべく、欧州安全保障協力機構（ＯＳＣＥ）、アメリカの共和党国際研究所（ＩＲＩ）等が、いっせいに「ウクライナ政府は、選挙で不正を行った！」と発表します。

そしてまたしてもバラ革命同様、デモはどんどん大規模になっていきました。

オレンジ色の旗、オレンジ色のマフラー、オレンジ色のテント……。親米ユシチェンコを支持するオレンジ色の大群衆とデモは、世界の人に強い印象を与えました。

国民、欧州、アメリカから圧力をかけられた当時のクチマ大統領は、再選挙に同意します。「まあ、俺が立候補しているわけでもないし……」ということでしょうか？

再選挙は二〇〇四年一二月に実施され、負けたはずのユシチェンコが五二％の得票率で、勝利します。

もし、ヤヌコビッチが再度勝ったらどうなったのでしょうか？

ウクライナ第３代大統領ヴィクトル・ユシチェンコ（任期：2005–2010/1954–）（左）と第４代大統領ヴィクトル・ヤヌコビッチ（任期：2010/1950–）（右）

おそらく、もう一度大々的なデモが起こり、再選挙を要求するか、それが受け入れられなければ、グルジアのようなクーデターが起きたことでしょう。

もうおわかりのように、結局、欧米にとってウクライナの選挙は、「ユシチェンコが勝てば不正なし、勝たなければ不正選挙」ということなのです。

二〇〇五年一月二三日、親米派のユシチェンコは、首尾よく大統領に就任しました。

このウクライナにおける一連の政変を、「オレンジ革命」といいます。

キルギスでもチューリップ革命が成功

ロシアを除く旧ソ連諸国は、大きく東欧（ウクライナ、モルドバ、ベラルーシ、エストニア、ラトビア、リトアニア）、コーカサス（アゼルバイジャン、グルジア、アルメニア）、中央アジア（カザフスタン、キルギス、タジキスタン、トルクメニスタン、ウズベキスタン）に分かれます。

欧米サイドから見ると、東欧では、バルト三国が二〇〇四年五月、ＥＵに加盟している。ウクライナではオレンジ革命が起こり、親欧米の大統領が誕生した。コーカサスでは、アメリカがアゼルバイジャンとグルジアを押さえた。

残るは中央アジア……。

中央アジアは、アメリカにとって地政学的に超重要な地域です。

まず、ここには莫大な量の石油が眠っている。カザフスタン一国の埋蔵量は三〇〇億バレル。これは、中国、アメリカよりも多い（Ｐ１４１の上図参照）。したがってアメリカは、カザフスタンの石油を支配したい。

もう一つの理由。

キルギス共和国初代大統領アスカル・アカエフ（任期：1990-2005/1944-）（左）と第2代大統領クルマンベク・バキエフ（任期：2005-2010/1949-）

中央アジアは、アメリカのライバル中国のすぐ西、ロシアのすぐ南にある。アメリカがとらなければ、中国かロシアがこの地域を支配することでしょう。アメリカは、これを阻止したい。そんなアメリカのターゲットに選ばれたのはキルギスでした(Ｐ１４２「中央アジアとコーカサス」地図参照)。

キルギスでは、二〇〇五年三月、議会選挙の決選投票が行われました。そして、現職アカエフ大統領の与党「進めキルギス」が圧勝します。

その後、グルジアの「バラ革命」、ウクライナの「オレンジ革命」とまったく同じパターンが繰り返されることになりました。

選挙後、野党がデモを起こします。要求は、「選挙のやり直し」と「大統領辞任」。

しかし大統領のアカエフは、グルジア・ウクライナで起こったこと、そして野党のバックにアメリカがいることを知っていました。それで、「絶対勝てっこない」と判断し、さっさとロシアに逃亡したのです(彼はプーチンに保護され、モスクワ郊外に住むことを許されました)。

その結果、野党の指導者バキエフ元首相が、大統領代行兼首相に就任。バキエフは二〇〇五年七月の選挙で勝利し、大統領に就任しました。

キルギスの革命は、記録的なスピードで成就。それで、革命を起こした側もびっくりした。名前も、「バラ革命」や「オレンジ革命」にならって、「レモン革命」にしようか「チューリップ革命」にしようか検討中だったのですが、最終的に、この革命は「チューリップ革命」とよばれるようになります。

チューリップ革命もアメリカの革命だった

しつこいようですが、グルジアの「バラ革命」、ウクライナの「オレンジ革命」と同様、キルギスの「チューリップ革命」も「アメリカの革命」であったことを書いておきましょう。

産経新聞二〇〇五年四月二日付に**「キルギス　米NPOが支援　政変実現させる」**という記事があります。メチャクチャ「ズバリ」なタイトルですが……。

〈キルギスのアカエフ政権を崩壊に追いこんだ政変をめぐり、**米国の民間非営利団体（NPO）によるキルギスの独立系メディアへの支援などの民主化促進活動が実を結び、政変につながったとの見方が米国で強まっている。**〉（太字筆者。以下同じ）

同記事によると、革命を後押ししたNPOとは。

1　フリーダム・ハウス（この団体はキルギス国内の独立系新聞を支援していました）
2　国家民主研究所（NDI）
3　国際共和研究所（IRI）

2、3の二つの団体は、衛星放送による米CNNテレビの視聴、ネットの普及促進、民主的（つまり反政府的）メディア、政党創設活動を支援していました。

では、これらNPOの資金源は？

〈92年の「自由支援法」に基づき、**米国家予算から捻出されている。**
国務省国際開発局（USAID）を通じて、キルギスのNPO活動のために組まれた予算は、2005年度会計年度で総額3300万ドル。〉（同前）

つまり、**アメリカが「国策」として他国の革命を支援している証拠**です。

次に、このアメリカからの支援は、どの程度革命の実現に役立ったのでしょうか？

〈キルギスの革命の指導者は、ニューヨークタイムズに、「米NPOの援助がなければ、行動を起こすのは絶対に不可能だった」と語っている。〉（同前）

次に、時事通信を見てみましょう。

タイトルは、**「キルギス革命、米機関が暗躍**＝邦人拉致事件で身代金を否定―アカエフ氏」。

ここには、モスクワに逃げてきたアカエフのインタビューが載っています。

アカエフは、いいます。

〈「政変では米国の機関が重要な役割を果たした。半年前から米国の主導で『チューリップ革命』が周到に準備されていた」〉（二〇〇五年四月七日付）

〈「彼らは野党勢力を訓練・支援し、旧ユーゴスラビア、グルジア、ウクライナに続く革命を画策した」〉

アカエフは、グルジア、ウクライナばかりでなく、旧ユーゴスラビアの政変もアメリカの仕業だと語っているのですね。

ここまで、長々と新聞を引用してきたのには、明確な意図があります。

みなさんに**「国際関係の実際」を理解していただくこと。**

ここに**「理想主義」が入り込む余地は、一ミリもありません。**

さて、二〇〇三年のユコス問題で、プーチンにしてやられたアメリカでしたが、その後立て続けにロシアの勢力圏、グルジア、ウクライナ、キルギスに親米反ロ傀儡政権を樹立することができ、大満足。

「世界の支配者たちに逆らったプーチンは、このまま負けるしかないのか……」

裏事情を知る人々のほとんどは、そう思いました。

しかし、事態は思わぬ方向に転がっていきます……。

アメリカの革命、ウズベキスタンでの失敗

三連勝のアメリカ。

ロシアの政治家の中には、「このままではロシアを除く旧ソ連全一四ヶ国に、親米反ロ政権がつくられてしまう！」と危機感をもった人もいたのです。

しかし、ことはそう簡単にはいきません。ある男の決断が、アメリカの野望を挫折させるきっかけになりました。

ウズベキスタン共和国初代大統領イスラム・カリモフ（任期：1991–/1938–）

二〇〇五年にチューリップ革命が起こったキルギス。

この西隣にウズベキスタンがあります（P142「中央アジアとコーカサス」地図参照）。

ソ連からの独立は一九九一年八月。

キルギスでチューリップ革命が起こったのは二〇〇五年三月でした。

そのわずか二ヶ月後の五月、ウズベキスタン東部にあるアン

ディジャン市で大規模な暴動が起こりました。武装集団が刑務所を襲撃して政治犯を解放。政府施設を占拠しました。これに一般市民も同調し、デモは数千人規模に膨れあがります。

彼らは、「カリモフ大統領の辞任」を要求しました。

そもそも一般民衆ではなく、武装集団がデモを開始したこともあったのでしょう。カリモフは、迷うことなくデモを武力で鎮圧することにしました(約五〇〇人の犠牲者が出たといわれています)。

そして、カリモフは五月一四日、「大勢の群集が無秩序をもたらす危険があったため」と、武力弾圧を正当化します。

非常に微妙なところです。

デモを始めた集団は、武装し、刑務所や政府機関を襲撃している。大統領としては、武装した敵には武力を用いるしかないでしょう。しかし問題は、多くの非武装の一般人が、デモに参加しており、犠牲になったこと。

ここでみなさんは、こんな質問をしたくなるでしょう。

「これもアメリカのしわざですか!?」と。

これは、はっきりはわかりません。しかし、カリモフは、「アメリカがやった」と確信していたようです。

アメリカですが、国務省が五月一九日、「何百人ものデモ参加者が軍の暴力で殺害され、厳しい態度をとらざるをえない」と声明を出しています。そして、「ウズベキスタンへの支援停止」「民主化のための制裁」を検討すると発表。さらにライス国務長官(当時)は五月二〇日、カリモフに真相を解明するための「国際調査団」受け入れを要求します。

しかしカリモフも、アメリカによってほかの旧ソ連諸国で引き起こされた革命のパターンをよく知っています。国際監視団を受け入れれば、「カリモフはひどい野郎だ！」「人権侵害だ！」「いますぐ辞任すべし！」となるのは目に見えている。

要するに、旧ソ連諸国から見ると、「国際監視団」とか「国際調査団」というのは、「独裁者を辞めさせる」目的で存在している。最初から、結論が決まっているわけです。

ライスはさらに、「人権問題で改善が見られない場合、支援を見送る！」と、カリモフを厳しく非難し、追いつめました。

一方、このときロシアや中国は、たくさんの民衆を殺してしまったカリモフを非難せず、逆に守りました。

いってみれば、**「北風」と「太陽」**です。

アメリカは、独裁者に「北風」をビュンビュン吹かせる。すると、独裁者はますます寒くなり、ますます厚着し、心を閉ざしていきます。

ロシアと中国は、「大変だったよね。相手は武装してたんだから、こっちも武器を使うしか、しかたないよね」と慰《なぐさ》めた(太陽)。ポカポカと暖かくなったカリモフは、コートを脱ぎ、心を開いたのです。

さて、二〇〇三年から二〇〇五年に起きたグルジア、ウクライナ、キルギスでの三つの革命。そして、ウズベキスタンの「革命未遂」事件を経て、旧ソ連諸国の独裁者たちは、以下のことを理解しました。

1　アメリカとつきあっていると革命を起こされる。だから、なるべくつきあわないほうがいい。

2　ロシアと中国は、同じ独裁国家なので「民主化」を要求しない。つきあうならロシアや中国のほうがいい。

3　革命を阻止するためには、「武力」で鎮圧すればいい。

ウズベキスタンのカリモフ大統領は、さっそく行動に出ました。もう金をくれない、しかも革命を組織するアメリカとつきあっても、「百害あって一利なし」です。

ウズベキスタン政府は二〇〇五年七月三〇日、アメリカに対し、二〇〇一年のアフガン攻撃時から駐留していた米軍の一八〇日以内の撤退を、正式に要求しました。

アメリカはウズベキスタンを失い、ロシアはこの国を得ることに成功したのです。

なぜアメリカ画策の「カラー革命」は止まったのか？

実をいうと、アメリカが失ったのは、ウズベキスタンだけではありませんでした。

アメリカはその後も、旧ソ連諸国で選挙があるたびに同じ手法で「革命」を画策した。しかし、ことごとく失敗に終わっています。

なぜでしょうか？

それは、アメリカによる革命の手法パターンが、旧ソ連諸国で広く知られるようになってしまったためです。

その手法パターンとは、

1　親米的なＮＧＯ、ＮＰＯに大量の金をばらまき、彼らの活動を通じて革命勢力を事前に育てておく→選挙が実施される→野党勢力が勝利すれば、そのまま→しかし、アメリカに都合の悪い独裁者、あるいは独裁者の政党が勝利したときは、「選挙に不正があった！」と大規模なデモを起こさせる

2　欧米の選挙監視団も「不正があった。選挙はやり直さなければならない」と発表

3　独裁者がデモを鎮圧した場合、「非人道的な大統領は辞任しなければならない！」と要求する

4　独裁者は辞任し、欧米に都合のいい人物が大統領になる

では、どうすれば欧米による革命を阻止できるのでしょうか？　すでにおわかりのように、まず、

●自国で活動する、親米的、反政府的なＮＧＯ、ＮＰＯの動きを規制する。

ロシアでは二〇〇六年初め、「ＮＧＯ規制法」ができました。

目的は、「外国からの政治活動資金流入や、ＮＧＯの目的外活動（＝政治活動）を規制すること」。

革命は、偶然起こるものではありません。きちんと組織化されていなければ、目的（革命）を達成することはできないのです。そのためには、資金も必要、教育も必要。

これを担当するのが、アメリカ系ＮＧＯ、ＮＰＯですので、ここの活動を制限されると、非常にやりにくくなる。

ちなみに、この法律について。

〈ロシアでは二〇〇七年に下院選挙、〇八年に大統領選挙が予定されており、〇四年秋のウクライナ大統領選挙に合わせて起きた「オレンジ革命」のような政権転覆の動きが起きることを強く警戒している。

プーチン政権は、ウクライナには外国の資金が流入し、外国人が多数協力したとみており、これらの新法導入は、ロシアでの〝革命再来〟の阻止を念頭に置いたものであることは間違いない。〉（産経新聞二〇〇六年一月二三日付）

ロシアの**NGO規制法は、この先アメリカが画策するであろう「ロシア革命阻止」のためにつくられた**と産経新聞がいっているのです。

それでも、革命をめざす大規模なデモが起こった場合は？

●武力で鎮圧する。

「アラブの春」といわれ、アラブ諸国で次々と起こった革命。これらの国々では、政府の武力行使にもかかわらず、デモは続けられた。そして、独裁者は追放され、革命は成就しています。しかし旧ソ連諸国の場合、「武力を使われても、しぶとく革命行動を続ける」人は多くありません。

二〇〇五年にウズベキスタンで革命が「未遂」に終わった後の二〇〇六年三月一九日、今度はロシア西隣の旧ソ連国ベラルーシで、大統領選挙が実施されました。

アメリカが画策した、ロシア周辺・旧ソ連諸国の革命

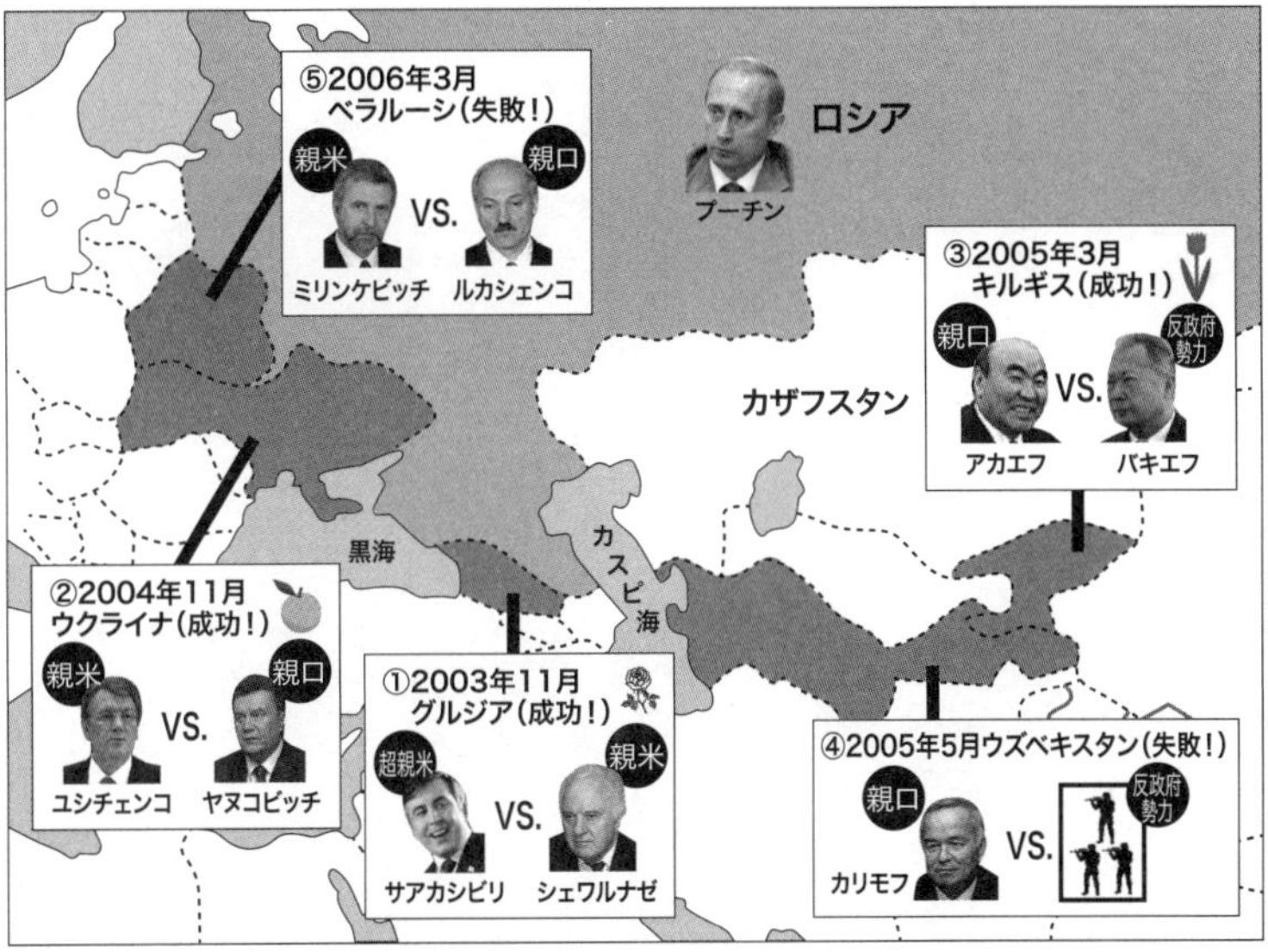

結果は、現職の大統領ルカシェンコが八三％で圧勝。二位、野党統一候補のミリンケビッチはわずか六％で惨敗します。

この圧倒的な得票差にもかかわらず、アメリカ、欧州、野党は、例の「革命マニュアル」どおりに動きました。

野党勢力のリーダー、ミリンケビッチは、ルカシェンコの当選を「非合法」と非難。そして、民衆にデモへの参加を、そして政権には「選挙のやり直し」を求めます。予定どおり、それにあわせて、欧米から応援の声が寄せられました。

欧州安全保障協力機構の選挙監視団は翌二〇日、選挙キャンペーンなどの面で野党側に「均等な機会が与えられなかった」と不公正さを指摘。

EU議長国オーストリアのプラスニク外相は同日、今回の選挙について「野党の活動が妨害された」と語り、ブリュッセルで

ベラルーシ共和国初代大統領アレクサンドル・ルカシェンコ（任期：1994–/1959–）（左）と野党勢力指導者ミリンケビッチ（右）

のＥＵ外相理事会で制裁を含む対応を協議することを明らかにしました。

アメリカ国務省のマコーマック報道官も同日、「選挙結果を合法的なものとして受け入れることはできない」「再選挙実施を求める野党側の動きを支持する」と断言。ベラルーシへの経済制裁を発表します。マクレラン大統領報道官も、「アメリカは選挙結果を認めない。選挙運動で脅しや拘束などの不正があった」とルカシェンコを厳しく非難。野党陣営が求めている大統領選のやり直しを「アメリカは支持する」と語りました。

しかし、どんなに欧米が叫んでも無駄。

ルカシェンコはロシアからノウハウを伝授され、ずっと前からこの日に備えていたのです。

欧米からの資金の流れをカットされた野党は、資金不足のため、現体制との戦いを継続するのが困難だったのです。

共同通信二〇〇六年三月二二日付は、「資金不足」のデモの様子を、こう書いています。

〈**手弁当の野党集会に限界も　ベラルーシ、参加者じり貧**

ルカシェンコ大統領が3選を決めたベラルーシで、野党陣営は21日夜も首都ミンスク中心部の広場で3日目となる抗議集会を開催した。だが参加人数は3000人で、日を追うごとに減少。野党はウクライナのオレンジ革命再現を狙うが、国民を挙げた機運につなげ

るには限界がありそうだ。〉

結局、野党のリーダー、ミリンケビッチは三月二五日、デモの中止を宣言。ベラルーシの革命は阻止されました。

プーチン、アメリカとの「血戦」を選択

ここで一度、これまでの流れを振り返ってみましょう。

アメリカとロシアの関係が決定的に悪化し、「米ロ新冷戦」が始まったのは、二〇〇三年の「ユコス問題」がきっかけでした。

プーチンは、「ロシアの石油利権は、アメリカには絶対に渡さない！」ということで、ユダヤ系新興財閥の大物、ホドルコフスキーを逮捕した。

これが、アメリカの支配者たちを激怒させた。

それで、アメリカはロシアに隣接する旧ソ連諸国で次々と革命を起こし、親米反ロの傀儡政権を樹立していった。

おそらく、プーチンにとって、これは想定外のできごとだったことでしょう。

それで、まず彼がしなければならなかったのは、旧ソ連諸国での「アメリカによる革命」を阻止すること。

これは、思ったより迅速に対応することができました。

アメリカの「革命遂行マニュアル」は、ワンパターンだとわかった。要するに、反政府運動を行

っているNGO、NPOの活動を規制すればいい。

さて、ここからが問題です。

プーチンは、「アメリカからの攻撃はこれからも続くだろう」と考えたにちがいありません。

ではどうするか？

ユコスとシブネフチをアメリカに差し出し、屈服し、許しを請《こ》うか？

あるいは、戦うか？　戦って勝てなかった場合はどうなるのだろう？

自分が負けた場合、ロシアにはアメリカの傀儡政権が誕生するだろう。傀儡大統領は、ホドルコフスキーを釈放し、俺（プーチン）を捕まえ、刑務所にぶち込むだろう。

いやいや、暗殺されるかもしれない。あるいは、フセインのようになるか……。

こう考えると、さすがのプーチンも、恐怖を感じたことでしょう。

しかし、骨の髄《ずい》までKGBの彼は、「アメリカ帝国主義を滅ぼすことが、俺たちの崇高な使命」と教育されたことを思い出しました。さらに、ソ連が崩壊したとき、「ロシア復興」と「アメリカへの復讐」を誓ったときの強い決意もよみがえってきました。

これは、もちろん私の想像ですが、その後のプーチンの行動を見れば、それほどまちがってはいないと思います。

プーチンは、屈服するのではなく、戦う道を選んだのです。

プーチン、仮想敵国・中国との同盟を決意

プーチンがまず考えたのは、「ロシア一国でアメリカに対抗するのは不可能」ということでした。

どこかの強力な国と連携しなければならない。

そして、**プーチンは、中国を選びました。**

ロシアの仮想敵No.1はアメリカ。

これはわかります。しかし前述しましたが、実をいうと仮想敵No.2は中国なのです。

ロシア人エリートのアメリカ観・中国観を一言でいうと、「アメリカを憎み、中国を恐れる」となります。まず感情的な面をあげれば、中国の成功に対する嫉妬がある。

共産主義時代、ソ連は中国に対し、ずっと兄貴面《づら》をしていることができました。

世界中の人々が、「ソ連は経済的にも軍事的にもアメリカについで世界二位だ」と思っていた。

しかもアメリカがボロボロだった一九七〇年代は、「いや、軍事的にはひょっとしてソ連が世界一なのでは？」などという声も聞こえてきた。

経済がすでにボロボロになっていた一九九〇年代初めですら、ロシアのGDPは中国の四倍。

それがいまでは、ロシアのGDPは中国の四分の一程度になっている(世界銀行のデータによると、中国のGDPは二〇一〇年、五兆八七八六億ドル。ロシアは、一兆四七九八億ドル)。

まず、この事実が、誇り高いロシア人のプライドを傷つけている。

ロシアのエリートを恐れさせている、より現実的な問題もあります。

それが、両国の人口差。

ロシアの人口は一億四三〇〇万人で、中国の約九分の一。しかし、東に行くと状況はもっと悲惨になります。ロシア極東地域の人口は、わずか七〇〇万人。あの広大な土地に住む人は、東京よりもはるかに少ない。一方、ロシアと国境を接する中国東北三省(黒龍江《こくりゅうこう》省、吉林《きつりん》省、遼寧《りょうねい》省)の人口は、

一億二五〇〇万人（!!!）。（二〇〇五年の世界銀行データによる）

日本全国に匹敵する人が、ここに住んでいる。

極東地域の中ロの人口差は約一八倍。そして、中国から続々とロシア極東に人が移住してきています。これはロシアにとって脅威でしょうか？

もちろん脅威です。

さらに、中国は一九八九年以降現在にいたるまで、軍事費をほぼ毎年二桁増加させている。

米国防総省の予測によると、中国の軍事費は約一〇兆円で、実質世界二位。

いまはもちろん、アメリカに対抗するための軍拡でしょうが、将来中華思想をもつジャイアントパンダが西（ロシア）に向く可能性も否定できません。これも脅威ですね。

しかし、当時は旧ソ連諸国でバンバン革命が起こっている最中ですから、「背に腹は代えられない」です。

プーチンは、仮想敵No.2中国との同盟を決意します。

たとえプーチンが「中国と同盟して、アメリカをぶちのめそう」と思っても、当の中国はどうなのでしょうか？

実は、中国も「大歓迎」だったのです。

なぜでしょうか？

中国はキルギスで革命があった二〇〇五年当時、GDPでアメリカ、日本、ドイツについで世界四位でした。軍事費では世界二位。しかし、日本もドイツも成熟した低成長国。早晩、中国が両国を抜いて世界二位に躍り出ることは、誰の目にも明らかでした。

それはつまり、中国が名実ともに、アメリカにつぐ超大国になることを意味している。

中国は、アメリカという国の狡猾《こうかつ》さと覇権への執着を理解しています。「中国が強大化するにつれ、米中の覇権争いは激化していくだろう」とごくごく自然に予想していました。当然です。

中国が成長し、経済力、軍事力でも世界一の覇権国をめざす。その過程で現在の覇権国家アメリカとの対立は避けられません。

もう一つは資源の問題。

アメリカは、アフガンを攻め、イラクを攻めた。もはや中東産油大国で反米の国は、イランくらいしか残っていません。

もし、アメリカが中東支配に成功すれば、中国はどこから原油を輸入するのでしょうか?

もし、アメリカが中東から中国への原油の流れをカットすれば、中国はどうやって経済成長を続けることができるのでしょうか?

要するに、中国は、資源の調達先を多角化する必要に迫られていた。最良の方法は、隣国で陸続きのロシアやカザフスタンから入れることなのです。

というわけで、中国はもともと「将来アメリカとの戦いは避けられない」と認識しており、ロシアとの同盟は望むところだったのです。

幕末、薩摩藩と長州藩は犬猿の仲でした。しかし、坂本龍馬などの仲介により、薩長同盟が成立。この同盟により、倒幕は一気に現実化していきます。

中国とロシアも、昔は薩長のように犬猿の仲だった。

しかし、「アメリカ幕府打倒」で同盟を結んだ。

それで私は、**中国とロシアの同盟を、「現代版・薩長同盟」**とよんでいます。


次に、中国とロシアが、どのように関係を深めていったかを見てみましょう。

日ロ関係の障害といえば、北方領土問題。

中ロにも四一年にわたる領土問題がありましたが、これを両国は二〇〇五年六月に解決しています。

ロシアと中国は二〇〇五年六月二日、東部国境画定に関する批准《ひじゅん》文書を交換。これにより国境問題は最終的に決着しました。キルギス革命から、わずか三ヶ月後であることに注目してください。

合意によると、極東ハバロフスク西方のアムール川とウスリー川の合流点に隣りあって位置する大ウスリー島とタラバロフ島は、大ウスリー島の東部をロシアが所有、同島西部とタラバロフ島を中国領と画定。モンゴルと中国の国境に近いアルグン川にあるボリショイ島は中ロ双方に二分、三つの島を総面積でほぼ二分割する形になりました。

まあ、日本人にとっては、中ロの領土問題の詳細など、どうでもいいかもしれません。

しかし、両国が譲歩して領土問題を解決する。これは、たがいの関係がかなり良好でなければ、あるいは関係を改善させたいという強い意欲がなければできません。日ロ関係のことを考えればすぐ理解できますね。

胡錦濤《こきんとう》国家主席は二〇〇五年七月、モスクワを訪問し、プーチンと会談しました。

そして、両首脳は七月一日、クレムリンで、**国連中心主義**を柱とした「二一世紀の国際秩序に関する共同宣言」に調印します。

でも、なぜ「国連中心主義」なのでしょうか？

理想主義的にいえば、「そりゃあ、さまざまな問題を、話し合いで平和的に解決する場所が国連だからですよ」となります。

しかし、中国もロシアも「現実主義」の国。自国の利益にならなければ、「国連中心主義」などというはずがありません。いったい、どんな利益があるのでしょうか？

中国とロシアは、ともに国連安保理の常任理事国で拒否権があります。

イラク戦争のときは、ロシアとフランスが、「拒否権行使」を明言していた。そのため、アメリカは安保理の許可を得ないままイラク攻撃を開始しました。しかし、アメリカは、これで「悪の帝国」になった。さらに、開戦の理由だった「大量破壊兵器」が見つからなかったことから、アメリカの国際的信用は失墜しました。

そう、中国とロシアは、安保理で拒否権を使い、アメリカの戦争を国際的に「非合法化」することができるのです。

アメリカは、イラク後も、北朝鮮、イランなどを攻撃する可能性がある。これを、中ロ両国が拒否権を行使し阻止する。

両国は、「平和を愛する国」としての名声を高める。同時に、「反米国家」（つまり中ロの味方）を保護することもできます。

中華人民共和国第6代国家主席胡錦濤（任期：2003–/1942–）

両国の関係強化は、「主義主張」にとどまりません。

二〇〇五年八月一八日、中国とロシアは、**初の合同軍事演習を実施**しました。

これは明らかに、**台湾と、その後ろにいるアメリカを想定したもの**なのです。

ここまで読まれて、まさか私と本書が「トンデモ系」だと疑う人はいないと思いますが、それでも念のため。産経新聞二〇〇五年八月一九日付には以下のようにあります。


〈両国は今回の演習について「両国の相互理解と友好協力を促進するためで、第三国に向けたものではない」と表明しているが、**米国の一極支配に対抗する戦略的な提携強化の一環にほかならない**。〉


プーチンは、二〇〇六年三月二一日、北京を訪問、胡錦濤と会談し、共同声明に署名しました。

両首脳は声明のなかで、イランの核問題で、中ロが「政治的・外交的手段で解決を図るよう協力する」と確認。

ロシアはイランに武器を輸出し、原発利権にも関与しています。中国にとっては、原油供給国。

そして、イランの石油利権にかなり入り込んでいる。

中ロは、イラクの石油利権を、アメリカに武力で奪われた苦い経験があります。イランの利権をアメリカが独占するのは許しがたいのです。

また、中ロ両首脳は、ガスパイプライン建設で合意。そして、天然ガス世界最大手ガスプロムと中国石油天然気集団公司（CNPC）は三月二一日、パイプライン建設に関する覚書を交わしました。

ロシアは中国向けガスパイプラインを二本建設する。一本は、ウラルからアルタイを通り、もう一本はサハリンからハバロフスクを通過し、中国にいたる。

供給量は、年間六〇〇億〜八〇〇億立方メートルの予定ですが、これは**二〇〇五年の中国の全消費量（五〇〇億立方メートル）を上回る莫大な量**なのです。

中国とロシアが反米で一体化していった様子が、ご理解いただけたでしょう。

ロシアと中国、「上海協力機構」を反米の砦《とりで》化

ロシアを取り巻く旧ソ連諸国で次々に革命が起こった後、ものすごいスピードで、「中ロ同盟」を成し遂げたプーチン。

次に重要なことは、「中ロ同盟」の味方を増やしていくことです。

もっとも手っ取り早く味方につけることができるのは、旧ソ連諸国・中央アジアの独裁者たちでした。彼らは、アメリカの革命で、政権を失うのではないかとビクビクしていたからです。

ロシア、中国、そして旧ソ連の中央アジア諸国を結びつけているのが、上海協力機構（SCO）です。

SCOは二〇〇一年六月一五日に創設されました。加盟国は、中国、ロシアと中央アジア四国（カザフスタン、ウズベキスタン、キルギス、タジキスタン）。

プーチンは、この組織を**「反米の砦化」**することをめざしました。

二〇〇五年七月五日、カザフスタンの首都アスタナで、SCO首脳会議が開かれました。

ここで、「アスタナ宣言」が採択されています。

アスタナ宣言は、**中央アジア駐留米軍の撤退を要求**しました（アメリカ軍は、二〇〇一年のアフガン攻撃時から、ずっとこの地域に駐留し続けていた）。

二〇〇五年五月の革命未遂時、欧米から批判されて落ち込んでいたウズベキスタンのカリモフ大

上海協力機構（SCO）（2007年）の各国首脳たち。左から中国・胡錦濤、ロシア・プーチン、カザフスタン・ナザルバエフ、ウズベキスタン・カリモフ

統領（P161写真参照）は、大国である中国、ロシアと中央アジア独裁国家諸国を味方につけて勇気一〇〇倍。カリモフは二〇〇五年七月三〇日、アメリカに対し、二〇〇一年から駐留していた米軍の一八〇日以内の撤退を正式に要求しました。

さて、この首脳会談では、もう一つ歴史的な決定がなされています。

イラン、インド、パキスタンがオブザーバー（準加盟国）として承認されたのです。

イランは「悪の枢軸」で、イラク戦争後はアメリカの敵No.1。

これをオブザーバーにするということは、「中国とロシアはイランをアメリカから守る」という意味でしょう。

SCOは、その後も反米で結束を強めていきました。

二〇〇六年六月一五日、上海でSCO創設五周年を記念する首脳会談が開かれました。

この場で、イランのアフマディネジャド大統領は、「SCOを強化し、他国による内政干渉や脅しに対抗すべきだ！」とアメリカを強く非難しました。

首脳会議は「五周年宣言」を採択。

「政治体制のちがいを内政干渉の口実にしてはならない」

「中央アジア各国政府の安定維持の努力を支持する」と明記しています。

ここまで読んでこられたみなさんは、意味がわかりますね。

これは、**「中国とロシアは、中央アジアの独裁者たちをアメリカのカラー革命から守る」**と宣言しているのです。

もう一点、この首脳会議の重要な内容は、**「オブザーバーの正式加盟手続き」**が開始されたこと。実現するとSCOは、中国・ロシア・中央アジア四国(カザフスタン、ウズベキスタン、キルギス、タジキスタン)に、インド・パキスタン・イラン・モンゴルが加わり計一〇ヶ国になる。

一〇ヶ国といっても、頭数としてはたいしたことがない感じがします。

しかし、世界経済を牽引するブリックス(BRICs)——ブラジル(Brazil)、ロシア(Russia)、インド(India)、中国(China)四ヶ国の頭文字を並べたもので、台頭する新興大国の意味——のうち三ヶ国が加盟国というのはインパクトが強い。

イラン・イスラム共和国第6代大統領マフムード・アフマディネジャド(任期:2005-/1956-)

そして、ロシア、イラン、カザフスタンは世界的資源大国(のちに、中央アジアの資源大国トルクメニスタンやトルコも加盟を申請している)。

さらに、二〇〇七年には**SCO加盟国六ヶ国による、初の合同軍事演習(平和への使命二〇〇七)**が行われました。

この軍事演習は中国陸軍一六〇〇人、ロシア陸軍二〇〇〇人が参加する、大規模なものでした。

カザフスタン、キルギス、タジキスタンも特殊部隊、空挺《くうてい》部隊を派遣。ウズベキスタンも将校団を派遣しています。

ロシア軍の高官は、SCOの軍事演習について、**「NATOに対抗するため」**と断言しています。

プーチンの逆襲にいらだつアメリカ

二〇〇一年にアフガンのタリバン政権、二〇〇三年にイラクのフセイン政権を、あっという間に打倒したアメリカ。

その後、旧ソ連の革命を主導し、親米反ロ傀儡政権を、ウクライナ（オレンジ革命）、グルジア（バラ革命）、キルギス（チューリップ革命）の三国で樹立させることに成功したアメリカ。

しかし、前述のとおり、二〇〇五年三月以降、プーチンの逆襲が始まりました。

彼は、中国との同盟を成し遂げ、中央アジアを奪回し、SCOを強化することで「一極世界」に反対する「反米勢力」を結集させていきます。

アメリカは、反逆するロシアに、打つ手がありませんでした。

なぜか？

第一に、プーチンは、アメリカの革命のパターンを知り、NGO、NPOの動きを規制している。

しかも、七〇％の支持率を誇り、ロシア国民は新たな革命を望んでいない。

要するに、アメリカは「ロシア革命」ができない。

第二に、ロシアは依然として「核大国」であり、米ロ全面戦争という選択肢はありえない。

プーチンが描く反米の砦「上海協力機構（SCO）」

(2005年当時)

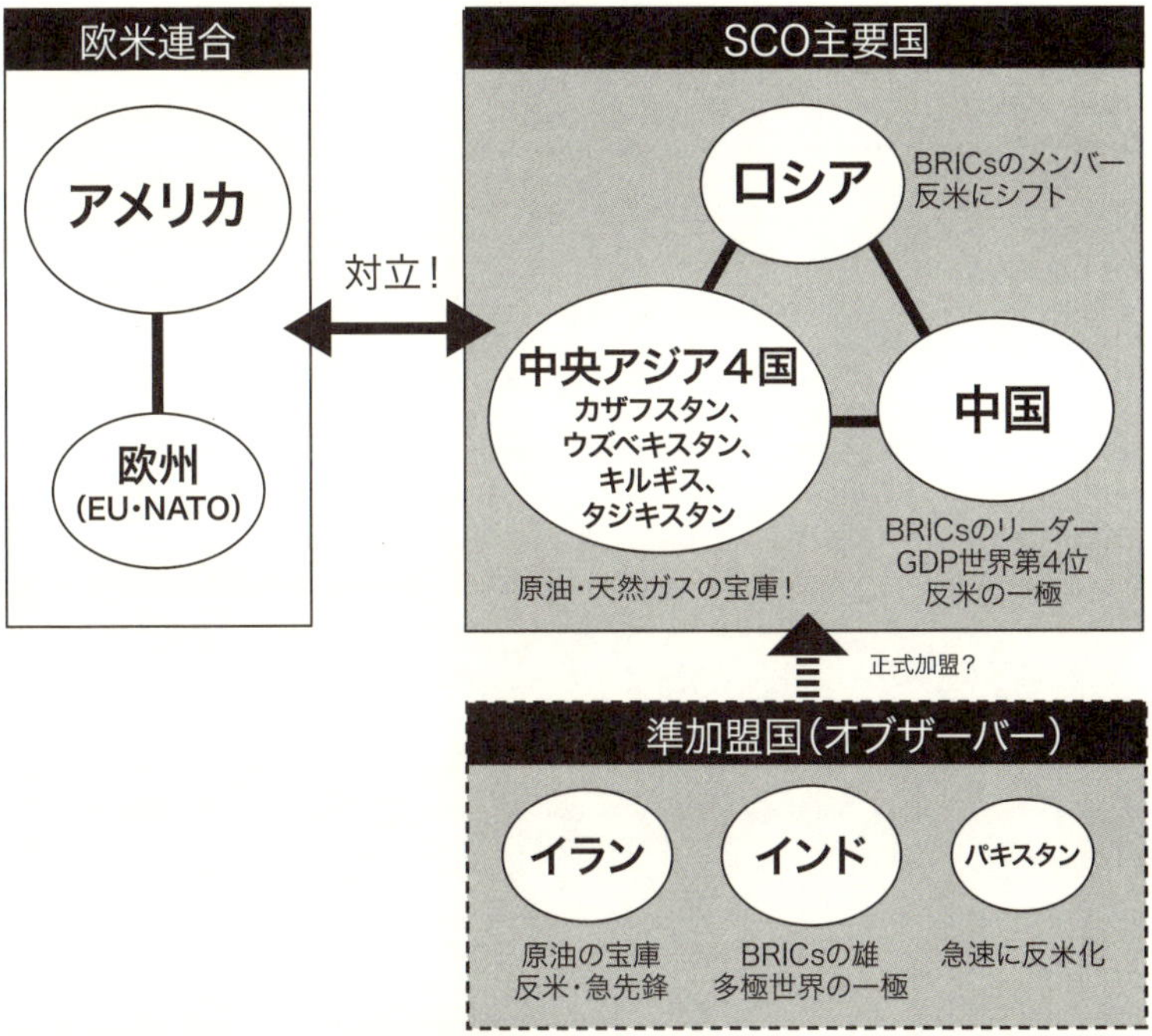

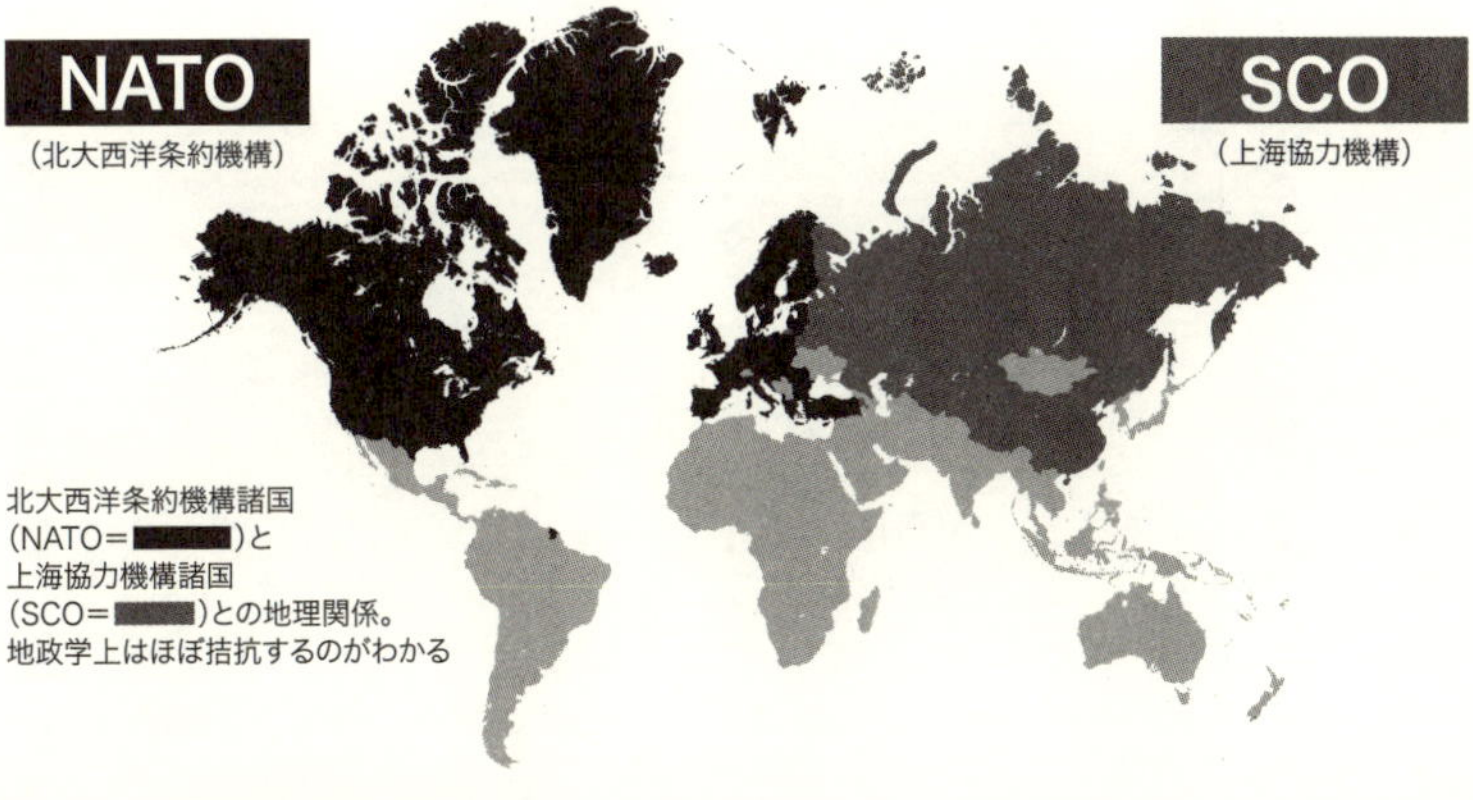

北大西洋条約機構諸国
(NATO=■)と
上海協力機構諸国
(SCO=■)との地理関係。
地政学上はほぼ拮抗するのがわかる

第三に、ロシアは世界的資源大国であり、「ABCD包囲網」(日本を開戦に追い込んだ禁輸措置)のようなことはできない。

第四に、ロシアには、自国民を食べさせるのに十分な食糧がある。

第五に、ロシアは対外債務をほぼ完済しており、一九九〇年代のように「金がほしければいうこと聞け!」とはいえない。


さすがのアメリカも、プーチンのロシアをどうすることもできませんでした。

実質的になにもできないアメリカは、「口撃」をどんどんエスカレートさせていきます。

たとえば、二〇〇六年二月に開かれたミュンヘン安全保障会議で、のちのアメリカ大統領候補マケイン上院議員は、G8の首脳たちに、同年七月にロシアで予定されている**「サンクトペテルブルクサミットに参加しないよう」**よびかけました。

その理由についてマケインは、プーチンのロシアは「民主主義国家でもなく」「世界経済のリーダーでもない」からと説明します。

同氏によると、世界の三大問題は、「不安定なイラク」「核兵器を保有するイラン」、そして**「プーチンのロシア」**。

ここまで読まれたみなさんは、なぜアメリカにとってロシアが「世界三大問題の一つ」なのか理解できるでしょう。ちなみにこのマケインさんは、アメリカの有力政治家のなかで、一番「反プーチン」なのだと思います。

二〇一一年一二月四日、ロシアで下院選挙が行われました。

プーチンの「統一ロシア」は四九・三％で一位。

ところがこの直後から、「選挙に不正があった」ことを非難するデモが頻発するようになります。一二月一〇日には、全国五〇都市でデモが起こりました。特にモスクワでは、一〇万人が参加し「ここ二〇年で最大規模のデモ」に発展していきます。

この状況を見たマケインは、**「プーチンが（反体制派に惨殺された）カダフィのようになればいい」**と発言。

ちょっと日本人には想像しがたいですね。

この発言についての感想を聞かれたプーチンは、「彼はベトナム戦争で戦っている。たくさんの民間人を殺したことだろう」『彼はベトナム戦争で捕虜になり、何年間も穴蔵に閉じ込められていた。そんな状況にいれば、**誰でも頭がおかしくなる」**とコメント。

要するに、マケインさんは「クルクルパーだ」と。

その場にいた人たちは、プーチンの過激なコメントを聞いて、「ハッハッハッ！」と大爆笑。

これも、日本人には理解しがたい光景です。

ちなみにマケインは、二〇〇八年の大統領選挙に出馬し、オバマに敗れています。もし、彼が勝っていたら、「米ロ関係はどうなったのか？」と考えると、恐ろしくなります。

ブッシュ大統領はどうでしょうか？

ブッシュは、ベラルーシ大統領選とウクライナ議会選挙後の二〇〇六年三月二九日、ワシントンで演説。**「私はロシアを見放していない！」**と語りました。

プーチンからすれば、「大きなお世話だ」という感じでしょう。

アメリカでは当時、「サンクトペテルブルクサミットをボイコットすべき」という意見が多かった。これについてブッシュは、

「私のプーチン大統領に対する戦略は、率直に話せる関係にあることだ。

私は彼と多くの時間を過ごし、（ウクライナなど）近隣の民主国家、国内の民主主義を恐れるべきでないと明確に伝えてきた。

ロシアは西側諸国と協調することが自らの利益だと理解するだろう」

これを、わかりやすくいい直してみましょう。

「近隣の民主国家を恐れるべきでない」

つまり、「旧ソ連諸国におけるアメリカの革命を邪魔するな」。

「国内の民主主義を恐れるべきではない」

これは、「NGO、NPOによる『ロシア革命』工作を邪魔するな」。


ネオコンの首領、チェイニー副大統領（当時）は二〇〇六年五月四日、リトアニアの首都ビリニュスで演説。

「ロシアでは今日、反改革派が、一〇年間の成果をぶち壊そうとしている！」と、プーチンを批判しました。

「反改革派」とは、いうまでもなくプーチンと旧KGB軍団のこと。

チェイニーは、「隣国の領土保全を傷つけたり、民主化運動に介入することは正当化されない」

とも発言しています。

「隣国の領土保全を傷つけている」とは、ロシアがグルジアからの独立をめざす南オセチア、アブハジアを支援していることをさします。

民主化運動に介入するというのは、ロシアが旧ソ連諸国での革命を阻止していることをいいます。

二〇〇六年、プーチン、ドル崩壊への歴史的決断

アメリカ政府は、狂ったようにプーチン・バッシングを続けていきます。

これに対してプーチンは二〇〇六年五月一〇日、一年に一度、大統領が国会で、ロシアの現状と今後の方針を演説する「年次教書」のなかで、こんなことをいいました。

「私たちは世界でなにが起こっているか見ている。

私たちは見ている。

いわゆる『オオカミは誰を食うか知ってる』。

食って誰のいうことも聞かない。

そして、聞く気はないようだ」

これは、オオカミのアメリカが、アフガニスタンとイラクを攻撃したことをさしています。

プーチンは続けます。

「自分の利益を実現する必要があるとき、人権と民主主義のための戦いへの熱意はどこにいってしまうのか？

ここではなんでもありだ、なんの制限もない」

アメリカは表向き「人権を守れ！」「独裁反対！」です。

しかし、いつもそうではありません。

石油がたっぷりある国の親米独裁者（たとえば、サウジアラビア、カザフスタン、アゼルバイジャン等）を保護している。

要するにアメリカにとって、反米の独裁者は「悪」ですが、親米の独裁者は「善」なのです。

プーチンは、オオカミ（アメリカ）対策として、「軍拡の必要性」を強調しました。

しかし、アメリカの軍事費は、ロシアの二五倍（！）。

勝とうとすれば、ほかの方法が必要です。

プーチンは演説のなかで、アメリカの支配者たちを気絶させるような爆弾発言をしました。

「石油などわれわれの輸出品は、世界市場で取引されており、ルーブルで決済されるべきだ」

「ロシア国内に石油、ガス、そのほか商品の取引所を組織する必要がある」

取引通貨はもちろんルーブル。

みなさん、「アメリカを没落させる方法」を思い出してください（P104〜参照）。

ドルが基軸通貨でなくなれば、アメリカは没落する。

ドルを基軸通貨でなくすには、使用量を減らせばいい。

原油生産量世界一のロシアがルーブルで石油を売り始めたら？

ドルの使用量は増えますか、減りますか？

フセインは二〇〇〇年一一月、石油の決済通貨をドルからユーロにし、アメリカから攻撃されました。

プーチンは、フセインと同じ決断をしたのです。

しかも、**イラクとロシアでは世界に与えるインパクトが全然ちがいます。**

そもそも、プーチンはアメリカのアキレス腱を知っていて、「ドルの使用量を徐々に減らす」方針をとってきました。

ロシアの外貨準備高は現在、中国、日本についで世界三位であることをご存じでしたか？

外貨準備高は、一九九八年の一二二億ドルから、二〇〇八年八月には五六八三億ドルまで、一〇年で実に四六倍以上(!)になっています。

そして、ロシア中央銀行は二〇〇六年六月、「外貨準備に占める**ドルの割合をこれまでの七〇%から五〇%に下げる」**と発表。

そして、**ユーロを四〇%まで引き上げる。**

ロシア中央銀行のイグナチエフ総裁は、外貨準備のなかに円やポンドを加え、**ドル離れをさらに加速させる方針**を示します。

また、当時第一副首相だったメドベージェフ(のちの大統領)は二〇〇六年六月、「アメリカの双子の赤字から生じるリスクを低減するため、各国は準備通貨としてのドルへの依存を減らすべきだ」と提言しました。

プーチンは、言葉で脅《おど》すだけでなく、すぐ行動に移します。

二〇〇六年六月八日、ロシア取引システム(RTS《エルテーエス》)。モスクワにある証券取引所の一つ)で、初の**ルーブル建てロシア原油の先物取引が開始されました。**

プーチンの野望はとどまるところを知りません。

二〇〇七年には、なんとロシアルーブルを、「ドルに替わる世界通貨にする！」と宣言します。

〈米露〝破顔一笑〟「ルーブルを世界通貨に」プーチン大統領ますます強気

【サンクトペテルブルク＝内藤泰朗】ロシアのプーチン大統領は10日、出身地サンクトペテルブルクで開かれた国際経済フォーラムで、同国の通貨**ルーブルを世界的な基軸通貨とすることなどを提唱した。**

同国など急成長する新興国の利益を反映した経済の世界新秩序が必要であるとの考えを示した形だ。世界的な原油価格高騰を追い風に強気のロシアは、**米国主導の世界経済に対抗し、欧米諸国に挑戦する姿勢を強めるものとみられる。**〉（産経新聞二〇〇七年六月一二日付）

アメリカの没落する日が、近づいていました。

崩壊してゆくドル体制

既述のように、ドル基軸通貨体制崩壊に最初に挑戦したのはイラクのフセイン。

バックにはフランスのシラク大統領がいましたが、さすがに彼もフセインを守りきれませんでした。

しかし、二〇〇五年に「中国・ロシア同盟」が成立した後、世界情勢はガラリと変わってしまいます。

一言でいえば、「中ロが公然と反旗を翻していることで、他国も反逆しやすくなった」。

アメリカはイラクを攻撃し、決済通貨をユーロからドルに戻した。それで「もう安心」と思ったことでしょう。ところが、そうはならなかったのです。

ユーロの「基軸通貨化」はその後も進み、二〇〇六年一二月末には、ついに流通量でドルを超えてしまいます。

〈〈ユーロ〉現金流通から5年　米ドルを超えた模様

【ロンドン＝藤好陽太郎】欧州単一通貨**ユーロの市中での紙幣流通量が今月初めて米ドルを超えた模様だ。**

ロシアや中東地域などユーロ圏外でも保有する動きが広がっているほか、ユーロ高でドル換算した額が膨らんだ。

旧ユーゴスラビア連邦のスロベニアも来月1日から新たにユーロに加盟し、ユーロ圏は今後も拡大が予想される。

通貨として誕生してから丸8年、現金流通開始から5年。**ユーロは国際通貨としての存在感を強めつつある。**〉（毎日新聞二〇〇六年一二月三〇日付）

また、上海協力機構の準加盟国として認められ、「中ロに守られている」ことで安心しているイランも、二〇〇七年、**原油のドル決済を中止**しました。

〈**イラン、**原油のドル建て決済を中止＝通信社

【テヘラン　8日　ロイター】　イラン学生通信（ISNA）は8日、ノザリ石油相の話として、**同国が原油のドル建て決済を完全に中止した、**と伝えた。

ISNAはノザリ石油相からの直接の引用を掲載していない。

ある石油関連の当局者は先月、イランの原油の代金決済の「ほぼすべて」はドル以外の通貨で行われていると語っていた。〉(二〇〇七年一二月一〇日付)

「イランがアメリカから逃げ切ることができれば、自分たちも決済通貨を変えてしまおう」と考えているのが、サウジアラビア、クウェート、アラブ首長国連邦など中東産油大国がつくる、湾岸協力会議(GCC)。

〈GCC首脳会議声明、2010年の通貨統合目標維持へ＝事務局

【ドーハ　4日　ロイター】湾岸協力会議(GCC)首脳会議の声明では、**2010年までに通貨統合を達成すること**へのコミットメントが維持される見通し。

アブドルラハマン・ビン・ハマド・アティーヤ事務局長が4日明らかにした。

同事務局長は、声明の最終案には2010年の目標時期が盛り込まれているか、とのロイターの質問に対し「そうだ」と答えた。〉(二〇〇七年一二月四日付)

ドル離れは、もはや世界的トレンドになっていきました。

南米共同体や東アフリカ共同体も、「共通通貨導入」をめざし始めています。

このように、**ドミノ式にドル離れが起こり、ドル基軸通貨体制は崩壊していったのです。**

二〇〇八年一月二三日、ジョージ・ソロスは、ダボス会議で歴史的発言をしています。

「現在の危機は、ドルを国際通貨とする時代の終焉《しゅうえん》を意味する」

プーチンの引退とメドベージェフの登場

二〇〇八年、プーチン、二期目の終わりが近づいていました。

二〇〇〇年～二〇〇四年の一期目は、エリツィン時代ロシアを支配していたユダヤ系新興財閥（特にベレゾフスキー、グシンスキー、ホドルコフスキー）を駆逐した。

二〇〇四年～二〇〇八年の二期目は、中国と同盟し、SCO（上海協力機構）を強化することでアメリカと対峙《たいじ》。ドル体制を崩壊させることで、ロシアの自立を確立した。

米ロが激しい争いを繰り広げるなか、プーチンの支持率は下がりません。プーチンの二期目、ロシアは空前の好景気にわいていたのです。

ロシアのGDPは、二〇〇四年七・二％、二〇〇五年六・四％、二〇〇六年六・七％、二〇〇七年八・一％とそれぞれ成長しています。

経済が絶好調だった主な理由は、「原油高」。

ロシア金融危機があったエリツィン時代の一九九八年、ロシア産原油は一バレル＝一〇ドル台だった。ところが、プーチンが大統領に就任した二〇〇〇年には、三〇ドルまで上昇。

アフガン、イラク戦争で中東が不安定化するなかで、原油価格はグングン上昇し続けていきます。二〇〇四年には四〇ドル、二〇〇五年六〇ドル、二〇〇七年八〇ドルを突破。二〇〇八年にはついに一〇〇ドルを超えます。

莫大なオイルマネーがロシアに流れ込み、国民生活を豊かにしていきました。

ロシアのGDP（ドル換算）は、二〇〇〇年の二五一一億ドルから二〇〇七年の一兆二二三七億ドルまで、約五倍化（！）。

平均月収は、二〇〇〇年に約一〇〇ドルだったのが、二〇〇七年には五四〇ドルで、五・四倍増加。

ロシアの株価指標ＲＴＳ（日本でいえば、日経平均に当たる）は、二〇〇〇年の二〇〇から二〇〇七年には二〇〇〇ポイントを突破し、一〇倍化（！）。

どんなに、欧米が「プーチンは独裁だ！」と叫んでも、経済の実績ほど強いものはありません。

二期目の終わりが近づき、プーチンの支持率は相変わらず七〇％台を維持していました（Ｐ53参照）。

しかし、プーチン引退の日が近づいていました。

ロシアでは、憲法の規定により、同じ人物は連続二期（八年間）までしか大統領になれないのです。

プーチンには、「憲法を改定し、連続三期もＯＫにする」という道もあったでしょう。

なんといっても、下院はプーチンを支える与党「統一ロシア」が、憲法改定に必要な三分の二以上の議席を確保している。当時の状況を振り返ると、国民の大部分も支持したはずです。そして、憲法を変えて三選四選するというのは、旧ソ連諸国ではめずらしいことではありません。

ところが、プーチンはそれをしなかった。

欧米が「プーチンは独裁者だ！」と毎日バッシングしている。そんななかで、独裁者であることを自ら証明するようなことはしたくなかったのでしょう。

彼は、憲法に従い、潔く引退する道を選びます。そして二〇〇七年末、メドベージェフ第一首相を後継者に指名しました。

メドベージェフは、当時四二歳。

若いですね〜。プーチンと同じレニングラード大学法学部を卒業しています。

彼がプーチンと知り合ったのは一九九〇年。当時プーチンは、サンクトペテルブルク市対外関係委員会の議長でした。

メドベージェフは、この委員会の法律顧問になります。

プーチンは、当時まだ二五歳の若さだった彼を信頼し、さまざまな問題についてしばしば相談していたとか。

一九九三年〜一九九九年まで、メドベージェフは、イリムパルプ・エンタープライズという林業の会社に勤務。

一九九九年一二月三一日、大統領代行になったプーチンにより、大統領府副長官に大抜擢《ばってき》されます。

プーチンが大統領になった後の二〇〇三年一〇月、大統領府長官に就任。

そして、プーチン二期目の二〇〇五年一一月から、第一副首相。国家プロジェクトの、医療・教育・住宅など社会分野を主に担当。着実に実績をあげてきました。

また、彼はガスプロムの会長も兼任していたのです。


しかし、なぜプーチンは、若いメドベージェフを後継者に選んだのでしょうか?

それは、メドベージェフの基盤が「脆弱《ぜいじゃく》」だったからです。

プーチンの後ろには旧KGB軍団がいる。しかし、メドベージェフのバックには誰もいないのです。

　あえていうなら、「メドベージェフのバックにはプーチンがいる」。

　彼は、プーチンに引き上げられてここまできた。逆にいえば、「プーチンに従うしか道はない」となります。

　二〇〇八年三月二日、大統領選挙が実施されました。

　メドベージェフは、七〇・二八％。二位ジュガーノフ（共

ロシア連邦第3代大統領ドミートリー・メドベージェフ（任期：2008.5-2012.3／1965-）

産党）の一七・七二％に四倍近い差をつけて、圧勝でした。

　プーチンは、以後四年間、「首相」として働くことになります。

第3章 休戦

米口はなぜ和解したのか？

この章を読まれる前に

この章では、プーチンが大統領職を引退した二〇〇八年から起こったことを中心に書いていきます。

おそらく、みなさんの知らない事実がたくさん出てくることでしょう。

この第3章を書くに当たって、私はいままで以上に「新聞」からの転載・引用を多用しました。

これは、別に私が「手抜きしたいから」ではありません。

「陰謀系」や「トンデモ系」の本が好きな人は多いです。しかし、なぜ「陰謀系＝トンデモ系」とされるのでしょうか？　私は、「情報の出所が明らかにされていないからだ」と思います。

たとえば、「ホドルコフスキーは、ロスチャイルド卿、アメリカのチェイニー副大統領、キッシンジャーなどとつながっていたんですよ」といきなりいわれたらどうでしょうか？

もちろん、「トンデモ系ですね！」となります。

しかし、第2章を読まれて、「トンデモ情報だ！」という方は一人もいないでしょう。

この第3章には、みなさんの世界観を一八〇度反転させるような事実がたくさん出てきます。

その情報が、私の主観やファンタジーでないことを明らかにするために、あえて新聞記事をたくさん使わせていただきました。

読みやすさを犠牲にすることは、覚悟の上。多少読みにくくても「真実を知ることができたほうがよい」との判断です。

では、続きをお楽しみください。

ルーズベルトにハメられて、負けいくさに突入した日本

まず最初に、少しプーチンから離れて、国際関係全般についてお話ししましょう。

国際関係というのは、**「ウソ八百」**なんです。

一つ、私たち日本人にとって重要な例をあげましょう。

みなさん、真珠湾攻撃についてどうお考えですか？

「卑怯《ひきょう》な日本が、パールハーバーを突然攻撃した。それで、アメリカはしかたなく日本との戦争を決意した」と、世界では信じられています。

「日本は宣戦布告なしでアメリカを攻撃したひどい国」。これが、「自虐史観」にもつながっています。

そして日本は、アメリカから原爆を落とされました。

これは、世界的に見ても**「空前絶後の大量虐殺」**でしょう？

ところが、日本人はいいます。

「二度と同じあやまちは繰り返しません」

どういうことでしょうか？

「私たちは卑怯にも真珠湾を先制攻撃しました。だから、原爆を落とされたのも私たちが悪いんです」

と、こういう論理。

原爆を落とされて、悪いのは日本人でしょうか？

しかし、考えてみてください。

アルカイダは、九・一一アメリカ同時多発テロを起こしたといわれています。それで、アフガニスタンのタリバン政権は、アルカイダをかくまっている。だから、アメリカはアフガニスタンを攻撃した。

「アルカイダが先に攻めたのだからしかたない」という論理。

では日本の場合と同じように、**「アメリカはアフガニスタンに原爆を落としていい」という話になりますか？** そんなはずはありません。

しかも、この「アメリカは日本から奇襲されて驚いた」というのも、どうもウソみたいなのです。ルーズベルトの前のフーバー大統領が、衝撃の証言をしています。

二〇一一年一二月七日付の産経新聞を見てみましょう。

〈真珠湾攻撃70年「ルーズベルトは狂気の男」フーバー元大統領が批判

【ワシントン＝佐々木類】ハーバート・フーバー第31代米大統領（1874～1964年）が、日本軍が1941年12月8日、米ハワイの真珠湾を攻撃した際の大統領だったフランクリン・ルーズベルト（第32代、1882～1945年）について、**「対ドイツ参戦の口実として、日本を対米戦争に追い込む陰謀を図った『狂気の男』」**と批判していたことが分かった。〉（太字筆者。以下同じ）

え？ あのルーズベルトが狂気の男？ いったいどういうことなのでしょうか？

〈米歴史家のジョージ・ナッシュ氏が、これまで非公開だったフーバーのメモなどを基に著した『FREEDOM BETRAYED（裏切られた自由）』で明らかにした。

真珠湾攻撃に関しては、ルーズベルトが対独戦に参戦する口実を作るため、攻撃を事前に**察知しながら放置。ドイツと同盟国だった日本を対米戦に引きずり込もうとした**―などとする〝陰謀説〟が日米の研究者の間で浮かんでは消えてきたが、米大統領経験者が〝**陰謀説〟に言及していたことが判明したのは初めて。**〉（同前）

これまでも「ルーズベルトは、真珠湾攻撃を事前に知っていた」（つまり、奇襲ではない）、「日本を対米戦に引きずり込もうとした」（つまり、好戦的な日本が、平和的なアメリカを攻めたわけではない）という陰謀論はあったと。

しかし、**アメリカの大統領が**、**このことを断言している**とすれば、重みが全然違ってきますね。

「おまえ陰謀論者だろう!?」といわれたら、「いや、フーバー大統領がいってるんだよ」と反論できます。

1929年世界大恐慌時のアメリカ合衆国第31代大統領ハーバート・フーバー（任期：1929-1933/1874-1964）

〈ナッシュ氏の著書によると、フーバーは第33代大統領のトルーマンの指示で戦後の日本などを視察。46年に訪日し、東京で連合国軍総司令部（GHQ）のマッカーサー元帥と会談した。

その際、フーバーはマッカーサーに対し、日本との戦争は「**対独戦に参戦する口実を欲しがっていた『狂気の男』の願望だった**」と指摘。在米日本資産の凍結など41年7月の経済制裁は「**対独戦に参戦するため、日本を破滅的な戦争に引きずり込もうとしたものだ**」と語ったという。〉（同前）

要するに、「日本は、**ずる賢いルーズベルトに、先制攻撃するよう誘導されちゃった**」と。

なぜかというと、**「アメリカがドイツと戦争したかったからだ」**と。

なぜちゃっちゃと参戦できなかったかというと、ルーズベルトは「参戦しないこと」を選挙公約にしていたから。

なぜ、「日本ではなく、ドイツをはめなかったのか？」というと、ヒトラーは同じようにずる賢くて、アメリカの挑発に乗らなかったのです。

ああ、日本は昔もいまも変わりませんね。コロッとだまされてしまう。

フーバーさんに、重大秘密を打ち明けられたマッカーサー元帥。これまた驚きの反応をします。

〈マッカーサーも、「ルーズベルトは41年夏に日本側が模索した近衛文麿首相との日米首脳会談を行い、戦争回避の努力をすべきだった」と批判していた。〉（同前）

なんとマッカーサーも、「日本側は戦争を回避するために努力したが、戦争を望むルーズベルトがそれをぶち壊した」と考えていたというのです。

真実は、人を解放します。私たちの先祖たちは、好戦的な悪者ではなかった。むしろ、悪いルーズベルトにはめられた。根拠のない「自虐史観」は、いいかげん捨てるべきでしょう。

私たちが反省すべきは、「アメリカに先制攻撃したこと」ではなく、**「アメリカの謀略に見事にはまって、先制攻撃させられたこと」**。

イラク戦争について、アメリカ側のオフィシャルな理由は全部「大ウソ」という話はしました。

そう、アメリカはいまも変わっていないのです。

二〇〇八年に起きたロシア・グルジア戦争の真相

第2章では、プーチンの後継者メドベージェフが二〇〇八年三月、大統領選挙で圧勝したところまでお話ししました。

メドベージェフが正式に大統領に就任したのは、同年五月。

プーチンは、首相になりました。

その三ヶ月後、世界を驚愕させる大事件が起こりました。

ロシアとグルジアが戦争を開始したのです。

みなさん、この戦争について、おそらくこんな印象をもっておられる方が多いのではないでしょうか？　**「悪いロシアが、かわいそうな小国グルジアを攻めたのだ」**

実をいうと、これは全然正反対。

グルジアが先に攻めたのです。証拠をご覧ください。

〈露軍とグルジア軍が交戦、砲爆撃で応酬　南オセチヤ巡り

【モスクワ＝瀬口利一】タス通信などによると、**グルジア軍が7日夜から8日にかけて、グルジアからの分離独立を求める南オセチヤ自治州の州都ツヒンバリに進攻し、同自治州で平和維持活動を行うロシア軍司令部などを空爆、戦車による砲撃も行った。**ロイター通信などによると、これに対抗して、ロシア軍はグルジアの首都トビリシ郊外の空軍基地を空爆、戦車部隊をツヒンバリに進軍させた。〉（読売新聞二〇〇八年八月九日付）（太字筆者）

こう、はっきり新聞に書いてあります。

まず、グルジアが南オセチア自治州の州都ツヒンバリに進攻した。その際、ロシア平和維持軍司令部や兵舎を空爆した。戦車による砲撃もした。ロシア軍はこれに報復し、戦争が始まった。

いきなり「ドカ～ン」とこんな話をしてもなんですから、きちんと順を追ってお話ししていきましょう。

グルジアについては、第2章で触れました。ほかの旧ソ連一五共和国同様、ソ連崩壊のドサクサにまぎれて独立をはたした。では、グルジアが進攻した「南オセチア」とは？

南オセチアは、グルジアの一部。「南オセチア自治州」とよばれています。しかし、住民のほとんどはオセチア人で、グルジア人とは違う民族。

実をいうと、南オセチアも一九九〇年四月に、主権宣言していました。つまり、この自治州もソ連末期の混乱に乗じて独立しようと考えた。

ところが、グルジアはこれに反対で、一九九一年一月「グルジア―南オセチア紛争」が勃発します。

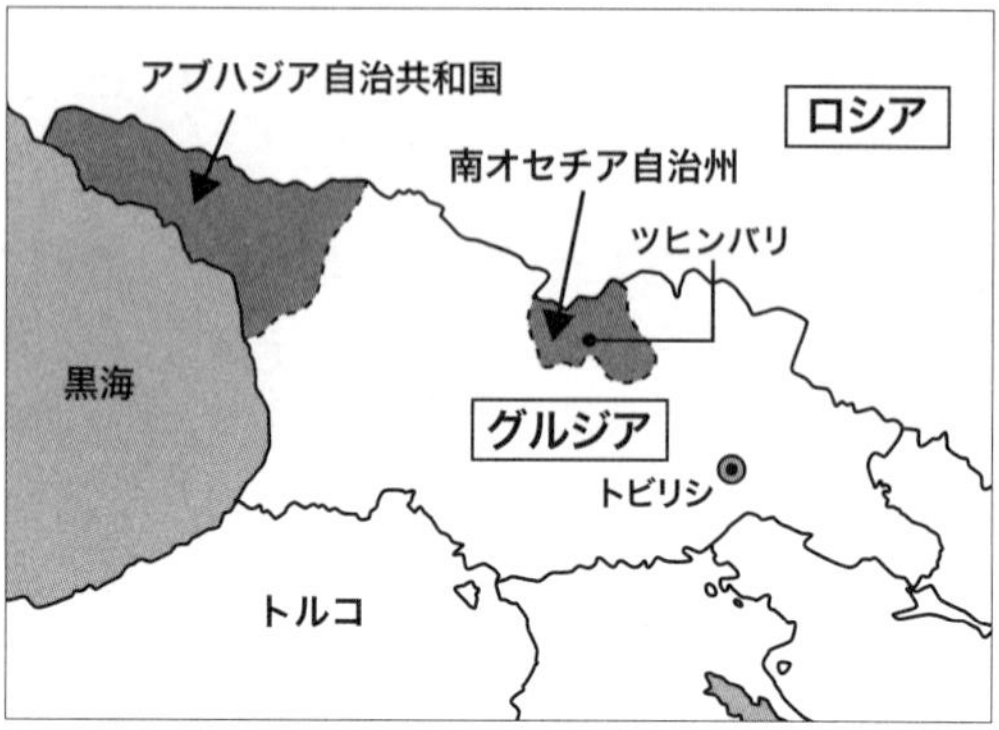

一九九二年一月、南オセチアで「独立」に関する住民投票が実施され、九二％が独立を支持。

一九九二年六月、新生ロシアの調停により、停戦合意。

同年七月より、双方の合意により、ロシア平和維持部隊駐留。

つまり、南オセチアは一九九二年以降一六年間、事実上「独立状態」にあった。しかし、グルジアも国際社会も南オセチアを独立国家として承認していない。それで、国際法的には、南オセチアはいまだに「グルジアの自治州」という位置づけなのです。

ところが二〇〇八年二月、南オセチアを歓喜させる事件が起こります。

セルビアの自治州コソボが、セルビアの反対を無視して、一方的に独立を宣言した。欧米諸国は、これもセルビアの意向を無視して、勝手に独立を承認した。

客観的に見て、南オセチアとコソボ自治州の立場は、まったく同じ。

それで、南オセチアでは「コソボの独立がＯＫなら、俺たちだって独立できるはずだ！」と盛り上がってきた。

南オセチアは、国連や旧ソ連諸国で、「独立承認」を求める運動を開始します。

独立を容認できないグルジアは同年八月七日、南オセチアの州都ツヒンバリに進攻。そのとき、ロシアの平和維持軍にも攻撃をしかけた。

ロシアは当然、反撃を開始し、戦争が始まった。

これがグルジア戦争の真相です。

欧米のプロパガンダにだまされる「平和ボケ」の日本人

しかし、疑問も出てきますね。

「あれ？　なんで俺、『悪いロシアがかわいそうな小国グルジアを攻めた』と信じてたんだろう？」

あなたは、洗脳されたのです。

「いえいえ、洗脳なんかされてませんよ！」

洗脳っていうのは、わからないようにされるのです。わかっちゃったら、洗脳から解放されてしまうでしょう？

たとえば、Aさんは「日本はホントに悪い国だ。アメリカを奇襲するなんて！」と信じていた。それが絶対的な真実だと思っているわけで、自分が「洗脳された」なんて思いもしません。

ところが、新聞に「フーバー大統領によると、日本はルーズベルトにはめられた」と書いてあった。

それを読んだAさんは、「えっ、日本はアメリカに誘導されたの？」と知る。

そのとき初めて、「うわ！　洗脳されてたかも」と気がつくのです。

さて、グルジア戦争。

二〇〇三年のクーデター（バラ革命）で、サアカシビリ現大統領に失脚させられたシェワルナゼ前大統領は、この戦争についてなんといっているでしょうか？

〈——今回、グルジア紛争が起きた原因をどうみるか

「南オセチア自治州で**ロシアより先に一か八かの軍事行動を起こした**グルジアのサーカシビリ大統領の誤りだ。この紛争は起こすべきではなかった」

——その前にロシアの挑発行為はなかったのか

「南オセチア自治州やロシア側にグルジアに対する挑発行為はなかった。われわれのミスだ。**グルジア側が南オセチア自治州に侵攻するという最初の間違いを犯した。**しかし、それに対してロシアは情け容赦なく、かなり攻撃的に応じた。ロシアに主権国家であるグルジアを侵攻する権利はない」〉（産経新聞二〇〇八年八月二四日付）

シェワルナゼは、**「グルジアが最初に攻めたけど、**ロシアもあんなに反撃するのはひどい！」といっているのです。

さてここで問題にしたいのは、「なぜ日本人は『ロシアが先に攻めた』と信じているか？」について。

〈（筆者注：サアカシビリ）大統領は八日にロシアが軍事介入して以降、英ＢＢＣや米ＣＮＮのテレビインタビューに連日応じ、**「小国グルジアをロシアが軍事的に占領しようとしている」と訴えた。**国際世論の同情を買う狙いは明らかだ。〉（毎日新聞二〇〇八年八月一二日付）

これです。

サアカシビリが欧米メディアに頻繁に登場し、「ロシアがグルジアを攻めた！」「ロシアが小国グルジアを占領しようとしている！」と訴えた。

これを、欧米メディアが繰り返し繰り返し、流し続けたのです。

カンボジアの独裁者ポルポトは、「ウソも一〇〇回繰り返せばほんとうになる」といったそうです。

さらに、アメリカ政府高官が「ロシアがグルジアを侵略した！」と繰り返すことで、「グルジアが先に攻めた」事実を、完璧に忘れさせてしまったのです。

一例……。

〈「侵略」ロシアの軍事行動非難　ブッシュ大統領
【ワシントン＝山本秀也】アジア歴訪を終えたブッシュ米大統領は一一日、ホワイトハウスでグルジア情勢に関する声明を発表し、**ロシアの軍事侵攻を近隣の主権国家に対する「侵略」と指摘し、**「二一世紀において容認し難い行動だ」と非難した。
大統領はロシア政府にグルジアの領土主権への尊重を迫る一方、今回の軍事侵攻により既存の米露関係を見直す可能性を示唆した。〉（産経新聞二〇〇八年八月一二日付）

なぜアメリカはこんなことをするのか？

第2章を読まれたみなさんは、もうおわかりでしょう。

アメリカとロシアは、二〇〇三年以降事実上「新冷戦状態」にあった。

ロシアの国際的評判を失墜させることは、アメリカの国益に合致していたのです。


ユコス問題、グルジア、ウクライナ、キルギス革命の真実を知っているみなさんは、当然こんな疑問をもつでしょう。

「……グルジアが先制攻撃したことはわかりましたが、アメリカがやらせたのでしょうか？」

これは、ズバリ「そうだ」とは断言できません。

できませんが、少なくともロシアでは「アメリカがグルジアをそそのかし、南オセチアを攻めさせた」とごく普通に信じられています。

考えてもみてください。グルジアのような小国が自ら、ロシアのような核大国に、自滅的戦争をしかけるでしょうか？

しかも、みなさんは、グルジア・バラ革命で誕生したサアカシビリ政権がアメリカの「傀儡」であることを知っている。「傀儡政権」が今回だけ「自発的」に軍事行動を起こした？

ちょっと考えにくいですね。

ちなみに、「アメリカがからんでいるのではないか？」という話は、日本の新聞にも登場します。

〈ロシアではグルジアの進攻に米国がゴーサインを出した可能性が取りざたされる。軍事力で圧倒的に劣るグルジアが米国の承認なしに攻撃を決断できるはずがないとの見方だ。〉（毎日新聞二〇〇八年八月一二日付）

ロシアとの戦争で得るものがなかったグルジア

さて、このロシア・グルジア戦争は、その後どうなったのでしょうか？

二〇〇八年八月七日、グルジアは、同国からの独立をめざす南オセチアの州都ツヒンバリに向けて進軍します。陸軍、空軍を投入しての大規模な攻撃でした。

これに対しロシアは、南オセチアに軍を送るだけでなく、グルジアへの空爆も開始。さらに、八月八日、ロシア海軍はグルジア沿岸（黒海）を海上封鎖。ロシア軍と、南オセチア同様グルジアからの独立をめざすアブハジア軍は、グルジア西部に進入していきます。

ロシア軍とグルジア軍は、五日間ほど激しい戦闘を繰り広げましたが、グルジア軍は敗退。南オセチア、アブハジアから撤退します。しかし、ロシア軍は南オセチアを越えて追撃し、グルジアの都市ポチやゴリなどを占領していきました。

しかし、幸い、戦争は長く続きませんでした。八月一二日には、欧州連合を代表してフランスが仲介を開始。八月一五日にはグルジアが、八月一六日はロシアが休戦に同意します。

ところが、ロシアは南オセチア、アブハジア以外にも、グルジアの一部の地域に駐留を継続。そのため、欧米はロシアへの批判を強めていくことになります。アメリカは、なんと黒海に駆逐艦を入れ、緊張感が高まっていきました。


八月二六日、ロシアは南オセチアとアブハジアの独立を承認します。

ロシアの論理は、「欧米は、セルビアからの独立を宣言したコソボを承認した。だから、ロシアが、グルジアからの独立を宣言している南オセチアとアブハジアの独立を承認してもＯＫだ」です。

難しいところですが、国際法的には、「欧米もロシアも国際法（『領土保全の原則』は『民族自決権』よりも上とされる）を破った」といえるでしょう。

この決定を、欧米は激しく非難します。

ブッシュは、南オセチアとアブハジアはグルジアの一部であり、「今後もそうあるべきだ」との声明を発表。「ロシアの行動は、緊張を高め外交交渉を複雑にする」と非難しました。

一方、南オセチアを奪回しようと攻撃し、逆に完全に失ってしまったグルジアのサアカシビリ大統領は、「完全に違法だ！」と激怒しました。

ドイツのシュタインマイヤー外相は、「おそらく冷戦終結後最大、一九九〇年代初め以来最大の危機だ」と懸念を表明します。

世界は緊張していました。

「このままアメリカを中心とするNATOと、ロシアの戦争に発展するのではないか？」

二〇〇三年のユコス問題からエスカレートしていった「米ロ新冷戦」は二〇〇八年、ピークに達していたのです。

しかし……。

この直後、ある歴史的大事件が起こり、ロシア・グルジア戦争は忘れ去られていきました。

一応この戦争の後日談も書いておきましょう。

八月二九日、グルジアは、ロシアとの外交関係断絶を決定。またグルジアは、この紛争をきっかけに、旧ソ連諸国でつくる「独立国家共同体」（CIS）を脱退します。

グルジアは、南オセチアとアブハジア二つの共和国を失い、念願のNATO加盟も遠のいてしまいました。

もしこの紛争以前に、グルジアがNATO加盟国になっていたら、今回の戦争は「NATO対ロシア」の全面戦争に発展していたかもしれない……。

一部の欧州諸国は、「コーカサスの小国グルジアを守るために、ロシアと戦争なんかしたくない」と恐れおののいてしまったのです。

一方、ロシアが独立を承認した南オセチア、アブハジアはどうでしょうか？

両国を国家承認しているのは、ロシア、ニカラグア、ベネズエラなど五ヶ国のみ。

ほんとうの独立を勝ち取るまでの道のりは、まだまだ遠いようです。

二〇〇八年九月、世界的経済危機の始まり

さて、グルジア戦争を忘れさせた**「ある大事件」**とはなんでしょうか？

そう、**「リーマン・ショック」**です。

詳述するまでもないでしょうが、「リーマン・ショック」とは、アメリカ四位の名門投資銀行リーマン・ブラザーズが、二〇〇八年九月一五日に破綻したことをさします。

負債総額は、史上最大の**六四兆円**。日本の税収が約四〇兆円ですから、どれだけ巨額なのか想像できます（いや、想像もできません）。

これが、いまも続く**「一〇〇年に一度の大不況」**の引き金になりました。

ブッシュ政権は以後、危機への対応に追われることになり、グルジアのことなど構っていられなくなりました。ブッシュばかりではありません。世界の国のリーダーたちが、そのことで頭がいっぱいになっていったのです。

アメリカ政府は迅速に動きました。

即座に「緊急経済安定化法案」をまとめあげます。これは七〇〇〇億ドルの公的資金を投入して、金融機関を救済するというもの。

しかし、九月二九日、この法案は下院で否決されてしまいます。これを受けて、ダウ平均株価は七七七ドルの下落。下げ幅は、史上最大でした。

これに引きずられる形で、全世界の株は大暴落していきます。

たとえば、日経平均株価は、リーマン・ショック前の九月一二日、一万二〇〇〇円台でした。そ

れが一〇月末には六〇〇〇〇円台まで下がってしまいます。

ことの深刻さに気がついたアメリカ議会は一〇月三日、ようやく「緊急経済安定化法案」を可決しました。

リーマン・ショック後、「アメリカ一極世界」はついに終焉した

二〇〇八年九月の「リーマン・ショック」から（あるいは二〇〇七年のサブプライム問題から）始まった「一〇〇年に一度の大不況」は、世界中の人々に、重大な事実を理解させることになります。

そう、**「アメリカの時代は終わった」**ということ。

別の言葉で、**「アメリカ一極時代が終わった」**、あるいは、**「アメリカ一極世界が崩壊した」**ともいえるでしょう。

日本人全員が、「冷戦」という言葉を知っています。

「冷戦」は、資本主義・民主主義陣営を率いるアメリカと、社会主義・共産主義陣営を率いるソ連の戦い。別の言葉で**「米ソ二極時代」**ともいえます。この時代は、一九九一年末、ソ連が崩壊することで終わりました。

では冷戦時代の後は、「何時代」というのでしょう。

普段はあまり使われませんが、**「アメリカ一極時代」**といいます。

あるいは**「アメリカ一極世界」**。

さらに詳細に見ていくと、アメリカ一極時代も「前半」「後半」に分けることができるでしょう。

前半は、クリントンの時代。この時代、アメリカ国民は、米ソ冷戦に勝利した喜びに浸《ひた》っていま

した。

宿敵ソ連は崩壊し（一九九一年）、一五の独立国家に分裂。経済のライバル日本は、「バブル崩壊」で苦しんでいる。欧州では、豊かな西欧が、ソ連から解放された貧しい東欧を吸収して苦しい。中国やインドはまだ弱小で話にもならない。

しかし、**アメリカだけは、「ITバブル」に酔い、空前の好景気を謳歌していたのです。**

後半は、ブッシュの時代。ブッシュの時代は、すべてが暗転します。

まず、ITバブルが崩壊した（二〇〇一年）。

ドルを脅かす通貨「ユーロ」が誕生した（一九九九年。誕生したのはクリントンの時代ですが）。

フセインが原油の決済通貨をドルからユーロに替え、反逆している（二〇〇〇年一一月）。

九・一一、同時多発テロ（二〇〇一年）。

アフガン戦争（二〇〇一年）。

イラク戦争（二〇〇三年）。

米ロ新冷戦（二〇〇三年～）。

グルジア戦争（二〇〇八年）。

後半は、**「ブッシュが一極体制を守ろうと戦い、それに失敗した時代」**と定義することができるでしょう。

一九四五年～一九九一年は、「米ソ冷戦時代」「米ソ二極時代」。

「冷戦終結」後は「アメリカ一極時代」。

しかし、**「アメリカ一極時代」は二〇〇八年をもって終焉しました。**

ついに、一極世界は崩壊したのです。

これは、個人的意見でも、私一人がいっているのでもありません。世界中の指導者たちが断言しています。

まず、プーチン。彼は二〇〇七年二月のミュンヘン安全保障国際会議で、早くも「一極世界は崩壊する」と断言しています。

「一極世界も成立しなかった。

どんなに言葉を飾っても、(一極世界が)意味するところは一つだ。

一つの権力の中心、一つの力の中心、一人の主、一人の主権者の世界。

これはシステム自体にとっても、主権者自身にとっても破滅的だ。

なぜなら**内部から崩壊するからだ」**

欧米の指導者たちを前に、痛烈にアメリカを批判するプーチン。欧州の指導者たちは、「こんなこといっていいの〜」とオドオド。

テレビを見ていたロシア人は、「よくぞいってくれました!」と拍手喝采していました。

「いまの世界にとって、**一極モデルは受け入れがたいだけではない。**

不可能なのだ!

(一極世界は)民主主義とはなんの共通点もない。

なぜなら民主主義は、大多数の権力だからだ。

民主主義を他者に教える人々は、自分たちでそれを学ぼうとしない」

「一極世界」は「民主主義的ではない」というのは、そのとおりでしょう。

しかし、参加していたアメリカのリーダーたちも、「独裁者」プーチンに「民主主義」について
お説教されて、嫌な気分だったでしょうね。

「リーマン・ショック」の八ヶ月前(二〇〇八年一月)には、ダボス会議に出席したジョージ・ソロスが、こんな発言をしていましたね。

「現在の危機は、ドルを国際通貨とする時代の終焉を意味する」(P190参照)

「リーマン・ショック」後は、もはや誰も遠慮しなくなっていきました。

二〇〇八年九月二三日、イランのアフマディネジャド大統領は、国連総会で演説。こう宣言します。

「アメリカ帝国は終焉への道を歩みつつある!」

数ヶ月前であれば、「またまたアフマちゃんが負け惜しみいってるよ」という感じだったでしょう。しかし、彼の発言を聞いた人たちは、「そのとおりよね~」とうなずいたのです。

アフマディネジャドは、みんなが思っていても口にできないことを、ただ代弁した。

それでも、「プーチンやアフマディネジャドのような独裁者がいっても、説得力ないぜ」という人もいるでしょう。

しかし、「アメリカ時代の終焉」を公言しているのは、独裁者だけではありません。

たとえばドイツのシュタインブリュック財務相は、二〇〇八年九月二五日にこんなことをいって

います。

「アメリカは、国際金融システムにおける超大国の地位を失った」

もはや、誰の目にも**「アメリカ一極時代の終焉」**は明らかでした。

オバマ大統領誕生の意味

さて、アメリカでは二〇〇八年末の大統領選挙が近づいていました。

アメリカ国民は、長引くアフガン、イラク戦争に疲れていた。しかも、イラクに関しては、「なぜ戦争しているのかわからない」。そこに、「住宅バブル崩壊」「サブプライム問題」「リーマン・ショック」などが次々と起こり、アメリカ経済はボロボロになっていきます。ブッシュの支持率は下がる一方でした。

アメリカ合衆国第 44代大統領バラク・オバマ（任期：2009.1－/1961－）

CNNの世論調査によると、二〇〇八年一一月ブッシュの**不支持率**はなんと七六%。これは、ウォーターゲート事件で辞任したニクソンを上回り、戦後最悪。

そして、マケインは、「バカなブッシュと同類」と受け止められていました（本人は、「私はブッシュではない」と宣言していたが）。

二〇〇八年一一月四日、大統領選挙でオバマが勝利。初のアフリカ系（正確にはアフリカ系の父と白人の母）大統領が誕生しました。

オバマは、「アメリカ一極世界終焉」にふさわしい大統領といえるでしょう。就任演説でこんなことをいっています。

「私たちは、**キリスト教徒とイスラム教徒、ユダヤ教徒とヒンズー教徒、そして無宗教の人たちの国だ！**」

これは、ただ事実をいっているようにも思えますが、非常に重要な発言です。ブッシュなら、このようなことはいわなかったでしょう。彼であれば、（大勢人がいる場所ではいわないでしょうが）「私たちは、白人キリスト教の国だ！」というでしょう。

ブッシュは二〇〇三年、エジプトで開かれた米・アラブ首脳会議で、「アフガニスタンでテロリストと戦えと**神に告げられ**、そうした。イラクについても、**神に圧政と戦え**と告げられた」と語っています。つまり、「キリスト教の神様が、イスラム教のアフガニスタンとイラクを攻撃しろ！」と命令したと。

そもそもアメリカは、イギリスをはじめとする欧州からの移民が、元から住んでいたネイティブアメリカンを大虐殺してつくった国。めざしたのは、（キリスト教の）「神の国を地上につくること」。

一方、オバマはアメリカが白人国家、キリスト教国家であることを明確に否定したのです。

一極世界から多極世界へ

「アメリカ『一極世界』が崩壊した」という話をしました。では、「一極世界後」はどんな体制になっていったのでしょうか？

それは、**「多極世界」**になったのです。

そもそも、ブッシュ時代は、「一極主義VS多極主義」の時代ともいえます。

実は、多極主義陣営は二〇〇二年ごろから形成されていきました。

イラク戦争を始めたいアメリカ(一極主義)と、それに反対するフランス、ドイツ、ロシア、中国(多極主義)。その後は、アメリカと中国、ロシア(多極主義)の戦いに移っていった。

どう考えても、「一極主義」より「多極主義」のほうが魅力的ですよね?

「一極世界」の主役はアメリカだけ。「多極世界」には、「たくさんの主役」がいる。

それで、多極主義陣営は、どんどん味方を増やしていったのです。


さて、二〇〇八年一一月一四日~一五日、ワシントンで初のG20首脳会合が開かれました。

G20とはなんでしょうか?

G8は、日本、アメリカ、イギリス、ドイツ、フランス、イタリア、カナダ、ロシア。

G20は、これにアルゼンチン、オーストラリア、ブラジル、中国、インド、インドネシア、韓国、メキシコ、サウジアラビア、南アフリカ、トルコ、ヨーロッパ連合(EU)が加わります。

G20が世界のGDPに占める割合はなんと約九〇%。残り一〇%の富を九〇%の国々が分けあっているのです。

そして、「一〇〇年に一度の大不況をどう克服しようか?」。

こういうテーマが「G8」ではなく、「G20」で話し合われる。それ自体が世界は「多極世界に移行した」ことを示しています。

なぜでしょうか?

いままで、世界の問題は、主にアメリカを中心とする「G7」、あるいはそれにロシアを加えた「G8」で話し合われていた。しかし、今回は、「G8だけではニッチもサッチもいかない」ということで、G20が招集された。

この第一回G20首脳会合では、共同宣言・行動計画が発表されましたが、「第二のブレトン・ウッズ会議」といわれたわりに、センセーショナルな決定はありませんでした。

しかし、G20はその後も年二回の割合で首脳会合を開いています。

もはや、**一極世界を象徴するG8の時代は過ぎ去りました。**

そして、**多極世界を象徴するG20の時代が到来したのです。**

もちろん、これはプーチンがめざしてきたものでもありました。

アメリカ、自身の没落を認める

二〇〇八年一一月末になると、もはやアメリカ自身が、「一極支配はムリだ」と認めるようになってきました。こちらの記事をご覧ください。

〈2025年予測「世界は多極化」 中印興隆、日本は4位に米情報会議が報告書

【ワシントン＝貞広貴志】米国の中央情報局（CIA）など16情報機関で構成する国家情報会議（NIC）は20日、世界情勢を予測した報告書「世界潮流2025」を公表した。〉（読売新聞二〇〇八年一一月二二日付）

アメリカ一六の情報機関で構成されるNIC（国家情報会議）が、「二〇二五年に世界はどうなっているのだろう？」という報告書を出したのですね。いったいなにが書いてあるのでしょうか？

〈中国、インドの興隆により、富と経済力が「西から東」へと動くことから、世界は多極化へと移行。一方で、米国は支配力を減じ、「西側同盟の影響力は低下する恐れがある」と警告した。〉(同前)(太字筆者。以下同じ)

短いですが、非常に重要な内容が含まれています。

アメリカのNICが、

1　中国、インドが興隆する
2　富と経済力が西(欧米)から東(アジア)に動く
3　世界は多極化する
4　アメリカの支配力は低下する

ことを認めているのです。

別の言い方をすると、**「アメリカの一極支配は終わる」と認めている**ことになります。

ちなみに、この報告書は、「世界の中でどの国が一番影響力を増していくか?」について、明確な回答を出しています。

〈また、中国を「今後20年間に最も影響力を増す国」と位置づけ、軍事大国の地位を築くだけでなく、2025年までに日本を抜いて世界第2の経済大国に浮上すると予測。〉(同前)

この予測は、なんと一五年も前倒しで実現してしまいました。

二〇一一年の時点で、すでに中国は、名実ともに世界二位の経済大国になっています。

いまだに「アメリカは世界の覇権国家だ!」「アメリカ合衆国は永遠に不滅です」などと考えてい

る人はいませんか？

幻想は捨て去りましょう。もはやアメリカ自身が、「世界は多極化して、アメリカは衰退している」と認めているのですから。

中国、「世界共通通貨」導入を提案

世界では、「米ドルに替わる基軸通貨をどうするか？」という議論が活発になっていきます。

恐ろしいのは、日本人のほとんどが、「ドル体制が崩壊しつつあること」も「新しい通貨体制の模索が始まっていること」も知らないということ。

中国はなんと、**「世界共通通貨を導入しましょう」**と提案しています。

ロイター二〇〇九年三月二四日付にこんな記事が出ていました。


〈中国人民銀行（中央銀行）の周小川《しゅうしょうせん》総裁は23日、国際通貨基金（ＩＭＦ）の特別引き出し権（ＳＤＲ）がドルに代わる可能性を示唆した。

ＳＤＲはＩＭＦが１９６９年に創設した準備資産。

周小川総裁は、人民銀行のウェブサイトに掲載された論文の中で、ＳＤＲが準備通貨として機能する潜在力があると指摘した。〉

中国が「ドルに代わる準備通貨」として提案している「ＳＤＲ」とはなんでしょうか？

ほとんどの人が、「初耳」だと思います。

ＳＤＲは、日本語で「特別引出権」と訳されています。

ＳＤＲは、加盟国の既存の準備資産を補完するため、**１９６９年にＩＭＦが創設した国際準備資**

産です。一般的に、

- SDRはIMFのクォータに比例して加盟国に配分される
- SDRはIMFや一部の国際機関における計算単位として使われている
- SDRの価値は主要な国際通貨のバスケットに基づいて決められる

と定義されていますが、なんのことかよくわかりません。IMFのホームページから引用してみましょう。

〈●SDRの役割

SDRは1969年に、ブレトン・ウッズの固定為替相場制を支えるために、IMFが創設しました。

この制度に参加している国は、為替相場を維持する義務に従い、世界の為替市場で自国通貨を購入するために使用できる準備資産―政府または中央銀行が保有する金及び広く受け入れられている外貨―を必要としていました。

しかし、二大準備資産の金と米ドルの国際的供給は、世界貿易の拡大及び当時起こりつつあった金融発達を支えるには、不十分であることが判明しました。

このことから、国際社会はIMFの監督の下、新たな国際準備資産を創設することを決めたのです。

しかし、それからわずか数年後、ブレトン・ウッズ体制は崩壊し、主要通貨は変動為替相場制に移行しました。

さらに、国際資本市場の成長により、信用力のある国の借り入れが促進されました。

これらを背景に、ＳＤＲの必要性は減少しました。〉

いまだに「わかったようなわからないようなな」ですね。

ポイントはここでしょう。

〈しかし、二大準備資産の金と米ドルの国際的供給は、世界貿易の拡大及び当時起こりつつあった金融発達を支えるには、不十分であることが判明しました。〉

ブレトン・ウッズ体制は、各国の為替の安定をはかるため、「金とドルはいつでも交換できる」（金一オンス＝三五ドル）とし、ドルの絶対的価値を保証した（＝金兌換制《きんだかんせい》）、固定相場制でした。

しかし当時から、ブレトン・ウッズ体制（＝金ドル体制）は、世界経済の発展には不十分だと認識されていた。

〈このことから、国際社会はＩＭＦの監督の下、新たな国際準備資産を創設することを決めたのです。〉

それで、国際社会はブレトン・ウッズ体制に代わるものとしてＳＤＲを考え出した。

つまり、ＳＤＲはもともと**「世界通貨になるべく」考案されたものだった。**

ところが、ベトナム戦争などにより、アメリカは大幅な財政赤字を抱え、大量のドルが海外に流出。窮余《きゅうよ》の策として、アメリカは膨大な量のドル紙幣を刷りまくります。その結果、対金のドル価値が急激に下がってしまいました。

アメリカはついに金とドルの交換を保証できなくなり、当時のニクソン大統領は「金兌換制の廃止」を宣言した。これが「ニクソン・ショック」です。

そして、このニクソン・ショックによりブレトン・ウッズ体制は崩壊。

世界は変動相場制に移行し、米ドルを基軸通貨としながら、いままでなんとかやってきた。それで、SDRはいままで目立たなかった。

しかし、アメリカが没落し、ドルは基軸通貨としての役割をはたせなくなりつつある。

そこで、**「SDRを進化させて国際通貨にしちゃいましょう」**というのが中国の提案なのです。

さて、基本を押さえたところで、中国の提案の詳細を見てみましょう。

ポイントをあげておきます。

- 世界の金融の安定を確保するために、**新しい準備通貨を創設する必要がある**
- 中国人民銀行は、**SDRを準備通貨として使うことを**提案する
- 一国(つまりアメリカ)に依存しない準備通貨をつくる試みは、これまでも何度か行われたが、失敗してきた
- SDRは、(特定の国ではなく)**国際金融機関だけにコントロールされる準備通貨になれる**可能性がある
- 新準備通貨の創設は、世界金融システムの安定化を助け、将来の危機を予防することができるだろう
- 中国は、すべての先進国・発展途上国に、「SDRを準備通貨にするために」一体化することをよびかける
- そのために、SDRは政府と国際機関だけでなく国際貿易と資源価格決定時に使われ始めるべきだ

中国は、アメリカの強さの源泉である「基軸通貨ドル体制」を崩壊させ、ドルをただのローカル

通貨にしたいのです。ただでさえ苦しいのに、これが実現したらアメリカは崩壊します。

驚愕《きょうがく》したオバマは、すぐにコメントを出し、「ドルに替わる国際通貨は必要ない！」と断言しました。

そりゃあ、アメリカは「基軸通貨」の「特権」を手放したくないでしょう。

ちなみに、この提案を支持しているのは、ロシアなど一部の国に限定されています。

しかし、こういう提案が出てくること自体、「アメリカの衰退ぶり」と示すエピソードといえるでしょう。

浮上する中国

さて、「二〇〇七年で一番大きなできごとをあげろ」といわれれば、「サブプライム問題」と答える人が多いのではないでしょうか？

「二〇〇八年で一番大きなできごとをあげろ」と聞かれたら、「リーマン・ショック」と答える人が多いのではないでしょうか？

二〇〇八年は、一言で「アメリカ一極世界が終焉した年」ともいえるでしょう。

では二〇〇九年は？

二〇〇九年になると、「一〇〇年に一度の大不況下」でも「勝ち組」「負け組」が存在することが明らかになってきます。

「勝ち組」の筆頭は、もちろん中国。それにインドが続きます。

中国の実質GDPは、二〇〇八年九・六％の成長（アメリカはマイナス〇・三四％）。

全世界が「暗黒」状態だった二〇〇九年でさえ、九・二%の成長をはたしました（アメリカはマイナス三・四九%）。

二〇〇八年一一月、温《おん》家《か》宝《ほう》首相は、総額四兆元（約五七兆円）の景気対策を発表し、世界を驚かせました。（リーマンの負債総額のときも書きましたが）日本の税収が年四〇兆円なので、いかに巨額かご理解いただけるでしょう。

中国というと、日本人は「崩壊論」が大好きです。感情的な理由が大きいのでしょう。「中国嫌い」の人には、「崩壊しやがれ！」という「希望」も入っているように感じます。

とにかく、一九九〇年代からず～っと「中国崩壊論」はありました。

私自身はどうかというと、メルマガや本のなかで、一貫して「中国経済は〝まだ〟崩壊しない」と主張してきました。

たとえば二〇〇五年に出版した『ボロボロになった覇権国家』（風雲舎）のなかで、こう書きました。


〈このようにさまざまな問題を抱えている中国経済ですが、私は2008・2010年の危機を乗り越え、中国は2020年くらいまで成長を続けると見ています。〉（P123）

「オリンピック、万博前後に危機が起こる」と予想した人は多かったのですが、「すぐ立ち直る」という人は少なかったでしょう。

なぜ、そのことがわかったかというと、私は国の盛衰を予測す

第6代国務院総理・温家宝（任期：2003-/1942-）

るとき、必ず「国家ライフサイクル」を見ているからです（P229上図参照）。

「国家ライフサイクル」といわれても、普通の人は「？？？」ですね。

わかりやすいように、中国をライフサイクルの観点から見てみましょう。

「国家ライフサイクル」は、混乱期（前の体制からの移行期）→成長期→成熟期→衰退期を繰り返します。

では、中国はライフサイクルのどこにいるのでしょうか？

私は、成長期の半ばを過ぎ、成長期後半に入ったところと考えています。

理由をあげてみましょう。

1　中国は日本より三〇年遅れている

清《しん》は一九一二年に滅びました。

その後、中華人民共和国が成立したのは一九四九年。

しかし、毛沢東の政策は、「大躍進」とか「文化大革命」とか、誇大妄想的。彼は移行期の政治家といえるでしょう。

中国が成長期に入ったのは、一九七六年に毛沢東が亡くなり、鄧小平《とうしょうへい》が実権を握った一九七八年。

鄧小平が開放政策を宣言したのは一九七八年一二月ですから、実質的には一九七九年からといえるでしょう。

日本は第二次世界大戦に敗れましたが、一九五〇年の朝鮮戦争で復活のきっかけをつかみました。

つまり、日本と中国が成長期に入った時期は、約三〇年ズレがある。

日本は経済的に、一九六〇年代、特にその後半に急成長しています。それから三〇年後の一九九〇年代。中国は急成長を続け、一九九〇年代後半に世界から注目を集めるようになりました。

一九七〇年代、日本は「世界の工場」の地位を確立。

三〇年後の二〇〇〇年代、中国は相変わらず急成長を続け、「世界の工場」になりました。

日本の全盛期は一九八〇年代後半、一九九〇年代の初めにバブルが崩壊し、成熟期に入った。

ということは、中国の成長期は二〇二〇年まで続き、その後成熟期に入るということになります。

中華人民共和国初代国家主席・毛沢東（任期：1954-1959/1893-1976）（左）と、中華人民共和国初代国家中央軍事委員会主席・鄧小平（任期：1983-1990/1904-1997）（右）

2　賃金水準の低さ

私がライフサイクルを見る際にもっとも重視しているのが、政治の安定と賃金水準。

資金は、政治が安定し、労働力の安い国に流れます。

そして、現在急成長中の中国、ロシア、カザフスタン等を見てわかるように、完璧な民主主義でなくても投資は入ってくる。

中国の一人当たりGDPは二〇一〇年、四三八二ドル。

これは、アメリカ四万七二八四ドルの約一一分の一、日本四万二八二〇ドルの約一〇分の一。

中国の平均月収は、為替の変動で変わりますが、約三六五ドル(二万八〇〇〇円)といったところでしょう。まだまだ成長の余地を残していることがわかります。

ちなみに、二〇一一年の時点で、多くの外国企業が「中国は人件費が高すぎる」として、ほかの国に工場を移動させています。

たとえばインドの一人当たりGDPは二〇一〇年、一二六五ドル。

これは、アメリカの三七分の一、日本の三四分の一、中国の三・五分の一です。

インド人の平均月収は一〇五ドルくらいでしょう。

きわめて単純な比較ですが、中国は成長期の後半に入っている。インドはいまだ成長期の前半にあることがわかります。

3　人口の推移

ある国が成熟期に入った重要な目安は、人口の増加が止まること。

では、中国の人口はいつまで増加し続けるのでしょうか?

中国の人口は二〇三〇年代半ばまで増加し続け、一五億人台でピークに達し、その後減少に転じるといわれています。

日本は、二〇〇五年から人口が減少し始めました。

ここでも中国は日本より三〇年遅れているのです。

このように中国の成長期はしばらく続くというのが、私の予測です。

いずれにしても、中国は「一〇〇年に一度の大不況」下でも成長を続け、誰もが**「アメリカに並ぶ超大国」**と認識するようになりました。

国家にはライフサイクルがある

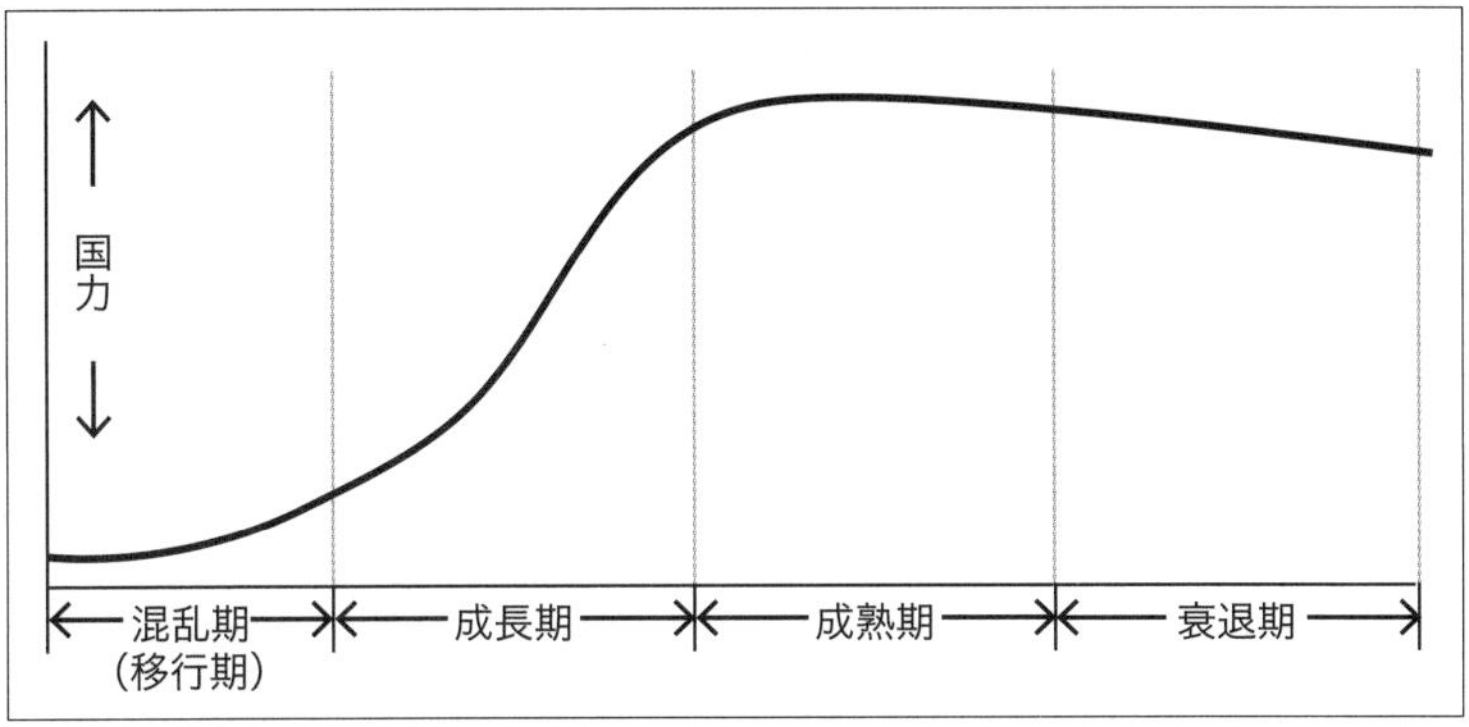

日本と中国の「国家ライフサイクル」比較と予想

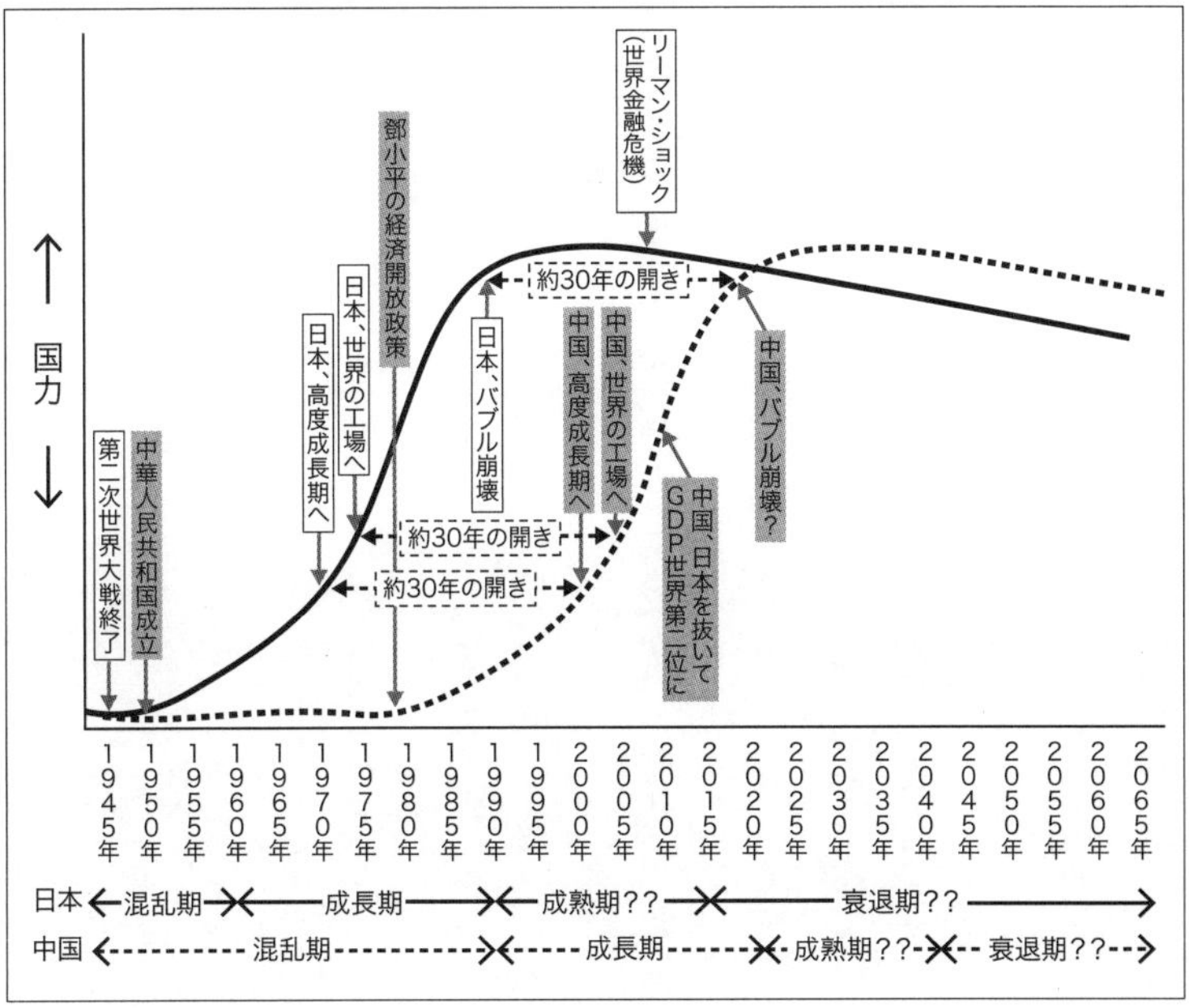

プーチン、「想定内」の危機と「想定外」の危機

二〇〇八年からの世界金融危機で、アメリカは沈み、中国は浮上しました。

ちまたでも、**「G2」(米中)の時代**という言葉が使われるようになっていきます。

ここでみなさん、気になりますね？

「あれ、ところでロシアはどうなってるんですか？」

久しぶりにロシアを見てみましょう。

プーチンは、大統領就任前から「アメリカを没落させる」ことを志向していました。

たとえば、首相時代の一九九九年一〇月、フィンランドでEU諸国の首脳と会談した際、**「ロシア産原油の決済をユーロでしよう！」**と提案しています。

一九九九年といえば、ユーロは誕生したばかりで、まだ現金流通もしてなかった時代(現金流通開始は二〇〇二年)。

このプーチンの発言は、事情を知らない人にとっては、なんの意味も持ちません。

しかし、すでに事情を知っているみなさんは、**「ロシア産原油の決済をユーロでしよう！」という発言は、「一緒にアメリカを没落させないか？」という意味**であることをご理解いただけるでしょう。

世界中の人が、「アメリカは、自身の強欲によって自滅した」と信じています。

確かにそのとおり。しかし、私たちは、「ほかの理由もあった」ことを知っています。

アメリカは、「意図的に没落させられた」のです。

ここで疑問です。

ロシアは、同じ多極主義のフランス、ドイツ、中国などと組んでアメリカを攻撃してきた。では、その結果「世界的経済危機が起こること」を予測していたのでしょうか？

これは、当然予測できたことでしょう。

実をいうと、ロシアは「世界的危機が起こること」を見越して、着々と準備を進めてきたのです。

そんな「準備」などできるのでしょうか？

たとえば、「経済危機」が来ても困らないのはどういう人でしょうか？

第一に、借金がない人です。

経済危機が来て、失業しちゃった。それでも月々のローンを払わなければならない。これは、困ります。

第二に、貯金がたっぷりある人です。

たとえばある人が失業した。ところが、この人には三〇〇〇万円の貯金があり、しかも借金がない。この人は、とりあえず数年間、おだやかに暮らしていけます。仕事探しも余裕をもってできるでしょう。

国の場合も同じこと。

国に借金がなくて、貯金がたっぷりあれば、危機が来てもそれほど怖くありません。

で、プーチンは、どのようにして危機に備えてきたのでしょうか？

1　財政を黒字化する

ロシアは、エリツィン時代の一九九〇年代、膨大な借金を抱えていたため、貸し手である欧米、国際金融機関のいいなりになるしかありませんでした。

「自立」どころの話ではありません。発言権もない。

そこでプーチンは、大統領になった二〇〇〇年から、厳しい財政政策を続けてきました。

なんとロシアの財政収支は、二〇〇〇年から危機が起こった二〇〇八年まで、ずっと黒字だったのです。日本人にはうらやましく感じられます。

2　借金を返済する

これも、同じ理由。

金を借りている人は、金を貸している人に頭があがらない。

プーチンのロシアは、粛々《しゅくしゅく》と借金を返済し続けていました。

かつてロシアといえば、「借金大国」というイメージでしたが、二〇〇七年には債務を完済し債権国になっているのです。

3　外貨準備を貯める

ロシアの外貨準備高は、エリツィン時代末期の一九九九年時点で一二〇億ドルでした。

これが、五年後の二〇〇四年（プーチン大統領一期目）には、なんと一〇倍の一二二八億ドルになっています。

世界的危機が起こる直前の二〇〇八年七月には、驚くべきことに、さらに五六八三億ドルまで増加。

一〇年で、実に四七倍増(!)です。

グルジアで「バラ革命」が起こったのは、二〇〇三年末。

ロシアはその直後の二〇〇四年一月、「安定化基金」を設立しました。

設立理由は、「将来の石油価格の下落に備えるため」と説明されました。

プーチンは「これからアメリカを没落させる。すると世界的経済危機が起こる。そのとき、この基金は絶対に役に立つ!」と考えたのでしょう。

世界の裏事情を知らないロシアの野党は、「ありあまるオイルマネーが入ってくる。それを安定化基金に貯めるのではなく、国民のために使うべきだ!」と主張し続けました。

つまり、公務員給与や年金のアップ、インフラ整備などに使うべきだと。

しかし、プーチンは断固として譲らなかったのです。

こうして、「安定化基金」には、二〇〇八年初時点で一五〇〇億ドルの資金がストックされるまでになりました。

このように、プーチンは万全の体制を整えつつアメリカへの攻撃を続けていました。

そして、ついに二〇〇八年九月、リーマン・ショックから世界的危機が起こった。

もちろん、これは**プーチンにとって「想定内」の危機**でした。

ところが、**「想定外」**のこともあったのです。

それは、**「原油価格が予想以上に大暴落した」**こと。

一九九八年に一バレル一〇ドル台だった原油価格。

二〇〇〇年には三〇ドル台まで上昇。

アフガン戦争（二〇〇一年〜）、イラク戦争（二〇〇三年〜）で中東が混乱するなか、原油価格はどんどん上がっていきます。

二〇〇四年には四〇ドル、二〇〇五年六〇ドル、二〇〇七年八〇ドルを突破。二〇〇八年にはついに一〇〇ドルを超えます。そして、メドベージェフが大統領になった後の二〇〇八年七月には史上最高値の一四七ドルをつけたのです。

しかし、リーマン・ショック後は一転大暴落。

二〇〇八年末にはなんと三〇ドル台まで下がってしまいます。

これがロシア経済に大打撃を与えました。

二〇〇八年の経済成長率はなんとか五・六％で乗り切ったものの、**二〇〇九年はなんとマイナス七・九％。**

一九九九年以降一〇年間、高度成長を維持してきたロシア。

メドベージェフ、プーチン政権にとっては、非常に大きな打撃でした。

このことは、ロシアの外交にも影響を与えます。

オバマとメドベージェフによる、米ロ関係「再起動」

もう一度。

二〇〇八年からの危機で、アメリカは沈み、中国は浮上した。

そして、ロシアもまた沈んだ。

危機直前に起きたグルジア戦争で、ソ連崩壊後最悪になっていた米ロ関係。しかし、双方台所事情が非常に苦しいことから、和解に向かいます。

二〇〇九年には**「米ロ関係『再起動』」**なる言葉も生まれました。

しかし、ロシアから見ると、アメリカとの和解を妨げる大きな要因が二つありました。

一つは、アメリカが旧ソ連諸国をNATOに入れようとしていること。

NATOは、欧米のリーダーが口でなんといおうと、**「反ロシア軍事ブロック」**。

ロシアは、その軍事ブロックが隣国ウクライナやグルジアまで拡大してくることはどうしても容認できない。

しかしグルジア戦争後、ロシアにとって、NATOの脅威は大きいものではなくなりました。

欧州の国々が、「俺たちはウクライナとかグルジアのためにロシアと戦争をしたくない」『だから両国のNATO加盟には反対だ」となった。

また、アメリカとはちがい、欧州は石油とガスをロシアに依存しています。

NATOが強気に出れば、ロシアは「欧州に石油・ガスは売りません」といえるでしょう。

これは欧州にとって非常に困ります。

というわけで、「NATO拡大問題」は、棚上げ状態になりました。

もう一つの大きな障害は、「東欧MD問題」です。

アメリカは、東欧にMD（ミサイル防衛）システムを配備したい。

非常に重要なポイントですので、少し詳しく触れておきましょう。

東欧MDの話がもち上がったのは、二〇〇四年のことです。

具体的にはポーランドに迎撃ミサイル基地を、チェコにレーダー基地を設置する。

理由についてアメリカは、「**イラン**のミサイルの脅威から、欧州の同盟国と駐留米軍を守るため」と説明しています。

そして、二〇〇七年二月ごろから、話が現実化してきました。

これに対しロシアは、「東欧MDの目的は『対ロシアだ！』」と猛反発しました。

「ホントに対イランなら、トルコやイラクにMDを配備すればいいじゃないか」というのです。

イラクは混乱していたので難しいかもしれませんが、確かに対イランならトルコのほうがよさそうですね。

「東欧MD」のターゲットとされるイランも、アメリカのことをバカにしました。

〈〈イラン〉最高安全保障委幹部、米のミサイル脅威論皮肉る
【テヘラン＝春日孝之】イラン最高安全保障委員会のラリジャニ事務局長は4日、米国が東欧に配備を計画しているミサイル防衛システムを「イランのミサイル攻撃から欧州を守るものだ」と主張していることについて、「**イランのミサイルは欧州に届かない。今年一番のジョークだ**」と述べ、イラン脅威論を皮肉った。国営イラン通信が伝えた。〉（毎日新聞二〇〇七年六月五日付）（太字筆者）

いずれにしても、日本の専門家もロシアの専門家も、「東欧MDは対ロシア」ということで、意見が一致しています。

ところで、プーチンはなぜそんなに「東欧ＭＤ」を嫌がるのでしょうか？

核抑止力といいます。

1　アメリカが核ミサイルをロシアに打ちました
2　ロシアもアメリカに核ミサイルを打ちました
3　米ロ両国ともこの世から消えました

二つの国がお互いの国を破壊しつくせる核兵器をもっている場合、「怖くて攻撃できませんよ」というのが核抑止力。

では、東欧にＭＤが配備され、技術が完璧になったらどうでしょうか。

1　アメリカが核ミサイルをロシアに打ちました
2　ロシアもアメリカに核ミサイルを打ちました
3　しかし、ロシアのミサイルは東欧ＭＤに打ち落とされてしまい、米本土には届きませんでした
4　ロシアは消滅し、アメリカは無傷でした

ロシアはこうなることを恐れているのです。

米ロ関係はこの「東欧ＭＤ問題」がネックになっていた。どんなにオバマが白い歯を見せてさわやかに微笑《ほほえ》んでも、ロシアはアメリカを信用できないのです。

ところが、二〇〇九年九月一七日、ついにアメリカが側が譲歩します。

この日、**オバマが「東欧MD計画」の見直しを発表したのです。**

この発表はロシアの上層部に、「アメリカは真剣にロシアとの関係を改善したがっているシグナルだ！」と受け止められました。ロシアも早速お返しをします。

ロシアは、東欧MDに対抗するため、バルト海沿岸の飛び地カリーニングラードにミサイルを配備する計画を進めていました。しかし、ロシア政府は、オバマの「MD計画見直し発表」の翌日、**この計画を撤回する**ことを発表しました。

アメリカとロシアの関係は、本当に「再起動」し始めたのです。

米ロ「再起動」のさらなる進展

その後、どのように米ロ関係が改善していったのか、見てみましょう。

ロシアにとっての障害がなにかは、書きました。

では、ブッシュ時代あれだけ攻撃的だったアメリカは、なぜロシアとの関係改善をめざしたのでしょうか？

一つは、アフガニスタン問題です。

米軍は二〇一一年末、イラクからの撤兵を完了し、「イラク戦争終結」が宣言されました。しかし、二〇〇一年から続くアフガン戦争は、まだ終わっていません。

アメリカは、この戦争でロシアの協力を必要としている。

もう一つはイラン問題です。

アメリカは、「核兵器保有をめざしている」とされるイランへの攻勢を強めています。しかし、ブッシュがイラクで犯した間違いを繰り返したくないのです。

間違いとは、**「国連安保理を無視して、イラク攻撃に踏み切ったこと」**。

そのせいで、全世界で大規模な反米・反戦デモが起こり、アメリカの国際的信用は失墜しました。

だから、イランを追いつめるのは、安保理で拒否権をもつ常任理事国の同意を得ながらやる必要がある。

イラク攻撃に反対した常任理事国は、フランス、ロシア、中国でした。

フランスは、(アメリカにとっては)幸い反米のシラクが去り、親米のサルコジ大統領になっている。

中国は、安保理内で孤立することを恐れ、ロシアと行動をともにすることが多い。

要するに、ロシア懐柔《かいじゅう》に成功すれば、中国も味方につけることができる。

こういう背景があることを、理解しておいてください。

アメリカが「東欧MD」見直しを発表したのは、二〇〇九年九月。

しかし、その前から両国関係が改善する兆しはありました。

ベーカー、キッシンジャー(ともに元国務長官)など超大物が続々とモスクワを訪問し、「今度ばかりは本気で関係を改善したいと思っている。アメリカも相当苦しいのだ」と、一貫したメッセージを送っていたのです。

オバマ大統領は二〇〇九年七月六日、モスクワを訪問。

メドベージェフ大統領と、二つの重要問題で合意に達します。二つとは、

1　核兵器の削減目標を設定した
2　アフガニスタンに向かう米軍機のロシア上空通過を容認した

いずれも重要な問題ですが、細かく書き出したらキリがありませんので、先に進みます。

そして、九月一七日に、アメリカから「東欧MD」見直しが発表された。

ロシアも、アメリカに歩みよります。

なんと、「イラン制裁」に協力的になっていったのです。

〈対イラン制裁で姿勢軟化＝米のMD見直し評価—ロ大統領
【ニューヨーク24日】オバマ米大統領は23日、ロシアのメドベージェフ大統領とニューヨークで会談し、イランの核問題を中心に協議した。
メドベージェフ大統領は会談後、「制裁が生産的な結果に結び付くことはめったにないが、場合によっては不可避だ」と述べ、**対イラン制裁問題での歩み寄りを示唆**、この問題で米国と協力していく姿勢を表明した。〉（時事通信二〇〇九年九月二四日付）

これは、アメリカから見ると、非常に重要な外交的勝利でした。

イラン問題については、次章で詳しく触れます。

首尾よくロシアを自陣営に取り込んだオバマは三日後、ブッシュを思わせる大胆な発言をしています。

〈**イランへの軍事行動排除せず核開発開示要求　第2濃縮施設建設で／米大統領**
【ピッツバーグ＝黒瀬悦成】オバマ米大統領は25日、G20首脳会議閉幕後の記者会見で、イランが秘密裏に国内2か所目のウラン濃縮施設を建設していた問題で、イランが核開発の全容を「洗いざらい」開示しなければ国際社会との対決に追い込まれる、と警告した。大統領は、イラン核問題ではあくまで「外交的解決を目指す」としつつ、イランが説得に応じなければ「手痛い制裁」を科し、場合によっては**「軍事行動を含むあらゆる選択肢を排除しない」**とも語った。〉（読売新聞二〇〇九年九月二六日付）

さらに、アメリカの外交的勝利は続きます。

今度は、中国・ロシアから「イラン制裁」の合意を取りつけたのです。

〈**イラン追加制裁　中露も合意**

【ワシントン＝犬塚陽介**】**クリントン米国務長官は18日、上院外交委員会で証言し、**イランの核開発をめぐる国連安全保障理事会の追加制裁決議案に中国とロシアが合意したこと**を明らかにした。〉（産経新聞二〇一〇年五月一九日付）

この決議案は、同年六月九日に採択されました。

アフガニスタン戦争でもイラン問題でもロシアを自陣営に取り込むことに成功したオバマ。

まことに美しい外交でありました。

しかし、その後、さらに**アメリカらしい行動**をとります。

ロシアが協力的になったのは、オバマが**「東欧MD計画を見直す」**と宣言したからでした。

なんと、それが**「大ウソ」**だったことが判明します。

二〇一〇年五月二八日付産経新聞から。

〈ポーランドにパトリオット関連施設

ポーランドで米国の地対空ミサイル「パトリオット」の関連施設の配備が始まり、ロシアのラブロフ外相は27日、「なぜロシアの国境近くに軍事拠点が必要なのか理解できない」と述べて不快感を表明し、米、ポーランド両国に詳しい説明を求める方針を示した。〉

ロシアは、**「してやられた」**わけですな。

「『米ロ再起動』はこれで終わりか?」と思いきや、ロシアはさらにアメリカに歩みよります。

対イラン追加制裁決議が採択された翌日、イランにとっては、大ショックのできごとがありました。

〈〈上海協力機構〉核開発で**イラン加盟に制限**　首脳会議で方針

【モスクワ＝大前仁】中露と中央アジア4カ国で構成する上海協力機構（SCO）は11日、ウズベキスタンの首都タシケントで首脳会議を開いた。

会議では**「国連安保理制裁を受けている国や紛争にかかわる国の正式加盟を認めない」**方針を決定し、中露両国はSCO準加盟国のイランがウラン濃縮を放棄しない状況に対し、厳しいメッセージを送った。〉（毎日新聞二〇一〇年六月一一日付）

SCOが、「イランは正式加盟国になれませんよ」と決めた。

みなさん覚えておられるでしょう。SCOは、プーチンが中国と組んで、「反米の砦」として育ててきた。

数年前まで、イランのアフマディネジャド大統領にとって「好きなだけアメリカを批判しても歓迎される」唯一の場所だったのです。それが、いまでは冷遇される。

いずれにしても、米ロ関係は、二〇〇一年九月一一日以降と同様か、あるいはそれ以上に良好になっていました。

メドベージェフ、アメリカ訪問で一定の外交成果

メドベージェフは二〇一〇年六月二三日、アメリカを訪問しました。

真っ先に訪れたのはシリコンバレーです。

なぜ、メドベージェフは、シリコンバレーを訪問したのでしょうか?

理由は、ロシアの経済構造にあります。あまりにも、石油・ガスへの依存度が高すぎる(年によって変わるが、だいたいGDPの四割、輸出の六割程度は、エネルギー部門が占めている)。

このことは、二〇〇八年からの世界経済危機で、完璧に証明されました。

原油価格が一四〇ドル台から三〇ドル台まで大暴落した。

それで、ロシアのGDPはマイナス七・九%まで落ち込んだ。

ロシア政府は、「このままではダメだ。ロシア経済を多角化しなければならない」と悟った。

「多角化」のなかでも、もっとも重要なのは「近代化」です。

それでメドベージェフは、モスクワ郊外に「ロシア版シリコンバレー」をつくる構想を発表していました。とはいえ、本物がどうなってるか知らなければ、つくりようがありません。

そこで彼は、シリコンバレーを訪れたのです。

ここで、彼は大歓迎を受けました。

アップル創業者のスティーブ・ジョブズから、直接「iPhone」をプレゼントしてもらった。

カリフォルニア州知事のシュワルツェネッガーにも会った。そのときメドベージェフは、「I'll be back!」とターミネーターの真似などをし、はしゃいでいました。

この訪問は、メドベージェフにとても強い印象を与えたようです。

いってみれば、明治政府の使節団が、欧州を訪れたような感じでしょうか?

彼は帰国後、「インターネット」「ブログ」「ツイッター」といった用語を毎日使うようになります。

これは、ロシアの若者からは「進んだ大統領だ」と好意的に受け止められたかもしれません。

しかし、中年以上の人々からは、「メドベージェフのいっていることはさっぱり理解できない」と批判されることになります。

ロシアの年金生活者は、「ブログ」とか「ツイッター」とかいわれても、なんだかわかりません。

それと、英語を多用することも、「軽い」印象を与えることになりました。

たとえば、私はあるときロシアの友人たちとニュースを見ていました。そのときメドベージェフが、「エータ　プロスト　マスト」といいました。

「エータ」というのは「これは」「それは」。「プロスト」は、「ただ」で英語の「Just」。「マスト」は英語の「must」です。

要するに、彼は、「それは、つべこべいわずにやらなきゃならない」といいたかったのでしょう。

しかし、友人たちは、この英語とロシア語の混合文がすぐ理解できず、「おいおい、いま、なにいったんだ???」と私にたずねました。

私は、「『マスト』は英語の『must』。ロシア語で、『ドルジェン』だよ」と答えました。

彼らは「なんだってわざわざ英語使うんだ。あいつのいってることは半分くらいしか理解できない！」と憤慨していました。

日本でもやたら英語を使う政治家は嫌われますが、ロシアでも同じようです。

話を、アメリカ訪問に戻します。

メドベージェフは、オバマに会いに行きます。二人は仲よく、ハンバーガーの店に行きました。

〈オバマ米大統領、ロシア大統領とハンバーガー店で昼食

【アーリントン（米バージニア州） 24日 ロイター】 オバマ米大統領は24日、米国を訪問中のロシアのメドベージェフ大統領をハンバーガー店での昼食に招待した。〉（二〇一〇年六月二五日付）

これを見たロシア人は、「アメリカは、他国の大統領にハンバーガーを食わせるほど景気が悪いのか!?」と笑っていましたが。それでも、メドベージェフも上機嫌でハンバーガーをほおばっていました。

さて、この訪問でメドベージェフは一定の外交成果をあげています。

一番の成果は、オバマから「ロシアの世界貿易機関（ＷＴＯ）加盟を支持する」という約束を取りつけたことです。

ロシア人のなかには、「またアメリカがウソついてる」と思った人も多かったのです。

しかし、どうやらアメリカは本気だったらしく、ロシアは二〇一一年一二月、念願のＷＴＯ入りをはたしています。

悪化する米中関係

二〇〇九年から二〇一〇年にかけて米ロ関係は明らかに改善されていきました。

一方、米中関係も二〇〇九年と二〇一〇年では大きく変化しています。

二〇〇九年、アメリカは、世界最大の米国債保有国・中国に、卑屈ともいえる低姿勢をとっていました。

しかし、二〇一〇年になると、米中は対立することが多くなっていきます。

まず、中国は二〇一〇年、GDPで日本を抜き、世界二位の経済大国になります。

これで、中国は経済力、軍事費ともに、アメリカにつぐ超大国になったのです。

「沈むアメリカ」「昇る中国」

中国もこのことを自覚しており、行動はどんどん大胆になっていきました。

その一つの例が、尖閣諸島中国漁船衝突事件です。

説明するまでもないと思いますが、これは尖閣諸島付近で違法操業していた中国漁船が二〇一〇年九月七日、海上保安庁の巡視船に体当たりした事件です。

船長は、公務執行妨害の容疑で逮捕されました。

どう考えても中国側が悪いのですが、中国政府は、「尖閣諸島は中国固有の領土」という主張を根拠に、船長・船員の即時釈放を要求します。

日本は一三日、船長以外の船員を中国に帰国させました。

しかし、船長については、起訴する方針を固め、一九日に拘留延長を決定します。

これに対し中国は、さまざまな報復措置を実施しました。

どのような報復措置がとられたのでしょうか？

- 日本との閣僚級の往来を禁止
- 航空路線増便交渉中止
- 在中国トヨタの販売促進費用を賄賂と断定し、罰金を科す
- 日本人大学生の上海万博招致中止
- フジタ社員の四人を拘束
- レアアース対日輸出の禁止

衝撃が大きかったのは、なんの関係もないフジタの社員が拘束されたこと。

さらに、レアアースの禁輸出措置。

日本国民は、中国の強硬な態度に強い違和感を覚えました。

九月二四日、日本は中国の強い圧力に屈し、船長を釈放します。中国政府はこれでおさまることなく、なんと「謝罪」と「賠償」を要求してきました。

しかし、九月も終わりに近づくと、中国の態度はトーンダウンしていきました。

なにが理由だったのでしょうか？

第一の理由は、アメリカがはっきりと日本の味方についたことです。
- スタインバーグ国務副長官

●クリントン国務長官
●ゲーツ国防長官
●マレン統合参謀本部議長
●オバマ大統領

などが、相次いで日本を支持する声明を出しました。

特にアメリカが**「尖閣諸島は安保条約の適用対象」**と宣言した効果は大きかった。

中国は、日本のことを「屁」くらいにしか考えていないでしょうが、アメリカと戦うことはできません。それで、トーンダウンしたのです。

第二の理由は、国際世論が中国に冷淡になってきたことです。たとえば、こちら。

〈米紙ワシントン・ポストは26日付で発表した論説で、「過去数週間にわたる中国のパフォーマンスは、**中国が依然として民族主義に起因する領土問題で絶え間ない紛糾を演じる専制国家であることを世界に知らしめた。**

強大な経済力を政治や軍事に反映し、**尖閣諸島での小さな紛糾を大々的な地縁政治紛争に持ち上げた」**と、手厳しく非難。

日本側は船長を釈放したのにも関わらず、中国はさらなる謝罪と賠償を要求している。〉

（Record China 九月二八日）

いまだ「外資」「安い労働力」「輸出」に依存する中国。「善の日本」「悪の中国」という国際世論が形成されては困る。

それで、トーンダウンしてきたのです。

暴走中国のレアアース・ショック、世界に走る

民主党の鳩山内閣時代、戦後最悪になっていた日米関係。

漁船衝突事件を受けて、再び改善していきます。

一〇月初めには、さっそく**「対中国」を想定した合同軍事演習が実施されることが決まりました。**

中国は、これに衝撃を受けました。

（中国にとって）悪いことは続きます。

中国トップの面子《メンツ》を丸つぶれにされたのが、反体制民主運動家・劉暁波《りゅうぎょうは》氏がノーベル平和賞を受賞したこと。

しかも、ノルウェーは、**中国がノーベル賞選考委員会を脅迫していたことを暴露してしまいます。**

さらに、劉氏の受賞後、今度は**「ノルウェー国」自体を脅迫している**ことが明らかになった。

2010年、ノーベル平和賞を受賞した、中華人民共和国の著作家・劉暁波（1955-）

> 恥をかかされ怒り狂う中国は、ノーベル平和賞に中国の民主運動家、劉暁波氏（当時五四歳）が選ばれたことについて、**「欧米諸国が中国の国家発展を受け入れられないことの表れだ」**とし、**「欧米陰謀論」**を主張し始めます。

このようなゴタゴタがあり、中国はついに、決定的過ちを犯します。

〈欧米向けレアアース規制　中国、輸出制限を拡大　米

紙報道

【ワシントン＝岡田章裕】米ニューヨーク・タイムズ紙（電子版）は19日、産業関係者の話として、中国がレアアース（希土類）の輸出規制を、日本だけでなく米国や欧州諸国に拡大したと報じた。〉（読売新聞二〇一〇年一〇月二〇日付）

このできごとは、世界に中国の「異質さ」を知らしめることになりました。

ノルウェーが中国の反体制派の人物にノーベル平和賞を授与した。

これに対し中国は、アメリカ・欧州諸国へのレアアース輸出を制限した。

あまりにも過剰反応といわざるをえません。

そもそも、ノルウェー以外の国々は、とんだ「トバッチリ」でしょう。ほとんどの欧米諸国は、ノーベル賞とはまったく関係ないのですから。

二〇一〇年、中国は名実ともに世界二位の超大国に浮上しました。

しかし、その一方で日欧米と中国の関係は、一気に冷え込むことになったのです。

プーチンとメドベージェフの危うい確執

話を米ロ関係に戻します。

私は、二〇一〇年の五月以降、ロシアの外交に強い「違和感」を感じていました。

特に、イランへの制裁を支持し、同国をSCOから追い出すような態度は、（善悪という話はぬきにして）「プーチンらしくない」と感じていたのです。

疑問は解決されないまま、二〇一〇年が過ぎ、二〇一一年に突入していきます。

新年に入ると、「アラブの春」とよばれる現象が起こってきました。

まず一月一四日、チュニジアを二三年支配したベンアリ大統領が、革命により失脚し、サウジアラビアに亡命しました。

エジプトでは二月一一日、統治三〇年におよんだムバラク政権が打倒されました。

ついで、二月一五日、四二年間カダフィ政権が続くリビアで、反政府デモが始まります。デモは全土に拡大し、どんどん大規模になっていきました。これに対しカダフィは、容赦なく攻撃した。

戦闘機やヘリコプターを使い、自国民を虐殺したと報じられています(本人は否定している)。

三月三日には、第二の都市ベンガジで、カダフィ政権に代わる暫定政権「国民評議会」がつくられます。

以後、リビアは二つの政権が並存することになり、「カダフィ政権」と「国民評議会政権」による「内戦」状態に突入することになります。

欧米は、「国民評議会」への支持を明確にします。

三月二日には、欧州委員会のバローゾ委員長が、三月三日にはオバマが、カダフィの退陣を求めました。

三月一一日、フランスのサルコジ大統領が、リビアへの空爆を主張。

以後フランスは、イギリスとともに「リビア攻撃」を主導するようになっていきます。

なぜ、「アメリカではなくフランス、イギリスなのか?」について、読売新聞はこう書いています。

〈米国は軍事行動の統合指令を担っているが、自らの役割を「限定的」としている。積極

2011年の「アラブの春」で崩壊した中東政権の独裁者。左から、チュニジア共和国第2代大統領ベンアリ（任期：1987-2011/1936-）、エジプト・アラブ共和国第2代大統領ムバラク（任期：1981-2011/1928-）、リビア・アラブ共和国最高指導者・カダフィ（任期：1969-2011/1942-2011）

介入する仏英には、リビアの石油利権確保という国益に加え、国際的な復権という思惑がある。〉（読売新聞二〇一一年三月二二日付）

ここでも、**「石油利権」**ですか……。

さて、国連安保理は三月一七日、リビアへの武力行使を容認する決議案を採択し、「リビア攻撃」にお墨付きを与えます。

「ロシアは、なにをしていたの？」ということですが、これは拒否権を使わずに「棄権」しました。

では、常任理事国のロシア、そして中国はなぜ「拒否権」を使わなかったのでしょうか？

これは、「戦闘機やヘリコプターを使って自国民を大量虐殺している」とされるカダフィが、国際社会で「絶対悪」になっていたからでしょう。

八月二四日、カダフィ政権は崩壊。

一〇月二〇日には、カダフィが群衆にリンチされ、殺害される衝撃的映像が世界に流れました。

さて、なぜ私はリビアのことを書いてきたのでしょうか？

実は、この戦争について、**プーチンとメドベージェフの意見の対立**が明らかになったのです。

〈露首脳　空爆巡り対立　首相「中世の十字軍」　大統領「情勢と反映」

【モスクワ＝寺口亮一】リビアに対する英米仏など多国籍軍による空爆の根拠となった国連安保理決議を巡って、ロシアの**メドベージェフ大統領とプーチン首相の見解が対立し、「二頭体制」が発足した2008年以来、「最も激しいやりとり」と注目を集めている。**〉（読売新聞二〇一一年三月二三日付）（太字筆者）

いったい、二人の意見はどう異なるのでしょうか？

〈首相は21日、安保理決議を「不完全で欠点がある」「（決議は）中世の十字軍を想起させる」と批判した。一方、大統領は同日、「決議はリビア情勢を反映しており間違いとは思わない」と述べ、「十字軍」との表現についても「文明の衝突につながる表現は容認できない」と批判した。重要な外交政策を巡り2人が公然と争うのは異例。地元メディアでは来年の大統領選をにらんだ動きなのか、単なる見解の相違なのか臆測が飛び交っている。〉（同前）

これを見ると、プーチンが「決議は欠点がある」といい、メドベージェフが「いや、欠点はない」と否定する。

プーチンは、「十字軍で、キリスト教とイスラム教の文明の対決だ」といい、メドベージェフは、「いや、文明の衝突じゃない」と否定する。

ここから、ロシアが国連安保理のリビア決議を「棄権」したのは、プーチンの判断ではなく、メドベージェフの決定だったことがわかります。

私は、なんとなくここ数ヶ月間の「モヤモヤ感」から解放された気がしました。

メドベージェフは、「プーチンから離れようとしている」。「独自路線」を歩もうとしている。イランを見捨て、孤立させていったのは、プーチンではなくメドベージェフの判断だったのではないか？

日本では、プーチン（当時首相）は絶対権力者で、メドベージェフ大統領をコントロールしていると信じられています。しかし、法的に見ると、メドベージェフが反逆する方法はありました。

大統領は、「首相を解任することができる」のです。

そう、メドベージェフは、プーチン首相を解任することができる。

もしそうなった場合、プーチンはどう動くのでしょうか？

大統領弾劾手続きに入ったことでしょう。

ロシアでは、下院、上院の三分の二が賛成すれば、大統領を辞めさせることができるのです。

そして、プーチンの「統一ロシア」は、下院で三分の二を確保している。

だからメドベージェフも、プーチンを解任できない。

理論的にはこうなります。

しかし、メドベージェフが決心してプーチンを解任したとしましょう。

アメリカ、イギリス、ユダヤ系新興財閥軍団など、プーチンを追放したい勢力は多く、また資金も豊富です。

彼らは反逆したメドベージェフに協力し、資金を提供するかもしれない。メドベージェフはその資金をもってプーチン派の議員を買収し、「弾劾」をストップできるかもしれない。

たとえプーチンが無事にメドベージェフを失脚させることができたとしても、大統領と首相の争いが公になれば、国は大混乱に陥ることでしょう。

プーチンは、このような事態を避けるため、メドベージェフにある程度の自由を与えていたのです。

プーチンとメドベージェフの「双頭体制」というのは、こういう危うい**「バランス・オブ・パワー」(力の均衡)**で成り立っていたのです。

欧米のほんとうの怖さを知らないメドベージェフ

ロシアの政界で何度も繰り返される「権力闘争の構図」について書いておきます。

第2章で述べた「現実主義」と「理想主義」に似ていますが、ちがう話です。

まず、知らないといけないのは、ロシアの政治家には大きく二つの種類の人がいる、ということです。

- **ロシアの国益を最重要視する人(仮に国益重視派)**
- **米英との友好を最重要視する人(仮に米英友好派)**

国益重視派は、「国益か? 米英との良好な関係か?」と問われたとき、つねに「ロシアの国益」を最優先させます。

米英友好派の場合、「米英との関係」最優先。そのためにロシアの国益をそこねることがあります。ちなみに、この用語は一般的に使われていません。私が考えたので、ほかの人にいっても通用しません。

「米英友好派」の先駆けは、いうまでもなく、ソ連最初で最後の大統領ゴルバチョフ。

この人は、一九八五年にソ連書記長になって以来、一貫して米英との関係改善につくしてきました。それで、一九八九年にベルリンの壁が崩れ、東欧民主化革命がドミノ式に起こったときも介入しなかった。

そんなゴルバチョフに、メドベージェフは、最高位勲章を授与しています。

〈〈ロシア〉ゴルバチョフ氏に最高位勲章授与　80歳誕生日に

【モスクワ＝田中洋之】ロシアのメドベージェフ大統領は2日、80歳の誕生日を迎えたゴルバチョフ元ソ連大統領に国家の最高位勲章を授与した。〉（毎日新聞二〇一一年三月三日付）

とはいえ、ゴルバチョフは「ソ連よりも米英の国益を優先させた」ことから、ロシア国内での人気は高くないのですね。

〈一方、20年前に「超大国」ソ連を崩壊させたゴルバチョフ氏に対する国民の視線は依然として厳しい。

2日公表された最新の世論調査によると、同氏が国家のために行った良い点について73％が「回答困難」とし、「民主的な自由の導入」（10％）、「冷戦終結」（5％）など肯定的な意見は少数にとどまった。〉（同前）

ゴルバチョフは二〇一一年三月二日、八〇歳の誕生日を迎えました。彼は、記念すべき誕生日パーティーをロンドンで開いています。欧米諸国から、政治家や有名俳優・歌手などが数多く集まり、ゴルビー人気の根強さを見せつけました。

しかし、祖国で愛されず、かつての敵、米英でヒーロー扱いされるのも、複雑な心境でしょう。

ちなみに、この人はいまだに米英のために働いているらしく、「反プーチン」発言を繰り返しています。たとえば、二〇一一年一二月二六日付の読売新聞。

〈ソ連最後の指導者となったゴルバチョフ元大統領は24日、ラジオ局「エコー・モスクワ」で、20年前に自ら辞任したことを挙げ、「これこそ(プーチン首相が)今すべきことだ。そうすれば彼の功績は残る」と述べ、**プーチン氏に対し、来年3月の大統領選立候補を断念するよう求めた。**〉

とはいえ、ゴルバチョフのおかげで、日本最大の脅威ソ連は消滅した。ですから、日本人にとって**「永遠の恩人」**であることは変わりありません。

ゴルバチョフは東欧を手放しましたが、ソ連は守ろうとしたのです。しかし、米英は「ソ連を解体しちゃおう」と考えていた。

そこで目をつけたのが、ゴルバチョフと対立していたロシア共和国大統領エリツィンです。

ゴルバチョフとエリツィンの関係は?

ゴルバチョフは、一五共和国からなるソ連の大統領。エリツィンは、一五共和国の一つ、ロシア共和国の大統領。ゴルビーのほうが偉いのです。

しかし、米英はゴルバチョフを捨てました。

エリツィンは、**「米英友好派」二代目です。**

さて、エリツィンは一九九一年、ほかの共和国大統領をまき込んで、「ソ連を解体すること」「そして新たに独立国家共同体(CIS)を創設すること」を決めてしまいます。その結果、一九九一年一二月二五日、ソ連は崩壊したのです。

エリツィンはその後、米英に服従すると共に、台頭してきたユダヤ系新興財閥軍団に操られるようになっていきます。それに憤りを感じていた「国益重視派」が政権をうばった。

その代表がプーチンだったのです。

しかし、プーチンが大統領になっても「米英友好派」は消滅しませんでした。

いい例が、ホドルコフスキーです。

米英は、**ホドルコフスキーを「米英友好派大統領三代目」**にしたかったのでしょう。

しかし、この計画は阻止されました。

この話は、第2章で詳述しました。

プーチンは二〇〇八年に大統領を引退した際、メドベージェフを後継者に指名しました。

メドベージェフはまだ四〇代前半で年が若い。プーチンが引き上げた男で、バックになんの支持基盤もない。「だから裏切る可能性は少ないだろう」という読みだったのです。

しかし、どうも最近、メドベージェフが反抗的になってきている。

二〇〇八年、メドベージェフ大統領就任時のプーチンとの約束を破り、「二期目に立候補する可能性もある」などといいだした。

いったいなにが起こったのでしょうか？

基盤のなかったメドベージェフに、「基盤らしきもの」が現れてきたのです。

それは、おそらくゴルバチョフ、エリツィン、ホドルコフスキーと同様の基盤です。米英やユダヤから見ると、既存の世界支配体制に挑戦するプーチンより、メドベージェフのほうが断然扱いやすい。

メドベージェフは優秀なのでしょうが、ソ連崩壊時二六歳でした。だから、アメリカやイギリスのほんとうの狡猾さや怖さを知らないのです。

「ツイッターいいよね〜」「ブログいいよね〜」と、アメリカのいい面ばかり見てしまいます。

一方、プーチンは東ドイツでCIAと戦ってきた男ですから、米英の怖さを嫌というほど知っている。

メドベージェフが大統領として欧米諸国に行く。すると、欧米の超エリートがたちがいいます。

「メドベージェフさん。あなたはプーチンより断然優秀だ。私たちはあなたを応援している。どうか、もう一期大統領をやってください！」

こんなことを、毎回毎回いわれていれば、メドベージェフだってその気になってきます。

メドベージェフの強気発言の背後には、「欧米のスーパーエリートが俺を支持してくれている」という自信があったのです。

「神」、プーチンの帰還

とはいえ、しょせん「国内支持基盤」が弱いメドベージェフ。

どんなに米英の支配層が支持しても、ホドルコフスキー同様、元KGB軍団を率いるプーチンには勝てませんでした。

二〇一一年九月二四日、プーチンは大統領選への出馬を宣言します。

メドベージェフは首相になることが決まりました。

メドベージェフの敗北について、元外務省官僚、佐藤優《さとうまさる》さんは、こんなふうに書いています。

〈露大統領選　**権力闘争に敗れたメドベージェフ氏**

ロシアのプーチン首相の大統領選出馬が決まった背景には、**メドベージェフ大統領の力不足、このままでは国家が崩壊するというプーチン首相と官僚、国会議員ら政治エリートの強い危機意識があった。**

メドベージェフ氏は再選への強い意欲を持っていたが、日本や中国をめぐるプーチン氏との戦略の違いから、大統領職を辞さなくてはならない〝包囲網〟を敷かれてしまっていた。〉（産経新聞二〇一一年九月二五日付）（太字筆者）

佐藤さんの意見に、同感です。

「仲よし双頭体制」という一般的な見方とはちがい、「**権力闘争に敗れた**メドベージェフ」という表現が使われていることに注目です。

メドベージェフの時代は、ロシア国民にどう受け止められているのでしょうか？

これは、「ほとんど変化がなかった時代」と思われています。

ＧＤＰで見ても、前半はプーチン、後半はメドベージェフが大統領だった二〇〇八年は五・六％の成長。二〇〇九年は、経済危機でマイナス七・九％。

しかし二〇一〇年は、原油価格が再び上がったため四・〇％の成長。二〇一一年は四・三％。

つまり、二〇〇九年に約八%下がり、二〇一〇年~二〇一一年で元に戻った。

国民が「ほとんど変化がなかった」と考えるのもわかります。

とはいえ、メドベージェフはロシアの歴史の教科書に残るであろう、二つの改革を実施しました。

一つは、「夏時間と冬時間」をなくしたこと。

ロシアにはいままで、「夏時間」と「冬時間」がありました。

夏時間から冬時間、冬時間から夏時間に変わる日は、「時計を一時間進めてください」「時計を一時間戻してください」とややこしかった。

その日テレビを見なかったため時間の変更を知らず、会社に遅刻したり、早く着いたりする人が毎年大量に出ていたのです。この改革には、国民の大部分が賛成しているようです。

もう一つは、「警察」の改革です。

「警察」はロシア語で「ミリツィア」といいました。

メドベージェフは、この用語は「ソ連っぽい」ということで、「ポリツィヤ」と名前を変えます。

この改革は、国民から「くだらない!」と受け止められました。

「ポリツィヤ」は、英語の「ポリス」を連想させ、「アメリカ好きな大統領がまた変なことをやってる」と考えられたのです。

こうして、四年間のメドベージェフ時代が終わりました。

プーチンは、二〇一二年三月の大統領選挙に勝利し、大統領として戻ってきました。

第4章 最終決戦

プーチンはどうやって
アメリカに「とどめを刺す」のか？

いまという時代

この章では、大統領に返り咲いたプーチンが、これから先、どう動くのか考えていきます。

その前に、「いまという時代」を一言で表す言葉を考えてみましょう。

ソ連崩壊前の一九九一年までは、冷戦時代で米ソ二極時代。二〇〇八年までは、アメリカ一極時代。

では、いまは？

プーチンは、「多極世界」をつくろうとしました。

確かに、それは実現しました。

世界の問題の解決策は、アメリカを中心とする「G7」や「G8」だけでなく、「G20」で協議されるようになった。

「多極世界」というのは、「一極世界」より心地よい言葉です。しかし、現状を正確に反映しているとはいえないでしょう。

私が思うに、いまの世界をもっとも正確に表現している言葉は、**「米中二極時代」**です。

冷戦時代、アメリカとソ連の動きが、世界のすみずみまで影響を与えていました。

米ソは、世界の国々を取り合っていたのです。

アメリカ一極時代、同国の動きに、全世界が影響を受けました。

アメリカ発のＩＴ革命が全世界に波及していった。ブッシュ時代になってからは、アフガン戦争、イラク戦争、グルジア戦争などが起こった。アフガン、イラクは直接アメリカの戦争。グルジア戦争も、間接的にアメリカの戦争です。

では、米中二極時代はどうなるのでしょうか？

これは、アメリカと中国の動向に世界が振り回されることになるのです。

世界の歴史は「覇権争奪戦」である

「歴史ってなんだろう？」

この質問には、いろいろな答えを出すことができるでしょう。

マルクスのように、「階級闘争だ」という人もいます。

「大国同士が覇権をかけて戦っているのだ」と見ることもできます。

一五〇〇年くらいからの歴史を見ると、まずポルトガルとスペインが、世界の支配権をかけて戦いました。

そして、スペインが勝利。

その後、スペインと、同国から独立したオランダが戦いました。

これは、オランダの勝利。

次にオランダは、イギリスと戦いました。

そして、イギリスが勝ちます。

イギリスは、最初フランス、その後ドイツから挑戦を受けます。

いずれも勝利し、長いあいだ、世界の覇権国にとどまりました。

しかし、第一次、第二次世界大戦を通して、欧州は疲弊、衰退。

覇権は、アメリカとソ連に移ります。

「冷戦」といいますが、実際にはたくさん戦争をしています。

朝鮮半島で、ベトナムで、アフガニスタン等々で。

そして、最終的にアメリカが勝ちました。


このように歴史を振り返ってみると、**「No.1国家とNo.2国家は、つねに決着がつくまで争っていた」**ことがわかります。

さらに歴史を細かく見ていくと、No.1国家とNo.2国家は、いつでも争っていたわけではない。

両国は和解を試み、数年間平和を維持したこともある。

しかし、結局争いを再開し、決着がつくまでいく。

たとえば米ソ冷戦について考えてみましょう。

そもそも、アメリカとソ連は、第二次世界大戦時「同盟国」でした。

ともにドイツ、日本などと戦ったのです。

それが、第二次世界大戦終結とともに冷戦時代に突入した。

スターリンが死ぬと、米ソ関係は、良好になっていきました。

一九五九年には、フルシチョフ書記長がアメリカを訪問し、大歓迎を受けます。

しかし、それも一九六二年のキューバ危機などでぶち壊し。

その後、両国はベトナムでの覇権をかけて長い戦争に入りました。

覇権国家の変遷①（第二次世界大戦後〜リーマン・ショック後）

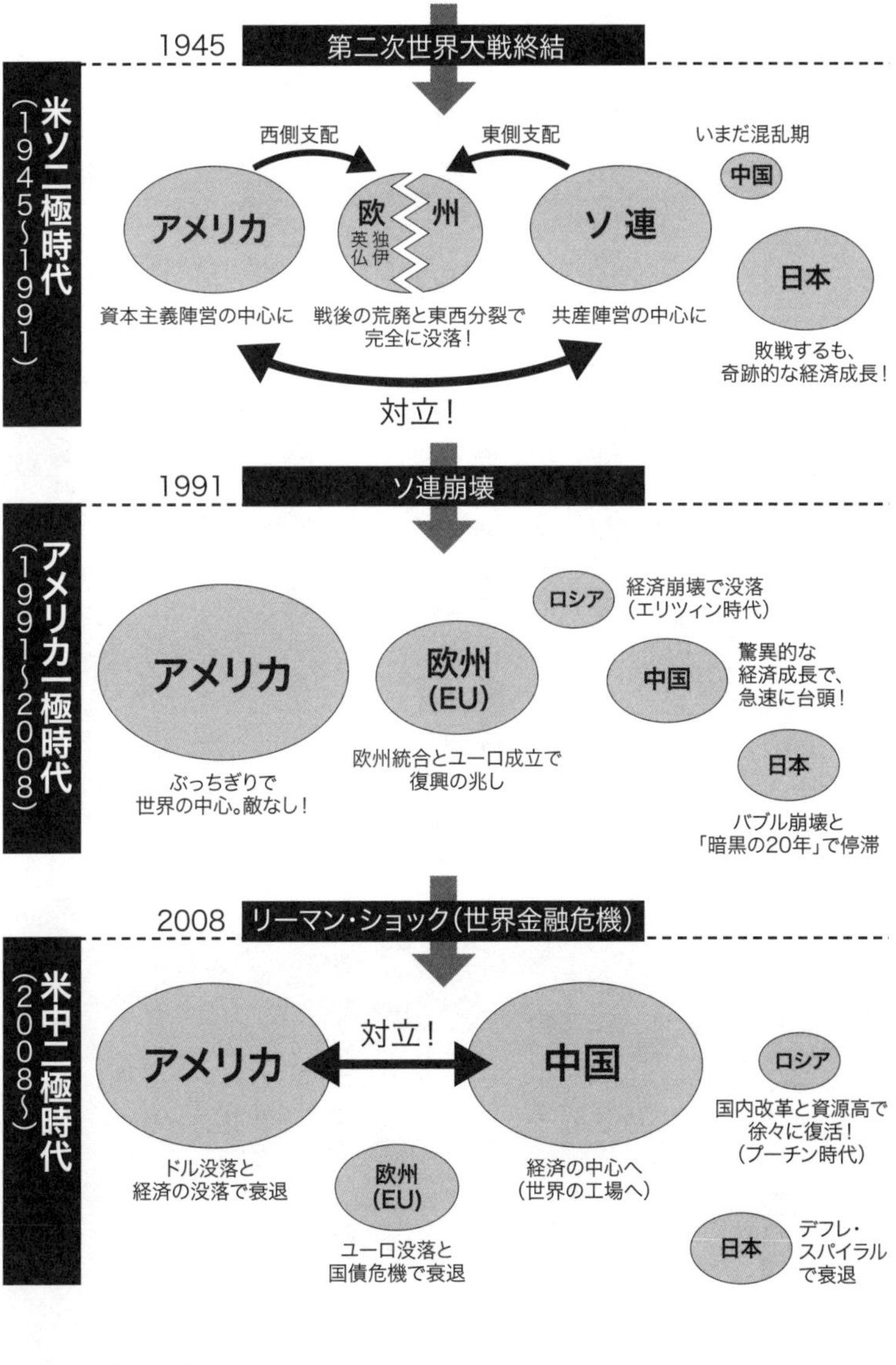
1945
第二次世界大戦終結
米ソ二極時代（1945〜1991）
西側支配
東側支配
いまだ混乱期
中国
アメリカ
欧州
英 独
仏 伊
ソ連
日本
資本主義陣営の中心に
戦後の荒廃と東西分裂で完全に没落！
共産陣営の中心に
敗戦するも、奇跡的な経済成長！
対立！
1991
ソ連崩壊
アメリカ一極時代（1991〜2008）
ロシア
経済崩壊で没落（エリツィン時代）
アメリカ
欧州（EU）
中国
驚異的な経済成長で、急速に台頭！
日本
欧州統合とユーロ成立で復興の兆し
ぶっちぎりで世界の中心。敵なし！
バブル崩壊と「暗黒の20年」で停滞
2008
リーマン・ショック（世界金融危機）
米中二極時代（2008〜）
対立！
アメリカ
中国
ロシア
国内改革と資源高で徐々に復活！（プーチン時代）
ドル没落と経済の没落で衰退
欧州（EU）
経済の中心へ（世界の工場へ）
日本
デフレ・スパイラルで衰退
ユーロ没落と国債危機で衰退

ベトナム戦争の敗北で自信を喪失したアメリカ。

カーター大統領は、「人権外交」を掲げ、なぜか「人権無視」共産国家との和解に乗り出しました。

しかし、それもソ連のアフガニスタン侵攻（一九七九年）でぶち壊し。

次のレーガンは、ソ連を「悪の帝国」とよび、この国を崩壊させることを決意します。

そして、アメリカは一九九一年、四六年間続いた冷戦に勝利したのです。

米ソ冷戦を例にあげましたが、その前の時代でも同じことです。

興味がある方は、歴史の教科書を読み返して調べてみてください。

しかし、人類はなぜ、こんなバカげたことを繰り返すのでしょうか？　仲よく暮らせばいいのに。

私にはわかりません。

わかりませんが、「事実としてそうなっている」ことはわかります。

ですから、**アメリカと中国が、覇権をかけて争う可能性は大きい。**

米中が「歴史の例外になれる」と考える根拠は、いまのところ、どこにもありません。

「現実主義」から見る米中関係の今後

第2章で、外交の「理想主義」と「現実主義」という話をしました。

そして、実際の外交は、「理想主義」のフリをしながら「現実主義」なのだと。

この「現実主義」について、私が知るなかでもっともすばらしく解説されているのが、国際政治アナリスト・伊藤貫《いとうかん》氏の『中国の核戦略に日本は屈服する』（小学館101新書）です。

まず、「現実主義」とはなんでしょうか？

〈「理想主義的」なウィルソニアン・パラダイムと対立する「現実主義的」なリアリスト・パラダイムというのは、「強制執行能力を持つ世界政府や世界警察軍が存在しない現状において、国際法と国際組織に期待・依存するのは現実的ではないから、バランス・オブ・パワー（勢力均衡、とくに軍事力の均衡）を崩さないように国際関係を運営するのが、もっとも手堅く安全なやり方だ」と主張する考え方である。〉（P20）

う～む。少し難しいですね。

伊藤氏は、「『理想主義』は機能しない」例をいくつかあげています。

〈第一次大戦後の国際連盟や不戦条約（一九二八）は、米英仏独伊日ソ等の列強諸国の帝国主義的な軍事行動を阻止できなかったし、第二次大戦後の国際連合も、安保理の常任理事国は拒否権を使用（濫用《らんよう》）することにより、「自国の侵略行為と戦争犯罪行為は、安保理の議題に載せない（常任理事国である米英仏中露五カ国は、何をやっても処罰されない）という状態であるから、現実の国際社会において国際法と国際組織が本当に戦争を防止する機能を持っていないことは歴史的な事実である。」（同前P20）

これは、説得力があります。「実際に機能していない」例です。

さらに、国連と国際法が、あまり役に立っていない例を。

〈国連と国際法は、ポル・ポト派（クメール・ルージュ）によるカンボジア人大虐殺（総人口の三分の一以上を殺害した）に対して無力であったし、中国の人民解放軍によるチベット人大虐殺（一〇〇万～一二〇万人を殺害した）に対しても無力であった。

一九四七年以降現在まで続いているイスラエル軍によるパレスチナ・レバノン人の虐殺、

パレスチナ領土の大規模な窃盗と併合に対しても、国連と国際法は無力であった。アフリカ大陸で頻繁に起きている戦争と諸民族間の大量虐殺に対しても、国連と国際法は無力である。〉（同前P21）

これもそのとおりでしょう。

考えてみれば、アメリカは国連安保理を無視してイラクを攻めた。

しかも、その理由はすべてインチキであった。

国際法的根拠はないのですが、アメリカは全然罰せられていません。

「アルカイダと関係ない」『大量破壊兵器ももってない」フセインは処刑されましたが、ブッシュは幸せに生きています。

これが現実。

では、「現実主義外交」の本質とはなんなのでしょうか？

話は、一六世紀のイギリスまでさかのぼります。

〈十六～十九世紀の英国リアリスト外交のエッセンスは、「ヨーロッパ大陸で覇権国となりそうな国を叩く」というものであった。十六世紀中頃、エリザベス女王は、「常に他国よりも強い海軍を維持し、同時に、ヨーロッパ大陸がどこか一国によって支配されることを防ぐ」というイギリス外交の基本原則を決定した。〉（同前P23）

「平和ボケ」した私たち日本人には、驚きの外交基本原則ですね。

で、イギリスは、これを実行したのでしょうか？

〈大英帝国は、スペインがヨーロッパで最強国になったときはスペインを叩き、その後新興産業国オランダを叩き、フランスがヨーロッパで最強国になるとフランスを叩き……といった具合に、常にヨーロッパで覇権を確立しようとする国を叩き、抑えつけてきた。ヨーロッパ大陸において覇権国の出現を許さないことによって、イギリスは自国の独立を保障し、大西洋・太平洋・インド洋に大進出して世界帝国を築く「行動の自由」を確保したのである。〉(同前P23〜24)

う〜む。バリバリ「基本原則」どおりじゃないですか?

イギリスのことはわかりましたが、アメリカはどうなのでしょうか?

〈アメリカ外交も、独立前に「母国」であった大英帝国のバランス・オブ・パワー外交の影響を強く受けている。二十世紀初頭から現在までのアメリカ外交の基本原則は、**「ヨーロッパとアジアで、覇権国となりそうな国を叩く」**というものである。十六世紀中頃にエリザベス女王が考えた政策と、同じ外交原則である。〉(同前P27)(太字筆者)

「え〜、アメリカは『自由』と『民主主義』のために戦っているんじゃないんですか〜?」

またしても、そんな声が聞こえてきそうです。

例があります。

〈アメリカが第一次大戦で英仏側に味方してドイツを叩いたのも、日露戦争で日本が勝利した後に秘密の対日戦争案「オレンジ・プラン」を立案したのも、第二次大戦で英仏中ソに味方して日独両国を叩いたのも、戦後の冷戦期にソ連に対して「封じ込め」政策を実行したのも、すべて「米国は、ヨーロッパとアジアで覇権国になりそうな国を叩く」という

バランス・オブ・パワー原則に基づいている。〉(同前P27)

こうやってバンバン例を出されると、「確かにそうだよな〜」と思えてきます。

私たち日本人は、「日米安保でアメリカが日本を守ってくれるから安心安心」などと「平和ボケ」しています。

しかし、伊藤氏はここで「驚愕」の事実をあげています。

〈一九九一年十二月、ソ連帝国が崩壊して東西冷戦が終了すると、アメリカ政府は即座に(一九九二年二月)**日本とドイツを今後の米国の潜在的な敵国と見なし、この両国を抑えつけておくことを意図する外交戦略案「国防政策プラン」**を作成した。

このプランの内容は、翌月、『ニューヨーク・タイムズ』と『ワシントン・ポスト』にリークされ、米国政府は、公式には「信頼できる同盟国」ということになっていた日独両国を再び潜在敵国視する秘密の外交戦略案を作成していたことを暴露されて赤面した。〉(同前P27〜28)(太字筆者)

どうですか、これ?

「ソ連が崩壊したから、**今度は日本が『潜在敵国』**」だそうです。

日本には、「日本がボロボロになったのはアメリカのせいだ!」と主張する「陰謀論者」がいます。

こういう話を聞くと、そういう人にも「一理あるのかな」と思えてきます。

まあ、アメリカからいわせると、「ダマされたほうが悪い」ということなのでしょうが。

話を現代に戻しましょう。

「ヨーロッパとアジアで、覇権国となりそうな国を叩く」というアメリカの外交原則に従えば、アメリカはいま、どう動こうとしているのでしょうか？

いま、ヨーロッパ、アジアで覇権国になりそうな国は、一つしかありません。

そう、**中国**です。

ですから、これからしばらくアメリカ外交の中心は、**「覇権国になりそうな中国を叩く」**ということでしょう。

ルーズベルトの影を追うオバマ

私たちは、なにか問題が発生したとき、解決策を探します。

解決策はどこにあるのでしょうか？

真っ先にすることは、「過去に同じ問題がなかったか？」と振り返ることです。

過去に同じ問題があり、それを解決したことがあれば、今回も同じようにやればいい。

奥さんとケンカした。振り返ってみて、「あれ、前にも同じようなパターンでケンカしたことあったぞ。あのときはどうやって仲直りしたんだっけ？」と考えてみる。

そして、「あ！　そうだ。プレゼント攻撃で懐柔したんだ」と思い出す。

今回も同じ理由でケンカしたのなら、同じ方法で仲直りすることができるかもしれません。

国も同じこと。

なにか危機が発生したとき、「過去に同じ事件はなかったかな？」と考える。

そして、どうやって解決したか方法を学び、現在に適用する。

さて、いまのアメリカ。

二〇〇八年から続く経済危機は、「一〇〇年に一度」と表現されます。

しかし、実際は「八〇年に一度」。

今回の危機は二〇〇八年に起こった。

その七九年前に、アメリカ発の「世界恐慌」が起こっています。ですから、アメリカ人が「一〇〇年に一度の危機」というとき、実際には前回の「世界恐慌」を念頭においているのです。

オバマが二〇〇九年に大統領になったとき、アメリカはこの危機の真っ最中でした。

「どうしようか?」と悩んだとき、彼は当然「アメリカは一九二九年からの世界恐慌をどう克服したのか?」を調べたことでしょう。

わかったことはなんでしょうか?

「フーバー大統領の失敗」です。

フーバー(P199写真)は「市場が自由であればすべてよし」の古典派でした。それで、世界恐慌が起こっても、ほとんどなんの対策もとらなかったのです。

そのため、状況は悪化するばかりでした。

その結果、一九三二年～一九三三年にかけて、株価は恐慌前から八〇%以上下落、工業生産は三分の一まで低下、失業率は二五%、銀行一万行が倒産という超悲惨な結果になってしまったのです。

歴史を学んだオバマは、「フーバーの過ちを繰り返すな!」と思ったことでしょう。

フーバーの後、一九三三年に大統領になったルーズベルトは、初めて「ケインズ理論」を採用、大規模な公共事業により状況を安定させます(**ニューディール政策**とよばれる)。

過去を調べた結果、オバマ政権は「フーバーはダメだから、いきなりルーズベルトでいこう」と決めた。そのため、即座に大規模な景気対策が実施されました。

それで、オバマの政策は当初**「グリーン・ニューディール」**とよばれたのです。まあ、いまでは「グリーン」とは要するに、環境に優しい「新エネルギー」を普及すること。まあ、いまでは「グリーン・ニューディール」という用語、誰も思い出しませんが。

ルーズベルトが就任して四年目の一九三六年、「古典派」から「財政赤字が大きすぎる」ことに対する反発が強まります。そのため、ルーズベルトは財政均衡に政策を転換。

一九三七年の財政支出大幅削減により、一九三八年にはいわゆる「ルーズベルト不況」が起こります。

オバマが大統領になったのは二〇〇九年。

二年目には早くも「財政赤字削減」「小さな政府」などを求める共和党の「ティーパーティー運動」が盛り上がり、苦境に立たされます。

それでオバマは、二〇一一年からは「財政均衡路線」に転換しています。

歴史的観点から見ると、これが「不況」「二番底」の原因になることが予想できます。

というわけで、ルーズベルトは、「ケインズ」(財政支出増により有効需要を増やすこと)と「古典派」(財政均衡、小さな政府)のあいだを行ったり来たり。

景気は少しよくなったり悪くなったりしながら、ときは流れていったのです。

一方、オバマはフーバーを抜かして、いきなりルーズベルトを見習った。

その効果は確かにあったといえるでしょう。

世界恐慌時、アメリカの失業率は二五％までいった。一方、現在の失業率は九％程度にとどまっています。確かに高いですが、二五％とは比べものになりません。

ですから、オバマはもっと評価されるべきだと思います。

ところが、その後の展開もルーズベルトとまったく同じになっています。

すなわち、「財政均衡派」からの圧力で、支出削減に方向転換せざるをえなくなった……。

さて、ここからが重要です。

ルーズベルトのアメリカは、その後どうなったのでしょうか？

そう、**戦争に向かっていったのです。**

参戦するために、「日本を追い込んでいった」という話はすでにしました。

結果はどうなったのでしょうか？

自国の大軍拡はもちろん、アメリカは、イギリス、フランス、ソ連、中国にも武器を供給しました。この大公共事業により、戦時中にもかかわらず、アメリカは好景気になります。

失業率も、世界恐慌以降の最悪期は二五％でしたが、一九四四年には一・二％まで下がっていた。

これは、ほぼ「完全雇用」といえるでしょう。

戦争を始める前、「参戦するとアメリカは好景気になる」と予想できたかはわかりません。

しかし、結果として「戦争すると景気がよくなる」ことはわかりました。

同時に、「ケインズ理論」の正しさが実証され、戦後は「ケインズ全盛時代」がやってきます。

「戦争」というと、必ず「そんな金ないでしょう？」という人がいます。

しかし、アメリカはたいてい「景気が悪いとき」に戦争をしてきました。

たとえば、一九九一年の湾岸戦争。

このとき、アメリカはレーガン時代の長期にわたる好況が終わり、景気が悪化していました。

当時のブッシュ(パパ)大統領は、湾岸戦争時、圧倒的支持率を誇っていました。

しかし、戦争が終わると、国民は「不景気」という現実に目がいった。

そのため、ブッシュは一九九二年の大統領選でクリントンに敗れます。

ちなみに、「湾岸戦争」の経済効果は、「クリントンの時代に入って表れた」といわれています。

たとえば二〇〇一年のアフガン戦争と二〇〇三年のイラク戦争。

この戦争は、空前の好景気だったＩＴバブルが崩壊していった時期に起こりました。

結果、アメリカの景気はもち直し、いわゆる「住宅バブル」の時代がやってきます(もちろん、戦争だけが景気回復の理由とはいいませんが)。

好景気は、二〇〇七年にサブプライム問題が顕在化するまで続きました。


さて、オバマ。

オバマは、自分の政策を「グリーン・ニューディール」とよぶなど、ルーズベルトを研究していることはまちがいありません。

そして、ルーズベルトとまったくといっていいほど、同じ道を進んでいます。

大規模な景気対策で状況を安定させた。

しかし、財政均衡派から激しいバッシングを受け、苦しんでいる。

ルーズベルトはその後、「戦争」という選択をし、アメリカ経済を復活させました。

これは、アメリカの歴史でも(人道的な話を抜きにすれば)めったにない成功例でしょう。

ヒトラーという大悪党をやっつけたばかりでなく、景気もよくしたのですから。おかげで、ルーズベルトは、ワシントン、リンカーンとならび称される「偉大な大統領」とよばれています。

もしオバマが、「偉大な大統領」になりたければ、「彼のやり方を真似よう」と考えても不思議ではありません。

そう、オバマは**「戦争をしてアメリカを復活させよう」とするのではないでしょうか?**

ちなみに、「核なき世界」「イラクからの撤退」などを叫び、大統領に当選したオバマ。「ノーベル平和賞」も受賞しています。

ところが二〇一一年三月、ちゃっかり「リビア戦争」を開始しています。

アメリカ史上最悪の財政状態でも、戦争をする。

いや、**史上最悪の財政状態だからこそ、戦争をするのでしょう。**

リビアの次に、アメリカはシリアを狙う?

では、アメリカは、どの国をターゲットに戦争しようと考えているのでしょうか?

一つ目のターゲットは、シリアです。

シリアの現在の体制は、軍人出身のハーフィズ・アサドがクーデターを起こしてつくりました。

アサドは一九七一年、大統領に選出され、以後亡くなる二〇〇〇年まで二九年間この国を支配します。

現在のバッシャール・アサド大統領は、ハーフィズの息子。つまり、この国は親子が四〇年も支配している。

シリアは、反米、反イスラエル国家として知られています。

この国では二〇一一年初めから、アサド政権に反対するデモが起こるようになりました。三月ごろから、デモはどんどん大規模になっていきます。

シリア・アラブ共和国第4代大統領ハーフィズ・アル＝アサド（任期：1971-2000/1930-2000）（左）と、シリア・アラブ共和国第5代大統領バッシャール・アル＝アサド（任期：2000-/1965-）（右）

アサドは、チュニジアやエジプトのような革命が起こることを恐れ、軍隊を使い、デモを力で鎮圧しようとします。

死者もたくさん出るようになった（国連によると一一年一二月までに四〇〇〇人）。

これが逆効果で、デモはますます規模が大きくなり、力を増していきました。

六月になると、（リビアのときと同様）国連安保理常任理事国のイギリスとフランスが、シリアへの制裁を求めるようになっていきます。

（これもリビアのときと同様）アメリカもこれに同調しました。

しかし安保理は、理由があって制裁を実施できない状況が続いています（この点は後述します）。

これまでの動きを見ると、イギリス、フランス、アメリカは、「リビア戦争が終わったら、次はシリア攻撃」と考えている可能性が高いのです。

イラン攻撃の真因は、「核兵器開発」ではない

しかし、アメリカのほんとうのターゲットは、シリアではありません。

イランです。

世界情勢を少しでも追っている人であれば、アメリカとイランが「いつ戦争になってもおかしくない状態」であることについて、あらためて解説する必要はないでしょう。

「そうそう、**イランは核兵器を開発しているからね！**」

実をいうと、**アメリカがイランを攻めたいのは「核兵器開発」が理由ではありません。**

「え〜、なぜあなたは、世間一般でいわれていることを、なんでもかんでもひっくり返そうとするんですか!?」

事実なのでしかたありません。

『核兵器開発』が来るべき戦争の真因ではない」件について。

まず、基本的な話から。みなさん、以下の事実をご存じでしょうか？

1 イランは核兵器を開発する意向を一度も示したことがない

2 アメリカも数年前まで、イランには「核兵器を開発する意図がない」ことを認めていた

3 核兵器開発が「戦争」の理由であるなら、真っ先に攻撃されるべきはイランではない

まず、**「1　イランは核兵器を開発する意向を一度も示したことがない」**について。

「イランが核兵器を開発している」というのは、主に欧米がいっていること。

当の**イランは「核兵器を開発する」とは一度もいっていません。**

この点、過去の新聞を調べていただければわかりますが、一応例をあげておきましょう。

過激な発言で知られるアフマディネジャド大統領は、当選した翌々日になんといったか？

〈「わが国の国益を守り、**平和的な核技術を利用する権利を主張する**」
「わが国は自立を基礎に発展への道筋を歩んでおり、この道を歩む上ではアメリカとの関係は必要ではない」〉（二〇〇六年六月二五日、アフマディネジャド・イラン大統領）

平和的な核技術とは、要するに**原子力発電**のことです。

ロイター二〇〇六年一二月五日付に「イラン、核開発計画は最終段階＝大統領」という記事があります。

〈【テヘラン　5日　ロイター】　イランのアハマディネジャド大統領は5日、同国は核開**発計画の最終段階にきている**と述べた。〉（太字筆者。以下同じ）

「うお！　いよいよ、イランも核兵器をもつか？？？」

ちょっと待ってください。続きがあります。


〈最終段階が何を指すのか具体的には述べなかったが、イランは原子力発電所で使用する**燃料の生産というニーズを満たすことを求めている**と語った。〉（同前）

次に、**「2　アメリカも数年前まで、イランには『核兵器を開発する意図がない』ことを認めて**

いた」について。

こちらをご覧ください。

〈〈イラン核〉米が機密報告の一部公表　「脅威」を下方修正

【ワシントン＝笠原敏彦】マコネル米国家情報長官は3日、イラン核開発に関する最新の機密報告書「国家情報評価」（NIE）の一部を公表し、**イランが03年秋に核兵器開発計画を停止させた**との分析結果を明らかにした。〉（毎日新聞二〇〇七年一二月四日付）

どうですか、これ？

NIE（国家情報評価）は、**「イランは二〇〇三年秋に核兵器開発計画を停止させた」**と分析していた。

アメリカだけではありません。

世界の原子力、核エネルギーを管理、監視、監督する国際機関といえば、IAEA（国際原子力機関）。そこのトップ、日本人・天野之弥《あまのゆきや》氏は、二〇〇九年一二月就任直前になんといっていたか？

〈**イランが核開発目指している証拠ない**＝IAEA次期事務局長

【ウィーン　3日　ロイター】　国際原子力機関（IAEA）の天野之弥（ゆきや）次期事務局長は3日、**イランが核兵器開発能力の取得を目指していることを示す確固たる証拠はみられないとの見解**を示した。

ロイターに対して述べた。

天野氏は、イランが核兵器開発能力を持とうとしていると確信しているかとの問いに対

し**「IAEAの公的文書にはいかなる証拠もみられない」**と答えた。〉（二〇〇九年七月四日付）

どうですか、これ？

日付に注目。二〇〇九年七月です。

これは、もう「ごくごく最近の話」といってもいいのでは？

二〇〇九年半ば時点で、IAEAの次期トップが**「イランは核兵器開発をめざしていない！」**と断言しているのです。

「イランは一度も核兵器保有をめざす意向を示したことがない」「アメリカもIAEAもつい最近までそのことを認めていた」という事実。

よろしいですね。

それでも、イランは「核兵器保有」をめざしているのかもしれません。私も、否定はしません。

たとえそうだとしても、イランだけがターゲットにされるのはおかしいのです。

なぜか？

次を見てみましょう。

「3　核兵器開発が『戦争』の理由であるのなら、真っ先に攻撃されるべきはイランではない」

アメリカがイランを攻撃するのは、「核兵器保有をめざしているからだ！」としましょう。

ところで、**もうとっくに核兵器をもっているやっかいな国がいませんか？**

そう、**北朝鮮。**

みなさんもご存じのとおり、**北は二〇〇六年一〇月九日に核兵器の実験をし、**世界を驚かせました。

北朝鮮とイラン。

どっちが危険かは一目瞭然です。

北朝鮮は、核兵器を保有している。

実験もしていて、世界中がそのことを知っている。

イランは、核兵器を保有していない。

また、核兵器を保有する意思を一度も示していない。

事実、イランは、北朝鮮の核実験を非難しています。

たとえば、二〇〇六年一〇月一〇日付ロイター。

〈**イランが核兵器の所有を非難、**北朝鮮の地下核実験で

【テヘラン　10日　ロイター】　イラン政府のエルハム報道官は10日、北朝鮮の地下核実験発表に関し、**イランはいかなる国の核兵器所有にも反対すると**述べた。〉

そして、「世の中にはおかしなことが起こっているな～」と感じているのも、私だけではありません。一般の新聞記者も気がついてはいるのです。

たとえば、二〇〇六年一〇月一〇日付の毎日新聞。

〈〈北朝鮮核実験〉イランに「主張訴える」絶好の機会

北朝鮮の核実験はイランにとって自国の主張を訴える絶好の機会となりそうだ。

NPTからの脱退を表明して核実験に踏み切った北朝鮮に対して、イランはNPTとIAEAの傘下での平和的な核技術開発を主張している。〉

記事中のNPTというのは、核拡散防止条約のこと。

アメリカが攻撃するべきなのは、北朝鮮かイランか、中学生でもわかるでしょう。

ところが、**アメリカは、「北朝鮮は攻撃しない」「イランは攻撃するかもしれない」**と主張していました。

たとえば、二〇〇六年一〇月一二日付の毎日新聞。

〈〈北朝鮮核実験〉ブッシュ大統領「米国は攻撃意思ない」(中略)

北朝鮮が核開発の理由に米国からの攻撃を阻止する抑止力を挙げていることに対し、「**北朝鮮を攻撃する意思はない**」と明確な姿勢を示している、と説明した。〉

一方、北朝鮮とくらべてまったく悪くないイランについて。

二〇〇五年一月一七日、ブッシュはNBCのインタビューで、イランへの武力行使の可能性を質問されます。

ブッシュは、「私としては外交的に解決できることを期待しているが、**どんな選択肢も決して除外しない！」**(つまり攻めることもある)と答えました。

二〇〇六年一一月一五日付ロイター。

〈米大統領、イランに武力行使の可能性も＝駐米イスラエル大使

【エルサレム　15日　ロイター】　イスラエルのアヤロン駐米大使は、イラン核問題について、外交努力が失敗に終わった場合、ブッシュ米大統領はイランに対する武力行使をためらわ

ないだろうとの見解を示した。〉

このように、アメリカの行動は常識的に考えるとメチャクチャなのです。

対イラン戦争は、アメリカの国益に完璧に合致している

イラン戦争が起こったとしても、ほんとうの理由は「核兵器開発」でないこと、ご理解いただけたでしょうか？

考えてみれば、イラク攻撃の表向きの理由も、「大量破壊兵器保有」でした。実際には見つかりませんでしたが。

アメリカがイランと戦争したいほんとうの理由はなんでしょうか？

いくつか考えられます。

1　ドル体制防衛

思い出してください。

フセインは「イラク原油の決済通貨をドルからユーロに替えたので攻撃された」説。

〈イラクの旧フセイン政権は00年11月に石油取引をドルからユーロに転換した。国連の人道支援「石油と食料の交換」計画もユーロで実施された。

米国は03年のイラク戦争後、石油取引をドルに戻した経過がある。〉（毎日新聞二〇〇六年四月一七日付）

イランはどうなのでしょうか？
この国もバリバリ、ドル体制に反逆しているのです。
こちらをご覧ください。

〈イラン、原油のドル建て決済を中止＝通信社
【テヘラン　8日　ロイター】　イラン学生通信（ISNA）は8日、ノザリ石油相の話として、同国が原油のドル建て決済を完全に中止した、と伝えた。
ISNAはノザリ石油相からの直接の引用を掲載していない。
ある石油関連の当局者は先月、イランの原油の代金決済の「ほぼすべて」はドル以外の通貨で行われていると語っていた。〉（二〇〇七年一二月一〇日付）

困るんですよね～、イランさん、こういうことされちゃあ。
アメリカは当然、イラク同様、イランに傀儡政権を樹立し、原油の決済通貨を「ドルに戻したい」ことでしょう。

2　石油、ガス

みなさん、グリーンスパンさんの衝撃発言、覚えておられますか？

〈「イラク開戦の動機は石油」＝前FRB議長、回顧録で暴露
【ワシントン　17日　時事】　18年間にわたって世界経済のかじ取りを担ったグリーンスパン前米連邦準備制度理事会（FRB）議長（81）が17日刊行の回顧録で、2003年春の米軍によるイラク開戦の動機は石油利権だったと暴露し、ブッシュ政権を慌てさせている。〉（二

〇〇七年九月一七日付）

アメリカ・エネルギー情報庁によると、二〇一一年時点で、イラクの原油確認埋蔵量は、一一五〇億バレルで世界四位（P141の上図参照）。

では、イランは？

なんと、一三八四億バレルで世界三位。

ちなみにイランは、天然ガス埋蔵量でも世界二位（P67の上図参照）。

世界有数の資源大国なのです。

アメリカは、当然この石油・ガス利権を他国に渡したくないでしょう。

3　公共事業

ルーズベルトの「ニューディール政策」を思い出してください。

この方は、初めてケインズ理論を取り入れ、大々的に公共事業をしたのです。しかし、ルーズベルト最大の公共事業とは、「第二次世界大戦」でした。おかげで、アメリカは大好況になった。

以後、アメリカは、景気が悪くなるたびに戦争を繰り返してきました。

ITバブルがはじけた直後にアフガンを攻め、その戦争が終わる前にイラク戦争を始めた。

オバマが、ルーズベルトの歴史を知っているのなら、「戦争による景気浮揚を」と考えても不思議ではありません。

4 イスラエル防衛

産経新聞二〇一一年一一月六日付。

〈【ワシントン＝犬塚陽介】オバマ米政権は、**イスラエルが単独でイラン核施設の攻撃に乗り出す可能性に懸念を強めている。**

イランが核施設攻撃の報復に打って出れば、原油高騰など世界経済に悪影響を及ぼすのは確実。

一方で大統領選をちょうど1年後に控え、**米国内のユダヤ票の行方には神経質にならざるを得ない。**

イランの核問題はオバマ大統領の再選戦略を揺るがしかねない。〉

実際、オバマがイラン戦争を開始すれば、ユダヤは彼を支持し、「再選の可能性は高まる」ということなのでしょう。

逆に躊躇すれば、負ける可能性が高まります。

5 中国封じ込め

これから先、ますます激しくなるであろう米中「覇権」争奪戦の観点から見ると、アメリカがイランに傀儡政権を樹立することは、非常に重要です。

中東産油国の民衆は、イスラム教徒で概して反米。しかし、トップは、おおむねアメリカと良好な関係を築いています。

とはいえ、中東産油国で反米の国もあります。その代表がイラクとイランでした。

しかし、アメリカはイラクを攻撃し、傀儡政権をつくった。

残るはイランです。

これは非常に重要なのですが、アメリカがイランに親米反中傀儡政権をつくれれば、ほぼ「中東支配」を完了したといえます。

すると、どうなるか？

米中関係がいざ悪化してきたとき、中東産油国を脅して中国に原油を売らせないようにすることができる。

中国のほうにもそういう危機感があります。

そのため、中国は陸続きのロシアや中央アジアとの関係構築に必死になっているのです。

たとえ、中東から原油が入ってこなくなったとしても、ロシアからの原油輸入をアメリカが邪魔することは難しいでしょう。


いろいろ理由をあげましたが、イランがアメリカにとってどれだけ重要な国なのか、ご理解いただけたことでしょう。

イラン戦争は、アメリカの国益に完璧に合致しているのです。

残る問題は、あと一つ。

国際世論をうまくつくること。

アフガン戦争の世論づくりは完璧でした。

九・一一の衝撃があったため、全世界がこの戦争を支持した。

しかし、イラク戦争はお粗末だった。

インチキがばれ、アメリカの国際的信用は完全に失墜しました。

だから、今回のイランに対しては、慎重に世論を誘導しなければならない。

いま、アメリカは、非常に巧妙にイランを悪者にすることに成功しています。

しかし、まだ戦争するには、足りないですね。

どうするか？

一番いいのは、日本にしたように、「イランから攻めさせるよう誘導する」ことでしょう。そして、「リメンバー○○！」と叫びながら、開戦する。

現在、巧みにそのための工作が進められているように見えます。

あるいは、イスラエルがまず攻め、イランが反撃する。

そして、アメリカは「イスラエルを守れ！」と参戦する。

いろいろなケースが考えられますが、要するに、**「国際世論が納得する理由」がつくれれば、なんだっていいのです。**

オバマは、願わくは**ルーズベルトのように、見事に世界を欺《あざむ》きたい**ところでしょう。

プーチンは、メドベージェフの「米英追随外交」を転換する

いまは「米中二極時代」だという話をしました。

これから世界の国々は、「アメリカにつくのか？」、それとも「中国につくのか？」という選択を

迫られることになります。

一九九二年〜二〇〇八年まではアメリカ一極時代。

特に、ブッシュ時代の構図は、アメリカ一極主義対多極主義(主に、ドイツ、フランス、ロシア、中国など)でした。

プーチンは、本来「多極主義の主人公」にはなりたくなかったのでしょう。アメリカとロシアとでは、国力が違いすぎます。

ロシアは過去一〇年間、世界でもっとも急成長した国の一つでした。

それでも、二〇一一年時点で、アメリカのGDPは一五兆ドル、ロシアは一兆八八四九億ドルで、八分の一しかありません。

米ロ新冷戦がスタートした二〇〇三年時点では、さらに国力の差は歴然でした。

しかし、「ユコス問題」(二〇〇三年)、「グルジア革命」(二〇〇三年)、「ウクライナ革命」(二〇〇四年)、「キルギス革命」(二〇〇五年)と大事件が続き、プーチンはアメリカと戦わざるをえない状況におかれてしまったのです(もちろん、彼はもともとアメリカを憎んでいたが)。

そして、プーチンは、中国との同盟を決意した。

結局、二〇〇八年から世界的危機が始まり、「アメリカ一極世界」は崩壊しました。

その後、ロシアは、メドベージェフ新大統領を中心に、アメリカとの「再起動」につとめてきた。

では二〇一二年、再び大統領として戻ってきたプーチンは、どう動くのでしょうか？

アメリカにつくのか、中国につくのか？

少なくともここ数年は、**中国につくことになるでしょう。**

なぜか？

ロシアはアメリカと、「再起動」を（二〇〇八年のグルジア戦争後）三年間続けてきた。

しかし、「得るものがほとんどなかった」というのが、ロシア側の実感なのです。

「アメリカは『再起動』などといいながら、結局『東欧ＭＤ』を続けている！」と不満に感じている。

実は、**ロシア外交の転換はすでに起こっています。**

きっかけは、「リビア戦争」です。

第3章で触れたように、二〇一一年三月一七日、国連安保理でリビアへの武力行使を可能にする決議案が採択されました。

ロシアは、拒否権を使わず棄権。

プーチンは、国連安保理決議を厳しく非難し、メドベージェフは、そんなプーチンを批判した（Ｐ253参照）。

さて、リビア戦争を主導したイギリス、フランスは、アフリカ最大の埋蔵量をもつリビアの石油利権をがっちり押さえた。

しかし、ロシアには、まったく利益はありませんでした。

ロシア国内でも、「やっぱりプーチンのほうが正しい。メドベージェフは欧米に取り込まれている」というムードになってきた。

それで、ロシアははっきりと方向転換していきます。

方向転換というのは、要するに**「プーチン外交に戻る」**という意味です。

既述のように、米英仏は、リビアに傀儡政権を樹立した後、すぐシリアを攻撃したかったのです。しかし、プーチン外交に戻ったロシアは、中国と結託し、ことごとくシリア制裁を邪魔していきます。

たとえば二〇一一年一〇月。

〈国連安保理が対シリア決議案を否決、**ロシアと中国が拒否権行使**
【アンマン　5日　ロイター】　国連安全保障理事会は4日、反政府デモの弾圧を続けるシリアのアサド政権を非難する決議案を採決したが、**ロシアと中国が拒否権を行使したことにより決議案は否決された。**〉（二〇一一年一〇月五日付）

なぜロシアは、拒否権行使を決めたのでしょうか？

〈欧州諸国が提出した決議案には15カ国のうち9カ国が賛成し、4カ国が棄権。ロシアのチュルキン国連大使は、決議案が採択されれば**リビアと同様の軍事介入につながる懸念が出てくる**とし、反対を表明した。〉（同前）

ロシアは、「結局、欧米はシリアと戦争したいんだろ！」と考えている。だから、事前に戦争の可能性を止めたのですね。

これは、明らかにそれまでの「メドベージェフ外交」とは違います。

メドベージェフ外交を一言でいえば「米英追随外交」ですから。

プーチンはこれから、欧米が「イラン戦争」のお墨付きを国連安保理からとろうとしても、中国と組んで「拒否権」を行使することでしょう。

アメリカは、苦しい立場におかれます。

安保理を無視して戦争を開始すれば、「イラク戦争」同様、世界の悪者になってしまう。

そのため、シリアやイラン戦争の「理由づくり」に苦労することになるでしょう。

イラン戦争が起これば、ロシアにも利益がある

ロシアは、イランに原発利権をもっています。

そのため、もし、アメリカがイランを攻撃すれば、この利権を失う可能性は高まります。

しかし、実をいうと、米・イラン戦争はロシアにとって悪い話ではないのです(人道的な話は抜きにして)。

その一つは、**「原油価格が高騰する」**こと。

思い出してみましょう。

二〇〇三年、イラク戦争のせい(おかげ?)で、原油価格はグングン上昇していきました。

二〇〇四年には四〇ドル、二〇〇五年六〇ドル、二〇〇七年八〇ドルを突破し、二〇〇八年にはついに一〇〇ドルを超えた。

ロシア経済は、これで急成長を続けてこられたのです。

アメリカがイランを攻撃し、イランがホルムズ海峡を封鎖するような事態になれば、原油価格は二〇〇ドルまで上がるかもしれません。

そうなると、ロシア経済は再び、急成長することができるでしょう。

もう一つの利益は、国際社会におけるロシアの地位向上です。

国連安保理を無視してイラクを攻めたアメリカ。そのため、世界における求心力は著しく低下しました。

アメリカは、第一に国連安保理を無視した。

第二に、開戦理由が全部ウソだった。

これはつまり、「アメリカはいつでもどんな国でも、理由をでっち上げて攻撃することができる」ことを示しています。

しかも、（現実主義者の主張どおり）たとえ戦争の理由がウソでも、まったく罰せられない。

世界の国々は恐れおののき、戦争に一貫して反対する中国、ロシアを中心とする多極主義陣営に走りました。

反米の砦ＳＣＯ（上海協力機構）は、中ロ、中央アジア四ヶ国が加盟国。

モンゴル、インド、パキスタン、イランがオブザーバー。

さらに、アフガニスタンやトルクメニスタンも代表団を送っている。

ＳＣＯの枠ではありませんが、ＢＲＩＣｓ諸国もしばしば首脳会合を開き、「多極化推進」（つまり反アメリカ一極主義）について協議をしていました。

ところが、メドベージェフは、欧米に追随することでこの流れを壊した。そして、イランを、ＳＣＯから追い出すような態度をとった。

結果、ロシアは「平和を愛する多極主義陣営のリーダー」ではなく、「アメリカを中心とするＧ

8の八番目」になってしまったのです。

プーチンは、中国との同盟関係を再強化し、「多極主義陣営」の復活に全力をあげていくことでしょう。

情報戦をうまく展開できれば、「平和を愛する中国・ロシア」「戦争好きで悪のアメリカ」という構図をつくりあげることができるかもしれません。

反プーチン・デモの黒幕は、アメリカか？

このようにロシア外交は、すでにメドベージェフ時代の終わりから、強硬路線に変化してきました。

アメリカは、当然「プーチンが帰ってくるから、ロシアは変わったのだ」と見るでしょう。そして、**「なんとかあいつが大統領になるのを阻止できないか？」**と考えたことでしょう。

なにが起こったか？

二〇一一年一二月四日、ロシアで下院選挙が実施されました。

一位は、プーチンとメドベージェフの「統一ロシア」で四九・五四％。四五〇ある議席のうち、二三八を占めました。

しかし、得票率は、前回から約マイナス一五％。議席は、七七減らしました。

なんとか議席で過半数を確保したものの、「統一ロシア」の「敗北」といえるでしょう。

一方、野党は議席数を軒並み増やしました。

二位「共産党」は、九二議席で、前回より三五増加。
三位「公正ロシア」は、六四議席で、前回より二六増加。
四位「ロシア自民党」は、五六議席で、前回より一六増加。
（第1章で触れたように、三位の「公正ロシア」と四位の「ロシア自民党」は、野党といいながら、実はクレムリンの支配下にあるのですが）

しかし、この選挙に「不正があった」とするデモが起こるようになっていきます。

一二月一〇日には、ロシアの五〇都市以上でデモが行われ、特に首都モスクワでは約一〇万人が参加しました。これは、ここ二〇年間で最大規模だそうです。

このデモについて、プーチンは、**「アメリカ国務省の仕業だ！」**と非難しています。

〈ロシアのプーチン首相、**デモを扇動と米国を非難**

【モスクワ（CNN）】ロシアのプーチン首相は8日、先の下院選をめぐる不正疑惑に対する抗議デモを**米国が扇動していると非難**した。

クリントン米国務長官は同5日、「選挙のやり方に関する深刻な懸念」があり「しっかりした調査」を求めるとの発言を行っていた。

8日、国営テレビに出演したプーチン首相はこのクリントン国務長官の発言が**「米国務省の支援を受けた」反政府勢力に対し、行動を促すシグナルを送った**と非難。

また、国内からの批判と外国からの批判は質が異なるとし、ロシアは「外国からの干渉」から身を守らなければならないと述べた。〉（CNN.co.jp 二〇一一年一二月九日）

最近の話ですので、みなさんも覚えているかもしれません。

しかし、この発言を聞いてどう思いましたか？

「あ～、プーチンが負け惜しみいってるな～」

「独裁者は苦しくなると、いつも外国のせいにしてガス抜きするんだよね～」

などと考えたのでは？

しかし、この本をここまで読まれたみなさんは、「アメリカがデモを扇動することもあるかも」と思っているはずです。

いまのロシア国民の不満とは？

大規模デモは、その後も続きましたが、詳細は省きます。

しかし、「反プーチン・デモはアメリカがやった！」と終わらせてしまっては、フェアではないでしょう。

少し、ロシアの現状を書いておきます。

まず、プーチンの支持率は、彼が首相に就任した二〇〇八年と比べ、かなり下がっているのは事実です（だから、「統一ロシア」が大幅に議席を減らした）。

さまざまな世論調査でも、二〇〇八年の七〇％台から、現在は四〇％台まで下がっている。

いったい、いまのロシア人はなにが不満なのでしょうか？

最初にあげられるのは、やはり経済問題でしょう。

プーチンが大統領だった八年間、ロシアはずっと急成長を続けていました。

しかし、メドベージェフが大統領になった翌年の二〇〇九年は、マイナス七・九％。二年かけて二〇〇九年の状態に戻ったのです。

二〇一〇年と二〇一一年は、それぞれプラス約四％ずつ。

つまり、ロシア経済はメドベージェフが大統領の時代、まったく停滞していたといえるでしょう。

プーチンは、この四年間首相だったのですから、当然責任を問われる立場です。

まあ、彼にいわせると、「ロシアの状態は、欧米より全然マシだ！」となるのですが、国民にとっては「欧米の話じゃない。ロシアの話をしてるんだ！」となります。

二つ目の不満は、「言論統制」です。

第1章で、プーチンが、「ユダヤ系新興財閥からテレビ局『ＯＲＴ』（現在はチャンネル1）と『ＮＴＶ』を取り上げ、マスコミを支配下においた」という話をしました。

二〇〇〇年当時、国民は「言論の自由」より「めし」が大事でしたので、プーチンの決定をおおむね支持しました。しかし、現在ほとんどの人は食べるに困りません。

それで、「言論の自由」も求めるようになっている。

たとえば、二〇一一年一二月四日の下院選挙。

「選挙やり直し」を求めるデモは、一二月五日から始まっていました。

私は、欧州のニュースチャンネル「ユーロニュース」でそのことを知ったのです。

「ロシアのメディアはどう報道するのだろうか？」と見ていましたが、なんと「完全無視」。

「完全無視」というのは、「完璧になにも報道しなかった」という意味です。

私も、これには驚きました。

プーチン支持派の友人(ロシア人)にこのことを伝えると、「報道したほうがいいのにね。いまの時代どうせバレるんだから」といいました。

彼は、どうやってデモのことを知ったかというと、「インターネットで」との答え。

既述のように、ロシアのメディア支配は、中国とは違いネットまでおよんでいません。

そこには言論の自由が存在する。

インターネットでは、「YouTube」などに、続々と「不正の証拠動画」が投稿されていたのです。

私はさまざまな人から話を聞きましたが、大部分の人は「テレビ」と「ネット」の情報ギャップに愕然《がくぜん》としていました。

ロシアに暮らしていても、普段「言論統制」があることは、ほとんど気づきません。

しかし、このできごとは、ロシア国民に「自分たちはコントロールされているのだ」という強烈な気づきを与えました。

三つ目の不満は「汚職」です。

これについて話したら、それこそ一冊本が書けます。

キリがないのですが、例をあげておきましょう。

たとえば、建設会社に勤めている知人の話。

彼は、モスクワ市役所の幹部から「自宅にサウナをつくってくれ」と依頼を受けました。

その予算を聞いて、私はめまいがしました。

「二〇〇万ドル（約一億五〇〇〇万円！）」

「おまえは、ハリウッドスターか！」といいたくなりますね。

自宅に一億五〇〇〇万円のサウナって、どれだけ巨大で豪華なのでしょうか？

それに、幹部とはいえ「市職員」（つまり公務員）の給料で、どうやって「サウナ代」を貯めたのでしょうか？（ちなみに、奥さんは専業主婦）

もちろんさまざまな「賄賂《わいろ》」でしょう。

建設会社の知人は、別に憤るわけでもなく、むしろ「儲かるから」と喜んでいたのですが……。

たとえば、最近「旅行代理店」を開いた知人の話。

道行く人に、「ここに旅行代理店がありますよ」と知らせるために、「看板」を立てたのだそうです。すると、数日後、警察官がやってきました。

「あそこに看板を立てるのは、違反だよ」とクレームをつけてきた。

「じゃあ、どうすれば許可をとれるのですか？」と聞くと、「そんなことは俺も知らない」という。

警察官は、「違反だけど、俺に定期的に金を払えば、見逃してやってもいいよ」と脅迫。その知人は、泣く泣く「看板のショバ代」を納めているそうです。日本人であれば「警察はヤクザか！」と憤ることでしょう。

ロシアでは、こういうことが日常茶飯事です。

「どこに行くにも一日がかり」

日本なら一日一〇できることが、ロシアでは一日一つしかできない。

あらゆるところに抵抗と障害があり、日本や欧米ではありえないことが続々と起こってきます。

それで、ロシア人も怒っているのでしょう。

私は、怒りを抱える知人・友人たちに、「そういう末端の役人たちが悪事を働くのはプーチンのせいか?」と、たずねてみました。

すると、たいてい「確かに、汚職は一九九〇年代のほうがひどかった。しかし、プーチン時代が一二年続いているのだから、やはり彼にも責任がある」という答えが返ってきます。

アメリカ国務省とロシア国民の関係

ここまで読まれて、みなさんは疑問に思われたことでしょう。

「大規模デモは、アメリカ国務省が起こしたのですか? それとも不満をもつロシア国民が起こしたのですか?」

これ、両方なんです。

デモに一〇万人が参加した。

その一〇万人全員がアメリカのエージェントなどということは、絶対ありません。

では、プーチンのいう「アメリカ国務省がデモを起こした」とはなにを意味しているのでしょうか?

これは、少数のエージェントや雇われ人が、イベント(デモ)のオーガナイズをしたと考えればわかりやすいでしょう。

みなさんも、日本政府にいろいろ不満をもっているはずです。

「この不景気なのに、なんだって消費税倍にするんだ！」とか。

だからといって、みなさん「デモ」しますか？

しないですね。なぜでしょうか？

一人でデモしても意味ないからです。というか、恥ずかしいし。

ところが、誰かが「デモを組織」してくれたらどうですか？

あなたのところにメールが届いた。

「あなたは、この不景気に消費税が倍増されることについて不満をもっていませんか？　そうであるなら、○月○日○時に○○公園までお越しください。『大増税反対集会』を開きます。

政府に、私たちの声を届けましょう！

PS 女優の松嶋由紀恵さんも参加予定です！」

これを見たあなたは、「ちょっくら行ってみるか。消費税増税は大反対だし、ひょっとしたら松嶋由紀恵に会えるかもしれん」などと思い、出かけるかもしれません。

「アメリカ国務省がデモを……」というのは、そういうことです。

今回の場合、選挙現場にカメラをもって出向き、わざわざ不正を撮影した人たち。

あるいは偽造映像であるなら、それを撮った人たち。

ソーシャル・ネットで、積極的にデモ参加を呼びかけた人たち。

これらの人々は、プーチンがいうように、アメリカが動かしている可能性だってある（他国の例として、第2章のグルジアやキルギスを思い出してください）。

とはいえ、現政権に全然不満がなければ、人は集まりません。ですから、一〇万人以上集まったということは、それだけ不満を抱えている人がいる証拠でもあります。

もう一つ、どんなに革命を起こすためのノウハウが確立していたとしても、大衆が現政権を支持していれば革命は成就しません。

ですから、「アラブの春」で政権が倒れた国々の国民は、やはり為政者にそれだけの憎悪をもっていたということなのです。


では、ロシアのデモは、なぜアラブで起きたような「革命」まで発展しなかったのでしょうか？

これは、参加者の多くが「中産階級」で「そこそこ豊か」だから。

つまり、「失うものが多い」ので、不満はあるが「革命」なんてしたくない。

こちらをご覧ください。


〈〈ロシア〉「デモは中間層中心」人権活動家語る

国際人権団体「ヒューマン・ライツ・ウォッチ」のロシア代表で人権活動家として20年近い経験を持つアンナ・セボーティアンさんが東京都内で毎日新聞と会見し、ロシア全土に広がった政権への抗議デモの背景や、ソ連崩壊後のロシアの人権状況の変化などについて語った。

【聞き手・真野森作】〉（毎日新聞二〇一一年一二月二六日付）

「ヒューマン・ライツ・ウォッチ」ですから、「クレムリンの御用機関」とは全然別物。

ですから、信用できますね。

アンナさんはデモについてなにを語っているのでしょうか？

〈抗議デモの後、カフェやレストランは参加者でいっぱいになった。**しゃれた店で飲食できる中間層がデモ隊の中心だ。**

人々はデモ情報をインターネットで知った。**ネットを頻繁に利用し、交流サイト「フェイスブック」に親しむ高学歴の30～40代がデモの中核となった。**

若者中心の「アラブの春」と違い、ロシアではソ連崩壊前後の出生率が低く20代の人口は少ない。

20代は今の(国家統制色が強い)ロシアしか知らないが、30～40代は1990年代の自由を満喫したロシアを知っている。〉(同前)(太字筆者)

高学歴で、デモの後はレストランでおいしいものを食べられる。つまりそこそこ豊かな層がデモの中心であったと。

彼らはもちろん、政府の建物を武力で占拠して逮捕されたくはないでしょう。

つまり、ロシア国民に「不満」はあるものの、「革命」するほどではないということなのです。

これは、日本もおそらく同じでしょう。

日本では、内閣支持率が二〇％以下とかよくありますが、革命はいっこうに起こりません。

これから、プーチンはなにをめざすのか

いろいろな問題を抱えたまま、大統領プーチンの三期目がスタートしました。

いったい彼は、なんのために帰ってきたのでしょうか？

これから先のプーチンの目標とはなんなのでしょうか?

そもそも、国のトップが掲げる目標とは、どうあるべきなのでしょうか?

そう、**「国民の幸福」**。「幸福」というとあいまいな概念ですね。

なかでも、国民の**「所得増加」**と**「安全確保」**は、最重要課題。

つまり目標は、「国民の収入を増やすこと」と「国の安全を確保すること」。


この二つは、どこの国でも、もっとも重要な課題です。

考えてみてください。「日本人は昔より不幸になった」ことを形容する際に使われる言葉。

「格差社会」「下流社会」「派遣村」「ネットカフェ難民」「フリーターが増加」「ニートが増加」「非正社員が三割」等々。

これらは、一言でいえば「金銭的に貧しい人が増えている」という話です。

「金がすべて」とはいいませんが、やはり国は「国民が豊かになる政策」を行うべきです。

そして、自国民から高い支持を得ていた(いる)政治家、たとえば、クリントン、プーチン、(カザフスタンの)ナザルバエフ、(マレーシアの)マハティール、鄧小平などを見ても、結局「経済成長を成し遂げた」のが人気の理由であることがわかります。

プーチンは二〇一一年四月二〇日、**「ロシアはGDPで世界五位に入る。一人当たりGDPを三万五〇〇〇ドルにする」**という目標を発表しました。

ちなみに、ロシアのGDPは二〇一一年時点で世界九位。

一人当たりGDPは、二〇一〇年、一万四〇〇〇ドルほどです。

もう一つの最重要課題である、「安全確保」。

これは、「国内」と「対外国」の両方があります。

たとえば、治安が悪くて、夜九時以降は怖くて外出できない。

これは不幸です。だから、治安を保たなければならない。

いくら国が豊かでも、中国とちょくちょく尖閣諸島で紛争があったり、北朝鮮がしょっちゅうミサイルをぶっ放してきたら、相当なストレスですね。

威嚇《いかく》だけならいいですが、実際に攻めてこられたらシャレになりません。

だから、国をしっかり守れる体制をつくる必要がある。

もちろん、「食糧」「エネルギー」の確保なども「安全」に含まれます。


こう考えると、プーチンの行動のすべてが説明できます。

彼は、なぜ「新興財閥」を叩いたのでしょうか?

そう、彼らは国のもっとも重要な収入源である石油部門を支配し、しかも税金を払わなかった。

それで、国民は貧しさを強いられていた。

そこで、プーチンは新興財閥と戦い、石油業界を国家の管理下においたのです。

その結果、国民は豊かになりました。

なぜプーチンはアメリカと戦うのか?

アメリカが、「ＮＡＴＯ拡大」や「東欧ＭＤ計画」を進めている。

そして、旧ソ連諸国で、革命を次々と起こしている。

これは、「ロシアの安全」という観点から大問題なのです。

だから、対抗措置をとる。


もちろん、プーチンは、「アメリカに逆襲する！」「ロシアを復興する！」と誓ったはずです。

しかし、もし「アメリカは全然ロシアの脅威ではないし、つきあえばつきあうほど儲かる」という状態であれば、当然アメリカを没落させるようなことはしなかったでしょう。

「なぜプーチンはもう一度大統領になったのですか？」と質問されれば、私は**「いまだにアメリカからの脅威があることが最大の理由だ」**と答えるでしょう。

一九九〇年代、ロシアは実質アメリカに支配されていました。

そして、経済状況は悪化し続け、ロシアはどんどん貧しくなっていった。

プーチンは、特に二〇〇三年以降、**アメリカからの自立**を明確にめざし、そのために激しい戦いを繰り広げてきました。

その結果、ロシアは次第に自立を成し遂げ、アメリカは没落していきます。

しかし、メドベージェフが大統領になるとどうでしょうか？

「あれよあれよ」という間に、ロシアは再び、「アメリカのいいなり」になってしまった。

プーチンは、**ロシア自立のために、既存の世界秩序に戦いを挑んでいる。**

そして、**「この戦いを完遂できるのは、自分しかいない」という自負**があるのでしょう。

イラクのフセイン、リビアのカダフィの例を見てもわかりますが、これは文字どおり**「命がけ」**

の戦いでもあります。

プーチンは、ついにアメリカにとどめを刺す

では、プーチンは、どうやって目標を達成するつもりなのでしょうか?

みなさん、ある人がどういう人間か見極める方法を知っていますか?

簡単です。「言葉」と「行動」を見ればいいのです。

人は、心で思ったことを「言葉」にする。

だから、言葉は心(＝どういう人間か)を反映しています。

しかし、人は往々にして、「言葉」を飾ります。自分をよく見せたいがゆえに、「よい言葉」を使う。

だから、「行動」も見る必要があります。

たとえば、「僕は、君だけを愛してる」といっている男が、ほかの女性と旅行に行った。

これは、彼がウソをついている可能性が高いですね。

「子供たちに美しい地球を残したい」といっている会社が、バリバリ環境破壊している。

この場合、スローガンは、企業イメージを飾るための「ウソ」であることがわかります。

つまり、この会社の経営陣は、本音ではあまり地球のことを考えていない。

これらの例でわかるのは、「言葉」と「行動」がちがう場合、「行動」のほうが「真実」であるということ。

私はいったいなにがいいたいのか？

プーチンのこれからの行動を予測するには、これまでの彼の「行動」を見ればいいのです。

「目標」をめざして「行動」しているのですから、彼の行動には一貫性がある。

もちろん、新たな試みもあるでしょうが、これから先も、一期目、二期目と同様な行動をとる可能性が高い。

1　プーチンは、アメリカをさらに没落させる

プーチンが「アメリカ一極世界」に反対し、「多極世界構築」をめざし行動してきたことは、第2章で触れました。

「あれ？　アメリカ一極世界は二〇〇八年で終わったのでは？」

そう。私もそう書きました。

そして、「米中二極世界」が到来した。

確かにそのとおり。

しかし、アメリカはいまだに強力で、依然としてロシアの脅威であり続けています。

だから、プーチンはアメリカがさらに没落するよう行動するでしょう。

どうやって？

2　プーチンは、「ドル体制」をさらに崩壊させ、ルーブルを基軸通貨化させていく

これも、第2章で書いたとおりです。

世界最大の借金大国アメリカのパワーの源泉は、世界通貨「ドル」です。

だから、プーチンは「ドル基軸通貨体制」への攻撃を続けてきた。

こちら、覚えていますか？

〈米露〝破顔一笑〟「ルーブルを世界通貨に」プーチン大統領ますます強気
【サンクトペテルブルク＝内藤泰朗】ロシアのプーチン大統領は10日、出身地サンクトペテルブルクで開かれた国際経済フォーラムで、同国の通貨ルーブルを世界的な基軸通貨とすることなどを提唱した。〉（産経新聞二〇〇七年六月一二日付）

この**「ドル外し」と「ルーブルの基軸通貨化」は、プーチン外交の「中心テーマ」であり続ける**ことでしょう。

どういうことかというと、プーチンがどこかの国の首脳と会う。

その際、**「両国貿易でドルを使うのをやめ、ルーブルとあなたの国の通貨を使うことにしましょう」と提案しまくる**ということです。


彼にとって、一つ一つの会談は、「ドル体制への攻撃」と「ルーブルとロシアの地位向上」のためなのです。

3　プーチンは、「中ロ同盟」の再強化をめざす

中ロ関係は、二〇〇五年ごろから急速に改善されていきました。

両国は、領土問題を解決し、大規模な合同軍事演習も行った。

しかし、メドベージェフ外交の中心課題は、「米ロ関係『再起動』」でしたので、中ロ関係は良好

ながら、以前の「熱さ」はなくなっていました。

プーチンは、「中国・ロシア同盟」の再強化をめざし、それに成功することでしょう。

なぜなら、中国はロシアの石油・ガスを絶対必要としている。

それに、国連安保理常任理事国で拒否権をもつ中ロが一体化すれば、安保理で孤立しなくてすみます。

中国一国でアメリカの戦争に反対すると、国際社会で孤立する。

しかし、中ロが一体化してアメリカの戦争に反対すれば、イラク戦争時のように情報戦で勝つこともできるでしょう。

「ルーブル基軸通貨化」に関連して。

メドベージェフは、どちらかというと中国より、アメリカを重視しました。

しかし、「ルーブル国際化政策」については、プーチン路線を継承しています。

たとえば、二〇〇九年六月にモスクワで中ロ首脳会談が行われた際、**「中ロ貿易でドルを使うのはやめよう」**という合意がなされました。

〈インタファクス通信によると、両首脳は現在ドルで行われている原油など貿易取引の決済について、**ルーブルや人民元への切り替えを検討することでも合意に達した。**

世界最大規模のエネルギー消費国と生産国が自国通貨による決済に踏み切れば、**世界貿易におけるドル離れを加速させる可能性もありそうだ。**〉（産経新聞二〇〇九年六月一八日付）

4　プーチンはSCOの再強化をめざす

二〇〇三年~二〇〇五年にかけて旧ソ連諸国で次々と起こった、アメリカによる革命。

これは、ロシアと旧ソ連諸国の独裁者たちを恐怖させました。

それで、プーチンは中国との同盟を決意。

さらに、SCO(上海協力機構)を「反米の砦」として育てることにしました。

そしてSCOは、ブッシュの攻撃的で独善的な外交姿勢にも助けられ、急速に求心力を強めていきました。

二〇〇七年には、加盟国六ヶ国で合同軍事演習が実施され、「SCOはNATOに対抗する組織だ」といった発言も聞かれました。

ところが、「米ロ『再起動』」の時代に入ると、ロシアにとってSCOの存在意義は失われていきました。「再起動」の時代に「反米の砦」はいらないというわけです。

メドベージェフには、SCOを強化しようという意思はなかったようです。

しかし、プーチンの時代が再び始まり、「再起動」の時代は終わりました。

彼は、SCOの再強化に乗り出すことでしょう。

具体的には、「SCOの軍事ブロック化」。

また、SCOの加盟国、オブザーバー国を増やすことで「反米の砦SCO」の影響力を強化していきます。

5　プーチンは、「ブリックス」諸国との連携を深める

プーチンがめざすのは、「多極世界」。

そして、彼と志を同じくするのが、ブリックス諸国の首脳たちです。

前述しましたが、ブリックスとは、ブラジル、ロシア、インド、中国のこと（最近は、BRICSと書いて、南アフリカが含まれることもあります）。

ブリックス四ヶ国は、それぞれ地域の大国。当然アメリカ一国が世界を支配する状況を心よく思っていません。

インドは、親米と思われがちですが、この国はつねに自立した外交を行ってきました。ロシアとの関係も良好で、中国との和解も成し遂げています。

ブリックスのポテンシャルは驚異的です。

GDPを見ると、二〇一一年時点で中国は世界二位、ブラジルは六位、ロシア九位、インド一〇位となっています。

GDP一〇位までを見ると、四位ドイツ、五位フランス、七位イギリス、八位イタリア。いずれも欧州の成熟国家であり、今後高成長は望めません。

しかも、欧州では金融危機がいつ起こってもおかしくない状況が続いています。

よって、数年後には、GDP六位までを、日米およびブリックス諸国が占めることになるでしょう。

経済力のポテンシャルもすごいですが、ブリックスはすでに現時点で、世界人口の四二％、面積の二九％を占めています。

こんなブリックスが、「多極主義」であり、「反米」であることは、プーチンにとって心強いでしよう。

戻ってきたプーチンは、ブリックス諸国との連携を強化していくはずです。

そして、「あのこと」も決して忘れていません。

二〇〇九年六月一六日、ロシアのエカテリンブルクでブリックス・サミットが開かれ、**「ブリックス内の貿易でドルを使うのはやめましょう」**という話で盛り上がりました。

〈同筋によると、4カ国の首脳はまた、**域内貿易での自国通貨による決済拡大に向け提案をまとめるよう求めた。**〉（ロイター二〇〇九年六月一七日付）

どうですか、これ？

「ドル体制」は確実に崩壊しつつあります。

6　プーチンは、「ユーラシア経済同盟」をつくる

まず、二〇一一年一一月一八日付の時事通信をご覧ください。

〈「ユーラシア経済同盟」創設へ＝ロシアなど旧ソ連3カ国首脳

【モスクワ　18日　時事】関税同盟を結成しているロシア、ベラルーシ、カザフスタン3カ国首脳は18日、モスクワで会談し、来年1月に統一経済圏を発足させると正式に宣言するとともに、将来的に3カ国を含む一部旧ソ連諸国で「ユーラシア経済同盟」創設を目指す合意文書に署名した。

ユーラシア経済同盟は、ロシアのプーチン首相が同国紙への寄稿で提唱した構想がベース。実現目標は2015年ごろとされる。プーチン氏は来年3月の大統領選で当選が確実視さ

れており、外交・経済政策の主軸として注目されそうだ。〉

なぜ、プーチンはこんなものをつくろうとしているのでしょうか？

一つは、「ルーブル基軸通貨化」とのからみ。

中国は、GDP世界二位という経済力を背景に、着々と人民元の国際化を進めています。

しかし、GDP世界九位ロシアの通貨ルーブルが基軸通貨になるのは、ほとんど不可能に思えます。

たとえば、私は日本からロシアに戻るとき、現金はドルかユーロに換えていきます（ここ数年は、ロシアのATMでも、インターナショナル・キャッシュカードが使えるようになり、あまり現金は持ち歩きませんが）。

成田空港の銀行では、さまざまな国の通貨の両替ができますが、ルーブルは扱っていません。それだけ「ローカル通貨」な証拠です。

では、どうやってルーブルを基軸通貨化しようというのでしょうか？

ユーロは、一九九九年に誕生したとき、一一ヶ国からのスタートでした。それがいまでは二三ヶ国で使われるようになった。

ロシアは、ユーロをモデルにルーブルを基軸通貨化させていくのでしょう。

もちろん、「ユーラシア経済同盟」参加国から、「ルーブルが共通通貨なんておかしい！」とクレームが出るかもしれません。その場合は、別にルーブル以外の共通通貨をつくってもいい。

いずれにしても「経済同盟」内の貿易で「ドル」は使われなくなるでしょう。

「ユーラシア経済同盟」をつくる目的の二つ目は、「多極世界の一極にする」こと。

「アメリカ一極世界」が崩壊し、「米中二極世界」がやってきた。

これは、当然プーチンの望む状態ではありません。

彼は、「多極世界」をつくり、ロシアをその「一極」にしたいのです。

しかし、ロシアが一極になるために、決定的な問題が存在しています。

それが、「人口」です。

中国の人口は、一三億五〇〇〇万人。

インドは一二億人。

EUは五億人。

アメリカは三億二〇〇〇万人。

これらの国々は、「一極」になれるだけの規模があります。

しかし、ロシアの人口は、一億四一九〇万人。

しかも、この国は「少子化」「早死に」問題が深刻で、人口が毎年数十万人も減少している。

プーチンは、「一極」になるには、「規模が小さすぎる」と考えているのでしょう。


三つ目は、「SCO」とのからみ。

既述のように、SCOは中国とロシアが「反米の砦」として育ててきた組織です。

ここにはリーダーが二国いる。

中国とロシアです。

しかし、中国の国力が圧倒的に上ですから、SCO内の力関係でロシアは押され気味なのです。

そのためロシアは、中央アジアの旧ソ連圏への影響力を確保するために、中国抜きの共同体（＝ユーラシア経済同盟）をつくる必要がある。


以上が、これからの「プーチン外交」の方針になるでしょう。

ロシアと欧米の関係は、ロシアがシリアやイランへの制裁、戦争を妨害するので、悪化していくでしょう。

日本はどうでしょうか？

プーチンは、「親日」で知られています。しかし、「欧米」対「中ロ」という対立構造が明らかになっていき、日ロ関係は停滞を余儀なくされるでしょう。

アメリカは、「金づる」の日本が、中ロに取り込まれていくのを許さないはずです。

近い将来、ドル暴落とインフレがアメリカを襲う

プーチンと多極主義陣営の意図的「ドル攻撃」の結果、なにが起こるのでしょうか？

そう、「世界的なドル離れ」です。

それは、ドルが「唯一の基軸通貨ではなくなる」ことを意味します。

正確にいうと、ドルはいくつかある基軸通貨の「一つ」にすぎなくなる。

結果、**アメリカは普通の借金超大国となり、財政は破綻**します。

いつそのときが来るかは誰にもわかりませんが、二〇一五年～二〇二〇年が、アメリカにとってもっとも厳しい期間になると思います。

アメリカでは、なにが起こるのでしょうか？

ごくごく普通の「財政破綻国家」と同じことが起こります。

つまり、**「ドル暴落」と「インフレ」**です。

どの程度ドルが下がるのか、どの程度のインフレになるのか？　これもはっきりはわかりません。

しかし私は、一ドル四〇円くらいが適正だろうと思います。

ドルの価値が半分になるということは、アメリカ国民にとって、輸入品の値段が倍になることを意味しています。

つまり、最悪で年一〇〇％、実際には年数十％のインフレに苦しむことになるでしょう。

ここで補足しておきたいのは、「ドルは一直線で下がるわけではない」ということ。

たとえば二〇一二年～二〇一三年にかけて、世界経済最大のリスクは「欧州財政危機」です。

ギリシャ、ポルトガル、スペイン、イタリア等々。特に経済規模の大きい、スペイン、イタリアの財政が破綻すれば、リーマン・ショック以上の衝撃が世界を襲うでしょう。

欧州で危機が続いている期間、ユーロは下がっていきます。

さて、アメリカの財政が破綻すると、世界はどうなるのでしょうか？

これまで、世界経済は、アメリカの消費によって支えられてきました。

アメリカ財政が破綻し、ドルが暴落すれば、国内にインフレが起こる。

プーチンが企むアメリカ崩壊シナリオ

①ドル体制の崩壊

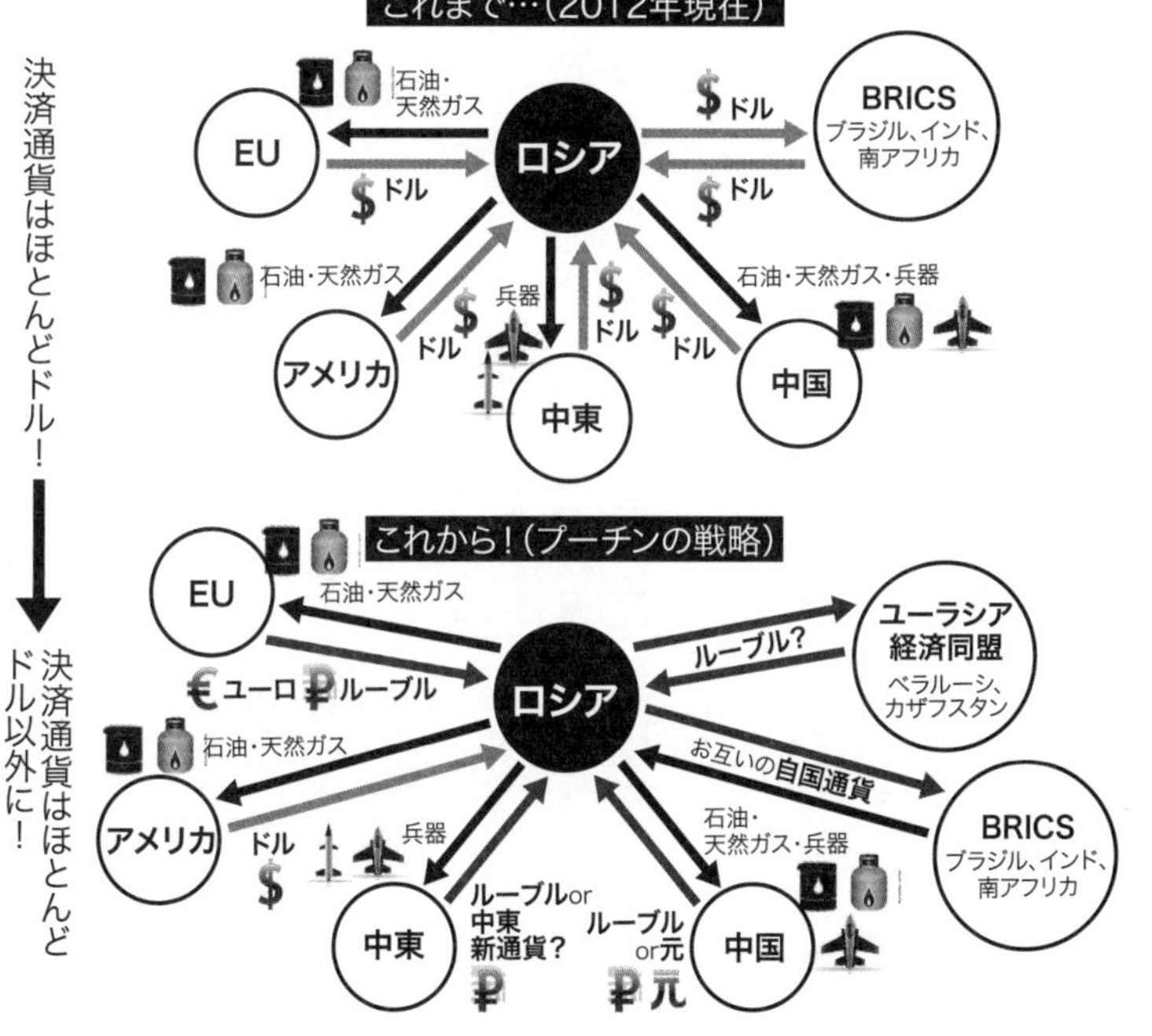

②軍事ブロックの強化・拡大

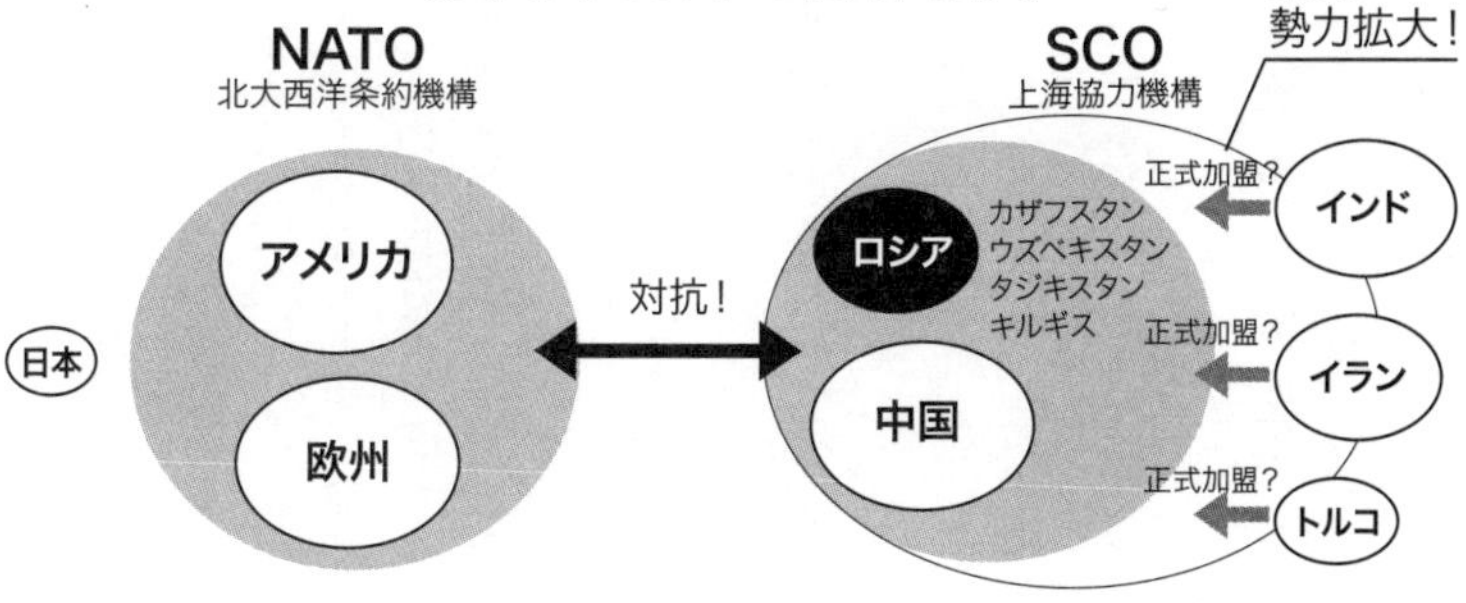

インフレが起これば、当然アメリカの消費は激減することでしょう。

すると、消費が減るのですから、世界の企業は「モノをつくっても売れない」状況になります。

そこで、世界中の企業は生産を縮小する。

生産を縮小すると、人があまるので世界各国で大規模なリストラが行われるでしょう。

アメリカの消費が減り、世界中の企業が生産を縮小すると、企業の売り上げも利益も減少します。

リストラされた人々の所得は「失業手当」だけとなり、リストラを免れた人の所得も減らされることになります。

わかりやすく書くと、以下のようになります。

アメリカの消費減少↓世界の企業の生産減少↓世界の人々の所得減少↓世界の人々の消費減少↓世界の企業の生産減少↓世界の人々の所得減少↓以下同じプロセスが繰り返される。

要するに、「二〇〇八年〜二〇〇九年の世界経済危機が、もっと大きな規模で起こる」と考えればわかりやすいでしょう。


では、ロシアはこの危機を乗り切ることができるのでしょうか？

今回の危機翌年の二〇〇九年、GDPマイナス七・九％という数字がすべてを物語っています。

ロシアが、アメリカのさらなる没落に伴う危機を避けるのは不可能です。

ですから、プーチンはこれから、せっせと外貨保有高を増やし、危機の悲劇を和らげる準備をしていくのでしょう。

もちろん、ドルやユーロの暴落リスクを避けるために、いくつかの外貨を分散してもつことになります。

「アメリカがさらに没落するということは、米中覇権争奪戦に勝つのは中国なのでしょうか?」

二〇一〇年代、アメリカは沈み、中国は浮上していく。

そして、誰もが、「中国が次の覇権国家だ!」と思うようになる。

しかし、中国の栄華は案外あっさり終焉を迎えるでしょう。

なぜか?

既述のとおり、中国の国家ライフサイクルを見ると、二〇一〇年代は「成長期後半」に当たります。

それが正しいとすれば、二〇一八年末から二〇二〇年ごろに、日本の「バブル崩壊」に相当するできごとが起こるでしょう。

その結果は?

よくて、「高度成長はもうムリ」。

最悪、「共産党一党独裁体制の崩壊」までいく。

つまり、米中覇権争奪戦は、はっきりした勝者がなく、しばらく「覇権国家不在の時代」が続きます。

エネルギー革命が起これば、アメリカ復活も

では、没落したアメリカは、その後どうなっていくのでしょうか?

ロシアの例などを見ると、だいたい五～六年は沈み続けていくと思います。

しかしその後、再浮上し始めることでしょう。

では、どういうプロセスでアメリカは復活するのでしょうか？

これも、ごくごく普通の国で起こるプロセスが繰り返されます。

ドルが暴落した。

このことは、世界市場においてアメリカ製品が「安くなること」を意味しています。

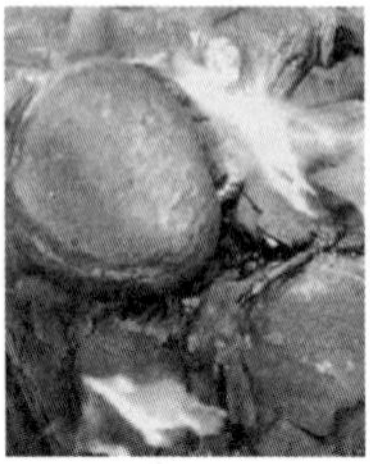

燃焼するオイルシェール

つまり、アメリカ製品に「競争力」が戻ってくるのです。

万年貿易赤字国だったアメリカが、貿易黒字国に転換することでしょう。

「安い労働力」を求めて外国に出ていたアメリカ企業は、どう動くでしょうか？

「おい、ドル安だから、アメリカで生産したほうが割安だぞ！」となるでしょう。

さらに、外国企業や投資家は、アメリカのことをどう見るでしょうか？

「おい、ドル安でアメリカの企業、土地なんかは割安だから、どんどん投資しよう！」となるでしょう。

こうして、アメリカは復活の道を歩み始めます。

そして、同国の再生を助けるのが、「オイルシェール」です。

アメリカの石油は、「二〇一六年には枯渇し始める」という話をしました。

しかし、**「オイルシェール」の復活により、アメリカのエネルギー問題は解決される**でしょう。

オイルシェールとはなんでしょうか？

日本語では、「油母頁岩《ゆぼけつがん》」と訳されます。簡単にいえば、油を含んだ岩。

大切なのは、オイルシェールは、**石油の代替エネルギーになりうる**、ということ。

実をいうとオイルシェールは、大昔から使われてきました。

しかし、安価な石油の時代が訪れたことから、ほとんど忘れられた存在になっていたのです。

オイルシェールは現在でも、エストニア、中国、ブラジル、ドイツ、イスラエル、ロシアなどで利用されています。エストニア、中国、イスラエル、ドイツでは発電にも使われています。


私はいったいなにがいいたいのか?

原油価格が高いこと、技術が進歩してきたことで、オイルシェールが採算に合うようになってきた。

世界二位の石油エネルギー企業、ロイヤル・ダッチ・シェルは、「シェール油を抽出する技術により、一バレル三〇ドルから二〇ドルで生産できる」と発表しています。

そして、重要なのはオイルシェールの埋蔵量。

現在、世界の原油埋蔵量は一兆三一七〇億バレルといわれています。

これに対し、オイルシェールの世界全体の推定埋蔵量は、バレル換算で二兆八〇〇〇億〜三兆三〇〇〇億バレル。

世界の原油埋蔵量の二〜二・五倍はある。

しかも、アメリカの埋蔵量は、**世界総埋蔵量の六〇%以上を占める**といわれています。つまり、オイルシェールが石油の代替エネルギーになれば、アメリカのエネルギー問題は近々解決される。

そうなれば、アメリカは、ソ連崩壊後のロシアが石油・ガスで復活をはたしたように、オイルシェールで再生する可能性が高いのです。

アメリカはこれまで、「ドル体制」を守るため、「石油」を支配するために戦争を繰り返してきました。

しかし、いまから一〇年後、すでに「ドル体制」は崩壊し、自国内には石油に代わる資源がありあまっている、ということになる。

そう、アメリカには、もはや戦争する理由がなくなるのです。

では、復活したアメリカは、再び世界の超大国をめざすのでしょうか?

そうはならないでしょう。

アメリカは、没落したイギリス、あるいはロシアがそうであるように、「地域の大国」にはなれます。しかし、もはや「世界の覇権国家」を狙えるような力は戻ってきません。

こうして、欧米の時代は終焉を迎え、アジアの時代が始まるのです。

覇権国家の変遷②(リーマン・ショック後〜近未来?)

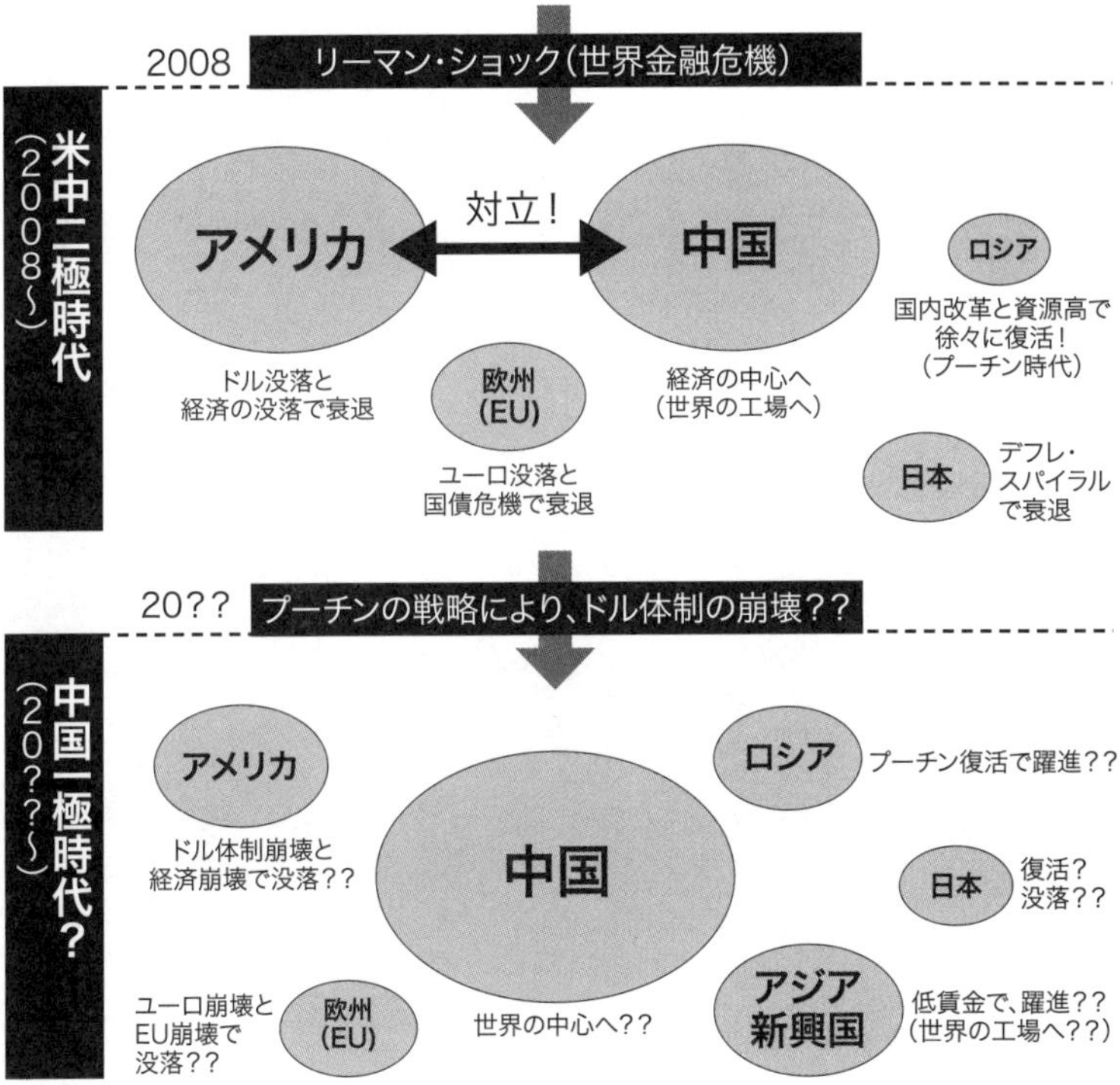

おわりに

この本を読まれて、みなさんはどのような感想をもたれましたか?

「初めて聞いた!」という話が、たくさんあったのではないでしょうか?


この本の主人公は、ロシアの大統領プーチンです。

一九五二年生まれの彼は、中年にさしかかった三九歳のとき、生まれ育った「祖国」が消滅するという衝撃的な体験をしました。もちろん、それを体験したのは、「全ソ連国民」だったわけですが。

プーチンの祖国「ソ連」は一五の国に分裂。

そして、新生ロシアの大統領エリツィンは、「金を借りるために」かつての敵アメリカのいいなりにならざるをえませんでした。

KGBの諜報員プーチンは、当時もっとも権力をもっていたユダヤ系新興財閥ベレゾフスキーに引き上げられ、「あれよあれよ」という間に大統領になってしまいます。

大統領になったプーチンは、一九九〇年代ロシアを実質支配していた新興財閥軍団の長、ベレゾフスキーとグシンスキーを国外に追放しました。

その後、同じくユダヤ系新興財閥で「石油王」のホドルコフスキーと対決。

しかし、このホドルコフスキーが米英のトップ層と結託していたことから、プーチンは、世界の支配者を敵に回すはめになってしまいます。

ここから、「ロシアの自立」をかけた彼の壮絶な戦いが始まったのです。

私はこの本のなかで、特に日本人にはほとんど知られていない事実、そのまま書けば「トンデモ系」「陰謀系」と思われるであろう事実については、読みやすさを犠牲にして「新聞記事」を数多く転載させていただきました。

書かれている事実が、私の「主観」「妄想」「ファンタジー」でないことを、はっきりとみなさんに理解していただくためです。

そして、この本で書かれていることは、

「ウソの理由で戦争する」

「基軸通貨体制を守るために他国を攻める」

「石油利権を確保するために戦争する」

「他国で次々と革命を起こす」

「どちらが先に戦争を開始したかを、情報戦でくつがえす」

「国際法を無視しても大国は罰せられない」

等々、われわれ日本人には、信じがたいことばかりです。

しかし、私が取り上げたできごとは、「新聞にもバッチリ載っている事実」。

私がこの本を書いた意図の一つは、**「世界がいまだに戦国時代であること」**をみなさんに**知ってもらいたかった**からです。

では、戦国の世界にあって、なぜ日本人はそのことを全然意識せず、なにも知らずに生きているのでしょうか？

よく使われる言葉で、なぜ**日本人は戦国時代に「平和ボケ」していられるのでしょうか？**

そう、日本は終戦からいままで、**世界の覇権国家アメリカ合衆国の「天領」だったから。**

そのおかげで日本は、**「自国の安全についてまったく考えなくてもよい」**という、きわめて特殊で恵まれた（？）環境にいることができたのです。

確かに、政治に関心がある人は、「日本の首相はアメリカのいいなりだ！」と憤ることがあったでしょう。

しかし、特になにも考えない人は、世界一治安のいい豊かな国で、わりと幸せに暮らしてこられたのではないでしょうか？

では、なぜ私は、わざわざ「世界はいまだに戦国時代ですよ！」と知らせる本を書いたのでしょうか？

「平和な時代」が過ぎ去ろうとしているからです。

なぜかというと、**「アメリカが日本を守れなくなる日」が近づいている。**

アメリカと冷戦を戦ったソ連は、かつて全世界の国々（特に共産陣営）に経済的・軍事的支援を行っていました。

ところが、経済が苦しくなった一九八〇年代半ばからソ連が崩壊した一九九〇年代初めにかけて、ほとんどの国への支援を停止したのです。

それは、「自国のことで精一杯になった」から。

アメリカはどうでしょうか?

財政が破綻しても「世界の警察」を続けるでしょうか?

アジアの安全保障に責任をもつでしょうか?

ソ連の例を見れば、アメリカが全世界から軍隊を引き上げざるをえない状況になることも十分考えられるのです。

そのとき、**「平和ボケ」日本は、戦国時代の世界に放り込まれることになります。**

はたして日本は独立を維持できるでしょうか?

私は、みなさんに**「日本は覚醒しなければならないときが来たのだ」**と気づいてほしくてこの本を書きました。

この本を読まれたみなさんが、**それぞれの立場で、日本を守るために立ち上がることを願っています。**

この本は、大変多くの人々の協力を得て出版にいたることができました。

まず、集英社インターナショナルのみなさま。

特に、ありあまる情熱でこの本を見やすく、読みやすく仕上げてくださった生駒正明氏。

モスクワ在住の私の日本における活動を、全面的にサポートしてくださっている、アウルズ・エージェンシーの下野誠一郎氏。

そして、私の活動を特に支えてくださっている田内万里夫氏。

心から感謝申し上げます。


また、いままで私を育ててくださった人々がいなければ、この本を出すことはできませんでした。

風雲舎の山平松生社長。

元パブリッシンググリンク、および「小説新潮」元編集長の校條剛氏。

同じくパブリッシンググリンクの三浦圭一氏、定家励子氏、海野早登子氏。

元パブリッシンググリンク、広島香織氏。

元草思社、現筑摩書房の田中尚史氏。

「週刊ダイヤモンド」の津本朋子氏。

ダイヤモンド社の石田哲哉氏。

みなさまのおかげで、国際関係アナリストおよび作家としてのキャリアを積み重ねてくることができました。

本当にありがとうございます。


大々的に本を引用させていただいた、著者のみなさまにも心から感謝申し上げます。

小川和男先生、大前研一先生、伊藤貫先生、日経新聞・栢俊彦氏。

本書で取り上げた本は、どれも名作・傑作ですので、迷わずご一読されることをお勧めいたします。


さらに感謝したいのは、日々世界の動きを配信し続ける、新聞記者のみなさまです。

この本では、多くの新聞記事を転載、引用させていただきました。

読売新聞の貞広貴志氏、五十嵐弘一氏、鶴原徹也氏、瀬口利一氏、黒瀬悦成氏、岡田章裕氏、寺口亮一氏。

産経新聞の近藤豊和氏、内藤泰朗氏、佐々木類氏、山本秀也氏、犬塚陽介氏。

毎日新聞の藤好陽太郎氏、春日孝之氏、大前仁氏、田中洋之氏、笠原敏彦氏、真野森作氏。

この他、署名のない多くの記事を転載・引用させていただきました。

私は、この本で取り上げさせていただいた記事の筆者数人に、お会いしたことがあります。

いずれも、人格的にすばらしく、勇敢で行動力があり、日本の将来を心から案じている人ばかりでした。

最近は、「マス〝ゴミ〟」などという言葉が頻繁に使われ、「日本のマスコミはレベルが低い」と確信している人が多いかもしれません。

しかし、この本を最初から最後まで読まれたみなさんは、「案外日本の新聞にも『驚愕の事実』が載っているではないか！」と、見直されたことと思います。

日本の情報分析の第一人者といえば、佐藤優氏でしょう。

その佐藤氏は、名著『国家の罠』の中で、「情報のプロ」になるための「秘訣」をこう書かれています。

〈情報専門家の間では「**秘密情報の98%は、実は公開情報の中に埋もれている**」と言われるが、それをつかむ手がかりになるのは新聞を精読し、**切り抜き、整理するところからはじまる。**〉（『国家の罠』新潮社　P189、太字筆者）

どうですか、これ？

もしみなさんが、新聞を精読すれば、秘密情報の九八％を知ることができると。

というわけで、ぜひとも新聞を熟読してみてください。

また、この本を読まれて、「いや〜有益な情報だった。もっと知りたい！」という方は、私が配信している無料メルマガ「ロシア政治経済ジャーナル」(http://www.mag2.com/m/0000012950.html)に登録してみてください。

「はじめに」で、**「この本を読み終えたとき、あなたの世界観は一変しているはずです」**と書きました。

あなたは、「いや全然変わってないよ」といわれるかもしれません。

しかし、この本を**完読されたあなたの脳は、確実に変化しています。**

テレビのニュースを見て、新聞を読むだけで、**「なぜか世界の動きがわかる」ようになっている**

ことでしょう。

最後までお読みくださり、ありがとうございました。

またお会いできる日が来るのを、心待ちにしております。

二〇一二年三月

北野幸伯

年　表
プーチンとロシアと世界の動き

プーチンとロシアと世界の動き

1952	10.7	プーチン、ソ連・レニングラード(現サンクトペテルブルク)で生まれる(スターリン政権下)
1970		プーチン、レニングラード大学法学部に入学(ブレジネフ政権下)
1975		プーチン、レニングラード大学法学部卒業。KGBに就職後、KGBレニングラード支部事務局に配属
1985	3	ゴルバチョフ、ソ連最高指導者、共産党書記長に就任
		ゴルバチョフ、「ペレストロイカ」(再建)、「グラスノスチ」(情報公開)などの大改革を実施
		プーチン、KGB職員として東ドイツのドレスデンに派遣され、政治関係の情報を集める諜報活動に従事
1989	11.9	東西ベルリンの壁崩壊
1990	3.15	ゴルバチョフ、ソ連大統領(最初で最後)に就任。同年、ノーベル平和賞を受賞
	10	東西ドイツ統一。プーチン、ソ連のレニングラードに戻り、KGBを辞職
1991	7.10	エリツィン、ロシア連邦初代大統領に就任
	12	プーチン、レニングラード市(同年11月、サンクトペテルブルク市に名称変更)対外関係委員会議長に就任
	12.25	ゴルバチョフ、ソ連大統領辞任。ソ連構成共和国が独立し、ソ連崩壊。エリツィンのロシア共和国が後継国家に
1992	1	ロシア首相代行・ガイダルら、急激な「国営企業の民営化」「価格自由化政策」を断行
		国内にハイパーインフレが起こり、国民経済と生活は大混乱に。同時に、ユダヤ系ロシア人の「新興財閥」が出現
		プーチン、サンクトペテルブルク市・副市長に就任
	12	エリツィン、ロシア経済を混乱させたとして、首相代行・ガイダルを解任
1994	3	プーチン、サンクトペテルブルク市・第一副市長に昇進。外国企業誘致を行い、外国からの投資促進に努める
1996	1	新興財閥・ベレゾフスキー、ロシア国内大手石油会社「シブネフチ」を買収。経済基盤を拡大
	6	プーチン、クレムリンからの異例の抜擢により、ロシア大統領府総務局次長に就任。モスクワへ
	6~7	ロシア大統領選。新興財閥ベレゾフスキーの強力なマスコミ操作で、劣勢だったエリツィンが奇跡的な逆転勝利
1997	3	プーチン、ロシア大統領府副長官に就任
1998	7	プーチン、KGBの後身、FSB(ロシア連邦保安庁)の長官に就任
	8.17	ロシア金融危機。首相キリエンコ、ルーブルの切り下げを行い、「対外債務の90日支払い停止」(デフォルト)を宣言

ゴルバチョフ・ソ連&ロシア・エリツィン混乱期

1998	9	エリツィン、元KGBのプリマコフを首相に任命。プリマコフ、石油・ガス会社への徴税を強化
1999	2	FSB長官プーチン、ベレゾフスキーに接近
	8	プーチン、ステパシンの後継として、首相就任
	9.23	プーチン(首相)、第２次チェチェン戦争開始を指示
	12.31	エリツィン、健康悪化を理由に、突如大統領辞任。後継にプーチンを指名。プーチン、大統領代行に
2000	3	ロシア大統領選。プーチン、５３％の支持率を得て勝利
	5	プーチン、大統領就任。「連邦管区」の創設、「土地の私有と売買の自由化」「所得税の減税」「法人税の減税」を実施
	6	プーチン、新興財閥の大物・グシンスキーを逮捕。事実上、国外追放
	7	プーチンと検察、新興財閥関連の大企業をいっせいに告訴、摘発
	11	イラク・フセイン、同国産原油取引の決済通貨をドルからユーロに転換
2001	1	ブッシュ、米大統領に就任
		新興財閥ベレゾフスキー、プーチンの圧力によりアブラモービッチに「ロシア公共テレビ」の株を売却。イギリスに亡命
	2.14	ロシアの大企業連合「ロシア産業・企業家同盟」が、プーチンに謝罪。以後、プーチンに忠誠を誓うことを明言
	9.11	アメリカで、9.11同時多発テロ勃発
	10.7	米と有志連合、アフガン戦争開始。プーチン、欧米への協力と連帯を表明
	12	新興財閥のユコス社長・ホドルコフスキー、英・ロスチャイルド卿と共同で「オープン・ロシア財団」をロンドンに設立
		プーチン、与党「統一」にプリマコフの「祖国・全ロシア」を吸収。「統一ロシア」が下院第一党になり、下院支配に成功
2002	5.24	プーチンと米ブッシュ、米ロの戦略核弾頭配備数を10年間で３分の１に削減するとした「モスクワ条約」を締結
	5.29	ＥＵ、ロシアを「市場経済国家と認定する」と発表
	6.6	アメリカ、ロシアを「市場経済国家」に認定
2003	3.20	米、単独でイラク戦争開始。プーチン、イラク内のロシア石油利権を守るため、反米路線へ
	4	米ブッシュ、アゼルバイジャン-グルジア-トルコをつなぐ、BTCパイプラインの建設を開始
		ロシア、ユコス問題、発覚
		ロシア石油会社最大手・ユコス社長ホドルコフスキー、同社の株多数を米・石油メジャーに売却する計画を発表
		プーチン、ロシアの根幹を支える石油権益が欧米の支配下におかれかねない事態に激怒。「米ロ新冷戦」始まる

ゴルバチョフ・ソ連&ロシア・エリツィン混乱期

プーチン、ロシア国内の政治経済の改革安定へ

米ロ・蜜月期

米ロ・新冷戦

2003	10.25	プーチン、新興財閥最後の大物、ユコス・ホドルコフスキーを脱税容疑で逮捕。欧米との対立が決定的に
	11.2	グルジア、議会選挙
	11.22	グルジア、親米派のサアカシビリ率いる野党勢力が「選挙不正」に抗議し、グルジアの議会ビルを占拠
	11.23	グルジア・シェワルナゼ大統領、辞任
	12	ロシア下院選実施。プーチン率いる「統一ロシア」、約４０％の支持率で第一党に
2004	1	グルジア大統領選挙で親米・サアカシビリが勝利。ロシア隣国の旧ソ連諸国、グルジアに親米傀儡政権が誕生
		プーチン、来るべき金融危機、石油価格の急落に備え、国内に「安定化基金」を設立。外貨準備高を急増させる
	3.14	ロシア大統領選。プーチン、得票率７１％の圧倒的支持で、大統領に再選
	11.21	ウクライナ大統領選。親ロのヤヌコビッチ現首相と親米のユシチェンコの決選投票となり、親ロのヤヌコビッチが勝利
		ウクライナ・ユシチェンコ陣営、「選挙に不正があった」と再選挙を要求。欧州、アメリカもこれを支持
	12	ウクライナ大統領選、再選挙。親米のユシチェンコが逆転勝利。旧ソ連諸国・ウクライナに親米傀儡政権が誕生
2005	3.13	キルギス、議会選挙で現職アカエフ大統領の与党が圧勝
	3.18	キルギスの野党、「選挙に不正があった」と抗議。再選挙とアカエフ大統領辞任を要求
	3.24	キルギスの首都ビシュケクで大規模デモが発生、参加者が政府庁舎などを占拠
		キルギス・アカエフ大統領、ロシアに亡命。「チューリップ革命」が成功
	5	ウズベキスタンの地方都市で大規模な暴動と反政府デモが発生。カリモフ大統領の辞任を要求
		カリモフ、暴動とデモを武力で鎮圧し、革命を阻止
	6.2	プーチン、中国との積年の国境問題を解決。中国との同盟関係強化に政策を変更
	7.5	プーチン、カザフスタンでの「上海協力機構」首脳会議で、反米砦化を決意。中央アジア駐留米軍の撤退要求を決議
	7	キルギス・反体制派のバキエフ元首相、キルギス大統領選に勝利。旧ソ連諸国・キルギスで親ロ政権が崩壊
	7.30	ウズベキスタンのカリモフ大統領、アフガン戦争以来駐留を許可していた米軍の180日以内の撤退を要求
2006	1	プーチン・ロシア、ロシア国内で「ＮＧＯ規制法」を施行。ロシア、ウクライナへのガス供給を一時停止
	3.19	ベラルーシ、大統領選。現職ルカシェンコが勝利するが、野党・ミリンケビッチは「選挙不正」を主張、再選挙実施を要求
	3.20	ベラルーシ大統領選での選挙不正に、ＥＵおよびアメリカが激しく抗議、再選挙実施を要求
	3.25	ベラルーシ、反体制派のリーダー・ミリンケビッチ、デモの中止を宣言。革命は不発に

旧ソ連諸国でアメリカ画策の「カラー革命」が進行

2006	3.29	米ブッシュ、ロシアが旧ソ連諸国の革命を阻止している、と非難
	5.10	プーチン、年次教書で、石油などの決済通貨をルーブルにすべきと宣言
	6	ロシア中央銀行、ロシアの外貨準備高に占めるドルの割合を70%から50%に下げると発表
		BTCパイプラインが稼働。ロシアに経済的大打撃
	6.8	プーチン、ロシア取引システムで、初のルーブル建てロシア産原油の先物取引を開始
	10.9	北朝鮮、核実験に成功
	10	米ブッシュ、北朝鮮を攻撃する意思はないと発言
	12.5	イラン・アハマディネジャド大統領、イランの核開発計画は最終段階にあると発言
	12	ユーロの世界流通量、ドルを超える
2007	2	プーチン、ミュンヘン安全保障国際会議で、「アメリカ一極世界は崩壊する」と断言
	2.9	NATO、アメリカの東欧ミサイル防衛計画（東欧MD計画）の支援を表明
		ロシア、イワノフ国防相、アメリカの東欧MD計画に「必要性なし」と反発
	6.10	プーチン、ルーブルをドルに替わる「世界基軸通貨」にすると提唱
	6.13	「上海協力機構」加盟６ヶ国、「NATO対抗」を目的とした大規模な合同軍事演習を実施
	9.17	元米FRB議長・グリーンスパン、「アメリのイラク開戦の動機は石油利権」と暴露
	12.3	米・情報機関、イランは２００３年秋に核兵器開発計画を停止と発表
	12.4	中東産油大国同盟（湾岸協力会議）、２０１０年までに新共同通貨を創設と発表
	12.8	イラン、同国原油のドル決済を完全に中止
2008	3.2	ロシア大統領選。プーチンが後継指名したメドベージェフが圧勝
	5	ロシア大統領にメドベージェフが就任。プーチンは首相に
	8.7	グルジア、国内の親ロ自治州、南オセチアに進攻
	8.8	ロシア、南オセチアに軍事進攻。グルジアへの空爆開始
	8.11	米ブッシュ、ロシア軍のグルジア軍への反撃を、グルジアに対する軍事進攻と非難
	8.15~16	グルジアとロシア、休戦に合意
	8.26	ロシア、グルジア国内の南オセチアとアブハジアの独立を承認

プーチン、ドル基軸通貨の崩壊を本格化

米ロ・新冷戦

2008	8.29	グルジア、ロシアとの外交関係断絶を決定。独立国家共同体（ＣＩＳ）を脱退
	9.15	アメリカでリーマン・ショックが起こり、世界金融危機勃発。原油価格が暴落し、ロシア経済は想定外の大打撃
	11.4	アメリカ大統領選挙で、オバマが勝利
	11.14	ワシントンで、初のG20首脳会合が開催
2009	1.20	オバマ、米大統領に就任
	2.17	米オバマ、「米国再生・再投資法」を成立。日本円（当時）で約８０兆円もの景気対策実施へ。一方で、財政赤字が急増
	3.23	中国、IMFの特別引出権（SDR）がドルに替わる世界通貨になりうる、と発言
	6	メドベージェフ、中ロ首脳会談で、原油などの決済通貨を、ドルからルーブルや人民元に切り替えることを提案
	6.16	プーチン（首相）、ブリックス・サミットで、ブリックス同士の貿易は、決済通貨をドルから自国通貨に切り替えるよう提案
	7.3	天野・次期IAEA長官、イランが核兵器開発を目指している証拠なし、と発言
	7.6	米オバマ、訪ロ。メドベージェフに「核兵器削減」「アフガニスタンへの米軍機のロシア上空通過の容認」取りつけに成功
	9.13	ロシア・メドベージェフ、米オバマとの会談で、核開発疑惑での対イラン制裁問題での歩み寄りを示唆
	9.17	米オバマ、ロシアの反発と米ロ関係の修復に配慮し、東欧MD計画の見直しを発表
	9.18	ロシア、オバマの東欧MD計画の見直しを評価して、カリーニングラードの新規ミサイル配備計画を中止
	9.23	ロシア・メドベージェフ、米オバマとの会談で、核開発疑惑での対イラン制裁問題での歩み寄りを示唆
	9.25	米オバマ、イランの核開発疑惑に関し、軍事行動も辞さないと発言
2010	4.8	米オバマとロシア・メドベージェフ、新たな核兵器削減で合意
	5.18	アメリカ、国連での対イラン追加制裁決議案に対し、ロシアと中国の合意取りつけに成功
	5.27	アメリカ、ポーランドで地対空ミサイル「パトリオット」の配備を開始
	6.11	「上海協力機構」、核開発疑惑により、イランの正式加盟を拒否
	6.23~24	ロシア・メドベージェフ、訪米。米オバマと会談。世界貿易機関（ＷＴＯ）へのロシア加盟のための支援取りつけに成功
	9.7	領海侵犯の中国漁船が日本・海上保安庁の巡視船に体当たりする「尖閣諸島中国漁船衝突事件」発生
	9.19~20	中国、「尖閣諸島中国漁船衝突事件」の日本の対応に、レアアース対日輸出禁止ほか、強力な報復措置で対抗
	10.3	アメリカ、「尖閣諸島中国漁船衝突事件」で日本支持を表明後、「対中国」を想定し、大規模な日米合同軍事演習を実施
	10.8	中国、同国の反体制派運動家・劉暁波へのノーベル平和賞授与を決定したノルウェーを強く非難

米ロ・再起動

2010	10.19	中国、欧米へのレアアース輸出規制を決定
2011	1.14	チュニジア独裁者、ベンアリ大統領が革命により失脚
	2.11	エジプト独裁者、ムバラク政権崩壊
	2.15	リビアで、独裁カダフィ政権に対する反政府デモが勃発
	3.17	国連安保理、リビアへの武力行使容認の決議案採択(ロシアは棄権)
	3.21	リビアに対する英米仏軍の空爆に関し、メドベージェフ(容認)とプーチン(反対)の意見が真っ向対立
	8.24	リビア、独裁者カダフィ政権崩壊
	9.24	プーチン(首相)、次期大統領選への出馬を表明
	11.18	プーチン(首相)、ベラルーシ、カザフスタンと、２０１５年ごろまでに「ユーラシア経済同盟」を創設することを提唱
	11.21	米英、イランの核開発疑惑にからみ、イラン金融機関との取引停止を含む制裁措置を発表
	12.1	ＥＵ、イラン産原油輸入禁止の可能性を示唆
		米上院イラン中央銀行と取引の金融機関を制裁する法律可決。イランと石油売買の他国中央銀行も制裁対象に
	12.4	ロシアで下院選挙実施。プーチンの「統一ロシア」が一位になるも、議席は大幅減。かろうじて過半数を確保
	12.5	米クリントン国務長官、前記ロシア下院選での「選挙方法に懸念があり、調査が必要」と発言
	12	ロシア野党勢力、前記ロシア下院選で「選挙不正」があったと抗議。ロシア全土で反プーチン・デモが拡大
	12.8	プーチン(首相)、反プーチン・デモはアメリカによる扇動と非難
	12.20	米国防長官、イランが核兵器開発に着手すれば、軍事行動も辞さないと発言
	12.27	イラン、欧米がイラン産原油の禁輸を実施した場合、ホルムズ海峡封鎖の可能性あり、と警告
2012	3.4	プーチン、大統領選挙に勝利
	??	欧米、対シリア戦争を開始??
	??	米オバマ、対イラン戦争を開始??
2016~??	??	アメリカの石油が枯渇??
2016~??	??	アメリカ、財政破綻により、ドル暴落と激しいインフレが起きる??
2018~??	??	中国、バブル崩壊、共産党一党独裁体制が崩壊??
2020~??	??	覇権国家不在の時代???

中東民主化が進行「アラブの春」

欧米×イラン戦争危機

プーチン、ついにアメリカにとどめを刺す?

アメリカ一極世界の崩壊

参考・引用文献

『リトビネンコ暗殺』アレックス・ゴールドファーブ&マリーナ・リトビネンコ著／加賀山卓朗訳(早川書房)
『ロシア経済事情』小川和男著(岩波新書)
『マルクス・エンゲルス 共産党宣言』マルクス、エンゲルス著／大内 兵衛、向坂 逸郎訳(岩波文庫)
『ボーダレス・ワールド』大前研一著／田口統吾訳(プレジデント社)
『株式会社ロシア―渾沌から甦るビジネスシステム』栢俊彦著(日本経済新聞出版社)
『中国の核戦略に日本は屈服する―今こそ日本人に必要な核抑止力』伊藤貫著(小学館101新書)
『中国・ロシア同盟がアメリカを滅ぼす日』北野幸伯著(草思社)
『ボロボロになった覇権国家』北野幸伯著(風雲舎)
『国家の罠』佐藤優著(新潮社)

写真版権帰属・一覧

カバー・プーチン写真―RIA Novosti
P19　プーチン・第1章扉―Kremlin.ru
P21　少年時代のプーチン―Kremlin.ru
P23　制服を着たKGB時代のプーチン―Kremlin.ru
P23　1985年、プーチン33歳のとき、東ドイツ派遣前に。
左から、父ウラジーミル、母マリアと―Kremlin.ru
P25　ソ連初代大統領ミハイル・ゴルバチョフ―Kremlin.ru
P28　新生ロシア初代大統領エリツィン―Kremlin.ru
P30　『バウチャー』による急速な民営化を進めたガイダル首相代行とチュバイス副首相。
その後、首相したチェルノムイルジン―Kremlin.ru, МитяАлешковский
P35　ロシア共産党党首ゲンナジー・ジュガーノフ―Kremlin.ru
P37　ロシア・金融危機を引き起こし、エリツィンに解任されたキリエンコ首相と、
後釜のプリマコフ首相―Kremlin.ru
P39　ロシア新興財閥の大物で「クレムリンのゴッドファーザーといわれた、
ボリス・ベレゾフスキー―Kremlin.ru
P43　2000年5月、大統領就任式典で就任宣誓を行うプーチン。
右は前大統領のエリツィン―Kremlin.ru
P47　ベレゾフスキーと並び、ロシア新興財閥の大物で「ロシアのメディア王」といわれた、
ウラジーミル・グシンスキー―Kremlin.ru
P69　プーチンと当時のガスプロム社長・ヴャヒレフ。
ヴャヒレフの後、新社長に就任したミレル―Kremlin.ru
P91　プーチン・第2章扉―Kremlin.ru
P112　フランス共和国第5共和政第5代大統領ジャック・シラク―Wilson Dias/ABr
P126　新興財閥の最後の大物、ホドルコフスキーとプーチン―Kremlin.ru
P129　ロシア財務相、アレクセイ・クドリン―Kremlin.ru
P148　ジョージ・ソロス―Jeff Ooi
P156　ウクライナ第3代大統領ユシチェンコ―Muumi
P156　ウクライナ第4代大統領ヤヌコビッチ―Igor Kruglenko
P168　ベラルーシ共和国・初代大統領ルカシェンコ―Kremlin.ru
P175　中華人民共和国第6代国家主席・胡錦濤―U. Dettmar/ABr
P178　上海協力機構（SCO）（2007年）の各国首脳たち―Kremlin.ru
P179　イラン・イスラム共和国第6代大統領アフマディネジャド―José Cruz
P194　ロシア連邦第3代大統領・メドベージェフ―Kremlin.ru
P195　プーチン・第3章扉―Kremlin.ru
P225　第6代国務院総理・温家宝―World Economic Forum / Photo by Natalie Behring
P227　中華人民共和国初代国家主席・毛沢東―Zhang Zhenshi (1914–1992).
Mao Zedong portrait attributed to Zhang Zhenshi and a committee of artists
P252　チュニジア共和国第2代大統領ベン・アリ―Presidencia de la Nación Argentina
P252　エジプト・アラブ共和国第2代大統領ムバラク―Presidenza della Repubblica
P263　プーチン・第4章扉―Kremlin.ru
P278　シリア・アラブ共和国第10代大統領バッシャール・アサド
―Bashar_al-Assad.jpg: Fabio Rodrigues Pozzebom / ABr

※本書で扱った写真の権利関係に関しては万全を期しておりますが、権利の所在が明らかでないものを使用している場合もございます。
右記以外に、万が一、著作権、肖像権等を所有されていらっしゃるかたは、、小社出版部までご連絡ください。

北野幸伯（きたのよしのり）

国際関係アナリスト。

1970年生まれ。ロシアの外交官とFSB（元KGB）を専門に養成するロシア外務省付属「モスクワ国際関係大学（MGIMO）」（モスクワ大学と並ぶ超エリート大学）を日本人として初めて卒業。政治学修士。卒業と同時に、ロシア・カルムイキヤ自治共和国の大統領顧問に就任。99年より無料メールマガジン「ロシア政治経済ジャーナル」を創刊（2012年現在、会員数約32,000人）。MGIMOで培った独自の視点と経験を活かし、従来とは全く違った手法で世界を分析する国際関係アナリストとして活躍中。著書に『ボロボロになった覇権国家』（風雲舎）『中国・ロシア同盟がアメリカを滅ぼす日』（草思社）『隷属国家日本の岐路』（ダイヤモンド社）がある。ロシア・モスクワ在住。

「ロシア政治経済ジャーナル」

http://www.mag2.com/m/0000012950.html

本書は書き下ろし作品です。

ロシア最強《さいきょう》リーダーが企《たくら》むアメリカ崩壊《ほうかい》シナリオとは?

プーチン 最後《さいご》の聖戦《せいせん》

2012年4月10日　第1刷発行

著　者　北野幸伯《きたのよしのり》
発行者　鶴谷浩三
装　丁　刈谷紀子(P-2hands)
デザイン　高木巳寛(P-2hands)
発行所　株式会社集英社インターナショナル
〒101-8050　東京都千代田区一ツ橋2-5-10
電話　03-5211-2632(出版部)
発売所　株式会社集英社
〒101-8050　東京都千代田区一ツ橋2-5-10
電話　03-3230-6393(販売部)03-3230-6080(読者係)
プリプレス　株式会社昭和ブライト
印刷所　株式会社美松堂
製本所　株式会社ブックアート

ISBN978-4-7976-7225-1 C0095